集人文社科之思　刊专业学术之声

集 刊 名：亚洲史研究

主办单位：中山大学历史学系、中山大学东南亚研究所

名誉主编：〔日〕滨下武志

主　　编：牛军凯　朱玫

(Vol.1)　Studies of Asian History

学术委员会

〔日〕滨下武志（中山大学、东洋文库）

〔日〕宫嶋博史（东京大学、成均馆大学）

〔日〕顾琳 Linda Grove（哈佛燕京学社、上智大学）

〔日〕谷本雅之（东京大学）

〔美〕彼得·戈登 Peter B. Golden（罗格斯大学）

〔美〕万志英 Richard von Glahn（加州大学洛杉矶分校）

〔德〕瓦尔特·萨拉贝格尔 Walther Sallaberger（慕尼黑大学）

〔越〕阮俊强（越南社会科学翰林院）

〔印〕沈丹森 Tansen Sen（上海纽约大学）

葛兆光（复旦大学）

孙　歌（中国社会科学院）

韩东育（东北师范大学）

刘志伟（中山大学）

袁　丁（中山大学）

谢　湜（中山大学）

牛军凯（中山大学）

朱　玫（中山大学）

编　　委

牛军凯（中山大学）　　朱　玫（中山大学）

程方毅（中山大学）　　费　晟（中山大学）

曹　寅（清华大学）　　陈博翼（厦门大学）

李　智（中山大学）　　〔新西兰〕毕以迪 James Beattie（新西兰惠灵顿维多利亚大学）

第1辑

集刊序列号：PIJ-2022-450

集刊主页：www.jikan.com.cn/ 亚洲史研究

集刊投约稿平台：www.iedol.cn

中山大学"一带一路"研究院资助出版

亚洲史研究

Studies of Asian History

第 1 辑

Vol.1

主办单位　中山大学历史学系、中山大学东南亚研究所

名誉主编　〔日〕滨下武志

主　编　牛军凯　朱玫

社会科学文献出版社
SOCIAL SCIENCES ACADEMIC PRESS (CHINA)

亚洲史研究的新课题

〔日〕滨下武志 *

一

在过去的几十年里，历史研究的范围和方法变得日益多样化，包括世界史、全球史、海洋史、区域史和地方史，尤其是本地史研究等。随着时间和空间视角的扩大，每个领域都有新的资料被发现和研究，数字化使大量历史信息的汇编和分析成为可能，因此，以往看不到的宏观和微观历史研究也得以同时推进，这在以前是不可能的。在这种情况下，不同主题的研究也得到了推动，如自然地理环境史、海洋史、医疗史、都市史、人口史等。历史研究在方法和主题等方面都进行了调整，以分析近现代世界的重大历史变化。

在这些变化的背景下，历史研究不再局限于人文与社会科学领域，而是涵盖了从宏观到微观的广泛问题，包括自然环境和气象变化、不同区域的经济活动和市场变化，甚至日常的社会生活和医疗问题等。此外，这些变化也对自然科学史、海洋史、医学史等所谓科学领域的历史研究提出了要求。

二

最近的全球化运动，导致了世界市场经济活动的扩大和全球交通、信息

---

* 〔日〕滨下武志，中山大学历史学系教授，人文高等研究院高级研究员，研究方向为中国社会经济史、东亚经济史、东南亚华侨华人史等。

网络的形成，但也导致了全球性环境问题的出现。人类的日常活动本身就给自然环境增加负担，人类的社会生活被视为与自然环境有着更为直接的影响关系。顺应这一趋势，全球史研究也在对扩散到世界的自然环境问题和疫病问题进行历史考察。

从另一个角度来看，全球化所表现出的扩大和扩散现象，可以说意味着传统的区域间关系在世界范围内发生变化。迄今为止，世界以陆地为中心被划分为各大洲，各个大洲又被分为大的区域，每个大的区域都由一些国家组成，国家之下由区域组成，区域之下由地方组成，这样的区域空间的序列被相对地固定下来，这种关系被看作区域间关系的基础。

与此相反，全球化正在大大改变这些相对固定的区域间的等级关系，并使其从传统的区域间的等级关系转变为区域间的网络关系，即类似的区域以横断的方式联系在一起。全球化和区域间关系的流动可以看作互为因果，并进一步促进了全球化。

在这些区域间关系的流动趋势中，最引人注目的空间呈现两种趋向，即被称为地方的独特的末端区域的出现和这些地方之间跨国网络或全球网络的形成。与此同时，海洋的重要性日益增加，迄今为止，海洋主要被视为连接陆地的手段，阐明海洋的组成单位——海域的独特历史作用的课题也越来越重要。

这些由"地方"与"海洋"表现出来的新动向，是将全球化描述为一种走向本地和全球两极分化的现象的基础。

三

这样的全球化历史现象，不一定只出现在现代，类似的特征在各个历史时期都可以找到，只是规模和内容不同而已。然而，现代活动推动下的历史研究统称为全球史研究，与以往时代的世界史不同，它在全球范围内积累了大量的历史信息，在组织和分析上，它追求的是数字化和可视化。其结果是，这个全球史研究可以被定位为谁都可以参与的日常历史研究课题。换言之，它成为一个任何人都可以处理的研究课题。

这种关于全球史的历史研究，对传统的亚洲研究和亚洲史研究提供了哪些新的课题和可能性？首先是要探讨什么是具有全球性质的亚洲研究。这一课题与从全球视角审视海洋亚洲的课题密不可分，并将引出从陆域和海域的相互循环关系来把握亚洲的课题。其次，过去将亚洲细分为东亚、东南亚、南亚、西亚、中亚、东北亚等区域乃至地方来考察亚洲的区域特征，现在则要从全球视角来对这些区域和地方进行历史研究。这将引导我们更深入、更内在地研究各地区的本土性和在地性特征，也将引导我们从地方（这里的地方不是个别的个案研究，而是具有全球联系，从可以相互比较研究的联系和广度出发）进一步深入地探究各地区所具有的本土性特征。最后，还有一项课题是整合大量的、系统的、多学科的历史资料信息，并通过数字化、统计和可视化的方法对其进行分类和分析。这也需要在多个领域和学科之间共享资料信息，并在分析和探讨这些信息时进行多学科的合作研究。

四

"亚洲"这一表述是一个地理和方位概念，它起源于古希腊罗马时代的亚述，以地中海的爱琴海为中心，其以东的地区被称为亚洲，以西的地区被称为欧洲，以南的地区被称为非洲。正如地中海是"亚洲"一词的起点一样，"亚洲"一词在诞生之初就意味着海洋，当我们试图从全球史的角度将亚洲的历史作为长期历史来研究时，这一事实非常有启发性。

后来，"亚洲"一词被用来指代东方，1602年绘制的世界地图《坤舆万国全图》中，包括今天的东亚在内的地区被描述为亚细亚洲。另外，在亚细亚这一用语在东方使用时，根据汉字的发音，可以推断出它是从南方传播过来的。亚洲作为一个广域地区的历史概念在很长一段时间内经历了各种变化，它诞生于其与欧洲和世界其他地区的交流与交往中。

这样一来，"亚洲"这个表述在亚洲地区的历史上是一个从外部借来的表述，但在其与各地区的传统空间观念和自我认知的相互交流与交往的过程中，特别是在亚欧关系的认知上可以明显看到，随着两者之间的比较和相互影响的深入，它发生了许多变化。亚洲自我认知的出现，为一些思想和文化的讨论提供了动力。

<h2 style="text-align:center">五</h2>

在考虑东洋的概念和地理范围时，必须牢记的是，在中国历史上，"东洋"一词是一种方向性概念的表述，指的是从中国看到的"日本"，或包括朝鲜、日本和琉球群岛的地区。在早期，"东洋"一词被用来指代东方的周边地区，被用来表示海的方向或海边的陆地。而西洋的概念也是一种方向性的称谓，采取的是海洋性的表述。

随后，东亚地区就东洋和西洋的概念形成了各种历史讨论。正如在后来关于亚洲和欧洲关系讨论的发展以及相应的历史发展中可以看到一个平行的情况。这导致了一个思想和文化的历史进程，在一些地区，亚洲的概念从他者化（"他称"）转向自我认同（"自称"），并再次转向与区域认同有关的他者化（"他称"）。并且，这个区域认同的问题，在亚洲地区内，围绕各自与欧洲的关系，以及亚洲、东洋、欧洲、西洋之间的关系，展开了错综复杂的讨论。因此，亚洲研究与围绕亚洲和亚洲内外关系进行的思想文化、区域文化研究密不可分。

<h2 style="text-align:center">六</h2>

可以说，迄今为止的亚洲研究已经被进一步细分为东北亚、中亚、东亚、东南亚、南亚和西亚等次级区域的研究。根据这些研究的结果，作为全球史的亚洲史研究的课题，还应进一步深入以下领域：黑潮，这是亚洲海洋的特征；以南海地区为中心，横跨东西和南北并延伸到塔斯曼海和澳大利亚周边其他地区的跨海域联动；印度洋和季风气候；喜马拉雅山与青藏高原和亚洲水系的历史功能，以及温带气候区和全球农业生产区的存在，特别是水稻生产。它表明了多学科研究的必要性，即亚洲研究和亚洲历史研究是建立在多学科研究领域及其方法之上的。

七

在刊行新的《亚洲史研究》和建立一个长期讨论亚洲史研究的平台之际，从全球史，特别是海洋亚洲史的角度来研究亚洲史是非常重要的。历史上与海洋亚洲相连的沿海城市在与海洋的相互关系中形成了地方及区域特色。换言之，与海洋的关系呈现区域性的特点，由此可以认为，海洋亚洲史研究和各地区、各地方的亚洲史研究的区域性特点，是在海洋亚洲研究的努力下自然形成的。也可以认为，具有这些区域特征的海洋亚洲研究的相互交流，将导致亚洲历史研究的方法问题的发展。

例如，1905 年，梁启超在《世界史上广东之位置》一文中，从交通、文化、移民、海外事业等方面论述了地方与世界的关系，如"东西交通海陆二孔道""广东与世界文化之关系""广东人之海外事业"等。这样一来，对起到连接海域与海域作用的海港城市的考察问题，如基于全球因素分析广州地方社会的日常生活，就变得更加重要。

因此，在全球视野下的亚洲区域史研究中，必须追求港口城市的多层次、多学科的新研究方向。这将使多样化和多层次的资料信息得以共享，并将其与多方面的比较史的研究课题联系起来，从而进一步扩大研究领域。期望能最大限度地利用沿海城市和亚洲各地区、各地方独立形成的独特区域研究的积累，在各地区、各地方长期积累的亚洲海洋知识的基础上，通过这些知识的相互交流，将其发展成为全球的亚洲海洋知识和亚洲知识。

可以说，我们未来所要追求的亚洲史研究，不仅是以各自的区域历史研究为基础，更是将它们进一步深化的共同研究平台。那么，形成区域间的学术网络，将区域研究相互联系起来，将成为一种挑战。

八

本集刊所针对的亚洲史研究的尝试，是通过跨越多个学科和领域的联合研究和研究交流，在研究方法和研究主题上追求更具综合性的亚洲史研究。

本集刊将在迄今为止的专业研究基础上，成为各研究领域相互交流和讨论的平台，来自人文和社会科学的研究人员可以参与并发表以人文和社会科学方法为基础、以历史研究为重点，但也有相关自然科学领域研究人员参与的多样化联合研究的成果。我们希望发挥我们的作用，在促进多样化的联合研究的同时，将这种研究的成果公之于众。期待这一研究方向将为我们提供一个契机，使我们能够在展望未来处于全球变化的亚洲史的背景下，多层次地捕捉其自身历史的多种要素和广域地区的长期历史。

（朱玫、朱坤容　译）

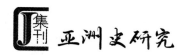
第 1 辑
2023 年 10 月出版

问道亚细亚：中山大学亚洲史研究学科史

牛军凯[*]

2018 年，中山大学举办了东南亚研究所建所 40 周年纪念会。2021 年，中山大学历史学系与东南亚研究所决定合编《亚洲史研究》集刊。值此之际，吾辈回顾总结中山大学的亚洲史研究，缅怀前代学人，继往开来。

一 中山大学亚洲史研究的机构建设

20 世纪 50 年代初，教育部鼓励高等院校的历史系开设亚洲史课程，中山大学历史学系响应国家号召，1954 年成立了世界史教研室亚洲史小组，担负起亚洲史的教学任务，参加第一次亚洲史小组会议的有朱杰勤教授、陈竺同教授、戴裔煊教授、金应熙教授、黄重言教授。亚洲史小组后改名亚洲史教研室，教研室主任为朱杰勤教授。1957 年，教育部在华南高校中布点东南亚研究机构，批准中山大学成立东南亚历史研究室，主任由历史学系副主任钟一均副教授兼任。亚洲史教研室和东南亚历史研究室是一套人马、两个牌子，集中教师队伍着手从事亚洲史的教学和研究，积累了一批研究资料，并开始编写相关教材。朱杰勤教授编写的《亚洲各国史》（广东人民出版社，1958）和何肇发教授编写的《亚洲各国现代史讲义》（高等教育出版社，1958）相继出版。这两部教材从古代到近代再到现代，内容完整，涉及面较广，成为当时高校亚洲史教学的主要教材和参考书。可以说，中山大学是新中国成立初期全国高校开展亚洲史教学工作的重要拓荒者。1958 年朱杰勤教授调任暨南大学历史学系主任，中山大学亚洲史教研室主任由何肇发

---

* 牛军凯，中山大学国际关系学院教授，中山大学历史学系教授，研究方向为东南亚区域研究、东南亚史。

教授担任。

20 世纪 50 年代可以说是中山大学亚洲历史研究的起步阶段，60 年代前半期则是初步发展阶段。当时东南亚历史研究室在资料的积累上已有一定的规模，开设了单独的资料室，同时也在培养人才方面迈出了可喜的一步。当时中山大学历史学系的本科是五年制，前三年学基础课，后两年分成中国古代史、中国近现代史和东南亚史三个专门组进行专业学习。同时也开始了东南亚史研究生的培养，从 1955 年开始，历史学系招收了五届东南亚史专业的研究生，到 1967 年共培养了 8 名东南亚史专业的研究生。当时开设的东南亚史专门组课程有：东南亚古代史，东南亚近代史和现代史，有关东南亚的外国史籍评介，有关东南亚的中国古籍评介，菲律宾史、印度尼西亚史和缅甸史等国别专题，等等。这一套课程体系一直沿用至今，相关课程仍是历史学系东南亚史研究生的核心课程。东南亚历史研究室成为当时高教部批准成立的为数不多的高校人文社会科学研究机构之一，为中山大学的亚洲史研究，尤其是东南亚史研究打下了坚实的基础。在 1966 年之前，在国内高校担任东南亚历史课程教学的多位年轻老师曾来中山大学历史学系进修。除了东南亚史的系列课程，中山大学历史学系还开设亚洲通史，以及印度史、日本史等国别史课程。

"文化大革命"期间，相关研究陷入停顿状态。1973 年以后，研究工作慢慢恢复。改革开放推动了新时代的学术研究。1978 年，中山大学东南亚历史研究室正式升格为东南亚历史研究所。该所是系一级的直属于学校领导的独立研究所，何肇发和刘玉遵为副所长（所长空缺）。东南亚历史研究所下设东南亚历史、华侨华人、当代东南亚国际关系三个研究室。

1988 年，随着我国改革开放事业的发展和对国际问题研究的需求增强，经学校批准，"中山大学东南亚历史研究所"更名为"中山大学东南亚研究所"，1989 年东南亚研究所正式挂牌。研究所的内部架构改为设东南亚历史、当代东南亚国际关系、当代东南亚政治与经济、东南亚华侨华人问题四个研究室。20 世纪八九十年代的东南亚研究所拥有一支学科齐全、梯队完整、素质颇高的科研队伍，张映秋教授、许肇琳教授、余定邦教授先后出任东南亚研究所所长。研究所人员掌握的外语种类涵盖面较宽，除英语、法语、俄语、日语外，还有印尼语、泰语、越语和柬埔寨语等。东南亚研究所资料室成为国内最重要的东南亚研究图书馆之一。在 12000 册藏书中，外文图书占了一半，中外文期刊约 350 种，中外文报纸约 50 种，大部分东南亚国家的报纸均有订阅。国外的机构和个人向东南亚研究所赠送大量珍贵的图书资料，此外还有民国时期和东南亚国家的相关出版物。东南亚研究所资料室成为从事东南亚研究的人员收集资料的必到之地，每年接待大量前来查阅资料的国内外研究人员。

2002 年，东南亚研究所并入当时新组建的政治与公共事务管理学院（简称"政务学院"），并与政务学院相关师资结合，改组为国际关系学系，汪新生教授担任系主任。一部分研究人员调入历史学系，2003 年，历史学系在此基础上重建亚洲史教研室，原东南亚研究所教师袁丁教授、牛军凯教授先后担任教研室主任。近年，历史学系引进了多位研究日本史、韩国史、西亚史的年轻才俊，亚洲史教研室的研究力量从东南亚研究拓展到更大范围的亚洲史研究。

2007 年，国际关系学系从政务学院分离，与东南亚研究所和其他相关研究所，合并组建了亚太研究院，聘请亚太问题研究的国际权威学者滨下武志教授为院长，刘志伟教授为常务副院长。2015 年，学校在亚太研究院的办学资源基础上成立国际关系学院，主要从事教学工作。同时又成立国际问题研究院（后改为南海战略研究院、"一带一路"研究院）推动科研工作，东南亚研究所和其他国际问题研究机构归入国际问题研究院，研究院有较充分的科研经费支持，资助校内研究人员出访、考察和出版学术著作，间接推动了中山大学的亚洲史研究。

二　中山大学亚洲史研究历代学人

新中国成立后，经过 1952 年院系调整，中山大学历史学系会集了来自原中山大学、岭南大学、华南联合大学等机构的优秀历史学者。中山大学自20 世纪 50 年代开始的亚洲史研究，大约经历了四代学人。

第一代学人是新中国成立前读书、新中国成立前或成立初期进入学界的老一代学者。先后参与亚洲史教研室和东南亚历史研究室的重要学者有陈序经教授、朱杰勤教授、戴裔煊教授、金应熙教授、谢建弘教授、蒋相泽教授、何肇发教授、陈竺同教授、郭威白教授、李永锡教授、钟一均副教授、江醒东副教授等。陈序经教授、朱杰勤教授、戴裔煊教授、金应熙教授、蒋相泽教授、何肇发教授均是知名学者，学界了解甚多。郭威白教授早年毕业于北京师范大学，是哥伦比亚大学政治学硕士、纽约大学法学博士，曾任中山大学法学院教授、华侨大学法学院院长，20世纪50年代院系调整后进入中山大学历史系工作。亚洲史研究室成立后，郭威白教授兼任研究室资料室主任，编辑《东南亚各国中国史籍介绍》，开设"有关东南亚的中国古籍评介"课程。陈序经教授关于东南亚古史的著作、20世纪90年代以后中山大学编辑的东南亚古籍系列，均得益于郭威白教授早期的学术工作。陈竺同教授毕业于日本东京帝国大学研究院，专长于印度文化史、日本史。李永锡教授是东吴大学法学院毕业，院系调整前系华南联合大学法律系主任，在亚洲史研究室主要从事菲律宾历史的研究。钟一均副教授抗战时期在西南联大读书，1948年清华大学政治学硕士毕业，曾任岭南大学教授，20世纪50年代末任中山大学历史系副主任，兼东南亚史研究室主任，主要从事英属殖民地缅甸、马来亚历史的研究。江醒东副教授系中山大学政治学毕业生，曾任湖南大学法学院教授、广东国民大学教授、岭南大学副教授，20世纪40年代曾任国民党广东省参议会秘书长，新中国成立后进入中山大学历史学系工作，主要从事印度尼西亚历史和华侨史的研究。

第二代学者在"文革"前读大学，并逐步进入学界工作，主要有黄重言教授、林家劲教授、刘玉遵教授、刘迪辉教授、张映秋教授、温广益教授、许肇琳教授、余定邦教授、陈树森教授、罗汝才教授、徐善福教授（后调入暨南大学）、马宁译审、黄倬汉译审、邓水正研究馆员等。这代学者大都是20世纪50年代到60年代初大学毕业或研究生毕业后进入学界工作。黄重言教授50年代于中山大学历史学系毕业后留校工作，后考入东北师范大学苏联专家主办的亚洲史研究生班，与著名中东史专家彭树智先生等系研究生班同学。研究生毕业后回到中山大学历史学系，主要从事中国东南亚关系史和侨乡研究，是侨乡研究的重要奠基学者。这一代学者有多位是东南亚归侨或侨眷，懂得东南亚本地语言，对东南亚研究有天然的亲切感，如温广益教授是印尼归侨，许肇琳教授是柬埔寨归侨，邓水正老师是越南归侨，张映秋教授和陈树森教授是泰国侨眷，等等。

第三代学者大致是在恢复高考后到 20 世纪 80 年代末读书，后进入学术界。这代学者有段立生教授、汪新生教授、袁丁教授、喻常森副教授、范若兰教授、潘一宁教授、黄云静副教授、魏志江教授、张祖兴副教授、林英教授、牛军凯教授等。这批学者包括从恢复高考后的第一代研究生、大学生，到 80 年代末受改革开放影响的新一代大学生。段立生教授"文革"前毕业于北京大学东语系泰语专业，恢复高考后成为东南亚历史研究所的第一代研究生，毕业后留校工作，90 年代被学校外派至泰国华侨崇圣大学任中国研究中心主任。汪新生教授于北京大学历史系毕业后回到广州，入读东南亚所研究生，毕业后留校工作，曾任东南亚研究所副所长、国际关系学系首任系主任。袁丁教授在中山大学读完本科、硕士后，到暨南大学跟随当时广东省唯一的历史学博士生导师朱杰勤先生攻读博士学位，毕业后回到研究所工作，21 世纪初长期担任东南亚研究所所长。喻常森副教授毕业于厦门大学南洋研究院，师从著名东南亚史学者韩振华教授。范若兰教授早年毕业于西北大学中东研究所，师从彭树智先生，后在中山大学获得东南亚史博士学位，她的研究融会了国内两大地区国别研究所之长，取得丰硕科研成果。魏志江教授在南京大学元史研究室读完博士后，进入复旦大学历史地理研究所从事博士后研究，1999 年进入东南亚研究所工作，主要从事日韩等东亚地区研究。得益于改革开放和中国经济发展，这代学者在 90 年代以后大都有海外著名学术机构的访学经历，如哈佛大学、康奈尔大学、法国远东学院、新加坡国立大学、雅典大学等，接触了更多西方学术界的研究成果。同时这代学者多有东南亚的田野经历，出访过泰国、越南、马来西亚、新加坡、缅甸、印尼、菲律宾、希腊等。相较于第二代学者，他们的学术视野更加开阔。

第四代学者大致是 20 世纪 90 年代以后读书的青年学者，其中多位毕业于海外知名高校。这代学者有张志文副教授、张宇权副教授、尤洪波讲师、段颖教授、张龙林副教授、曹善玉讲师、黎相宜副教授、姜帆副教授、朱玫副教授、朱坤容副教授、杨洋助理教授、李智助理教授、李廷青助理教授等。除了前几位学者从事东南亚研究之外，中山大学还引进研究日韩西亚等地区历史的青年学者，为亚洲史研究带来新的活力和积极因素。朱玫副教授毕业于韩国成均馆大学东亚系（历史学），并获博士学位，2015 年进入中国社会科学院历史研究所从事博士后研究工作，2018 年进入中山大学历史学系，任副教授。朱玫副教授同时担任韩国历史研究会会刊《历史与现实》编委、韩国《共存的人间学》期刊编委，主要研究领域为朝鲜时代史和东亚史，主要侧重社会经济史、古文书学、历史人口学等领域。历史学系朱坤容副教授毕业于北京大学哲学系，曾作为联合培养博士生在日本早稻田大学访学。朱坤容副教授的研究方向是中日思想文化交流、日本近代思想文化。历史学系杨洋助理教授毕业于日本京都大学文学研究科，曾任哈佛燕京学社访问学人、日本京都府立京都学·历彩馆研究员。杨洋助理教授的主要研究方向是日本中世思想史、中日思想文化交流史。李智助理教授毕业于德国慕尼黑大学，获得亚述学研究博士学位，主要从事古代西亚、地中海区域历史研究。国际翻译学院黄永远副教授毕业于韩国高丽大学，主要研究领域为韩国近现代史、中韩关系史、东亚医学史。历史学系（珠海）李廷青助理教授毕业于韩国高丽大学，主要研究领域为韩国中世史、中韩关系史及东亚海域交流史。

三　中山大学亚洲史研究的主要学术成果

20 世纪 50 年代，继朱杰勤和何肇发编写两部亚洲史教材后，中山大学亚洲史研究进一步取得研究成果。毋庸置疑，早期中山大学的亚洲史研究主要集中于东南亚历史。陈序经教授于 50 年代末 60 年代初撰写了一系列东南亚史的论文和专著，其中《东南亚古史初论》《越南史料初辑》《林邑史初编》《扶南史初探》《猛族诸国初考》《掸泰古史初稿》《藏缅古国初释》《马来南海古史初述》等八本书的刊行，在学术界产生了较大的影响。90 年代，这八本书以《陈序经东南亚古史研究合集》为书名结集出版（海天出版社、香港商务印书馆、台湾商务印书馆，1992）。陈序经教授撰写的研究东南亚史的论文，后来大都收录于《陈序经文集》（余定邦、牛军凯编，中山大学出版社，2004）。

20 世纪 50 年代后期，印度尼西亚等地出现的排华浪潮促使东南亚历史研究室的教师开展华侨史的研究，写出了一批有关华侨对侨居地开发贡献的论文。有的教师还带领参加毕业实习的同学深入海南兴隆华侨农场，通过调查研究，编写《兴隆华侨农场史》。东南亚历史研究室的黄重言和刘玉遵与厦门大学南洋研究所的两位教师合作，到广东阳江进行有关"猪仔华工"问题的调查，并整理出《猪仔华工访问录》一书。这是历经苦难的契约华工最早的口述史，保存了宝贵的资料，具有极高的学术价值。研究室的教师撰写有关华侨史的论文有：郭威白《马来亚华人在发展当地经济中的作用》；江醒东《荷兰殖民主义者对印度尼西亚华侨的压迫》；李永锡《西班牙殖民者对菲律宾华侨压迫的政策与罪行》。这一时期，研究室学者发表的有关东南亚史、中国与东南亚关系史的论文有：钟一均《17 ~ 18 世纪英国对缅甸的侵略与英法争夺》；何肇发《旁尼法秀与 1896 年菲律宾人民武装斗争》《1899 ~ 1902 年菲律宾共和国的抗美战争》《试论 1898 年菲律宾独立及其国家活动》；李永锡《菲律宾与墨西哥之间早期的大帆船贸易》；林家劲《十六世纪马来群岛人民反抗葡萄牙殖民者的斗争》《两宋时期中国与东南亚的贸易》《两宋与三佛齐友好关系略述》；刘玉遵《1926 年印度尼西亚人民反对荷兰殖民者统治的民族起义》《1930 ~ 1932 年缅甸人民反英大起义》《试论泰国 1932 年政变》；张映秋《论泰国一九三二年"六·二四"政变的性质》；等等。这些论文在中国的东南亚研究学术史上占有重要的地位，具有开创性的作用，其中代表性论文收录于研究所 1979 年编辑的《东南亚历史论丛》（第 1 集、第 2 集）。

"文革"期间，中山大学的东南亚历史研究陷入停顿状态。亚洲史教研室和东南亚历史研究室的业务工作，除了应出版社的要求写一些普及性的读物之外，就是组织力量翻译国外有关东南亚历史的著作，由商务印书馆出版的《缅甸简史》（1979）、《菲律宾史稿》（1977）、《泰国简史》（1984）等书就是在这个时期完稿的。苏联学者瓦西里耶夫的《缅甸史纲》（商务印书馆，1975）、叶法诺娃的《文莱：历史、经济和现状》（商务印书馆，1978）、菲律宾学者赛迪的《菲律宾革命》（广东人民出版社，1979）等书也是在这时译成中文。此外，为结合当时东南亚地区的形势，编印了《东南亚问题》专刊，前后共出了 17 期。

东南亚历史研究所建立后，主办了学术期刊《东南亚历史学刊》，1983年出版第 1 期，1984 年出版纪念中山大学建校 60 周年专集《东南亚历史论文集》，因此 1985 年出版第 2 期，其后基本维持年刊的频率。从第 5 期开始改名为《东南亚学刊》，1996 年出版第 16 ~ 17 期合刊。1997 年，从第 18 期开始按年度出版，1997 年、1998 年各三期，1999 年两期。2000 年改名《亚太研究》，半年刊，每年两期。2004 年改名《亚太评论》，每年两期。2006 ~ 2009 年每年两期合刊，2009 年以后暂停，2013 年出版最后一期"大洋洲专号"。《东南亚（历史）学刊》发表了近 200 篇东南亚历史研究的论文，成为 20 世纪八九十年代中国学界东南亚史最重要的学术阵地。

20 世纪 80 年代以来，中山大学在东南亚史研究方面还出版和发表了大批代表性学术著作，主要研究成果包括以下四方面：有关东南亚史的古籍整理、东南亚史代表性著作的翻译、东南亚史和中国与东南亚关系史研究、华侨华人史研究。

古籍整理代表性成果有：《中国古籍中有关菲律宾资料汇编》（中山大学东南亚历史研究所编，中华书局，1980），余定邦、黄重言编写了《中国古籍中有关新加坡马来西亚资料汇编》（中华书局，2002）、《中国古籍中有关缅甸资料汇编》（中华书局，2002）、《中国古籍中有关泰国资料汇编》（北京大学出版社，2016）。以上四本是国家社科规划项目的成果。许肇琳教授参与了《中国古籍中的柬埔寨史料》（陈显泗、许肇琳等编注，河南人民出版社，1985）的编注工作，段立生辑注了《泰国吞武里王郑信中文史料汇编》（泰国华侨崇圣大学出版社，1999）。牛军凯教授与"域外汉籍编委会"合作整理影印出版多部越南古籍，如《皇越一统舆地志》（2015）、《大南一统志（嗣德版）》（2015）、《钦定大南会典事例》（2016），校注《大越史记全书》（2015），等等。

"文革"前，郭威白老师着手组织研究力量集体翻译东南亚史经典著作、英国学者霍尔所著的《东南亚史》，这一翻译过程历经 20 年，"文革"结束后才最终完成，1982 年由商务印书馆出版。译者运用自己的东南亚史研究专长，不仅准确翻译，还能订正和补充该书的不足，该书出版后对我国的东南亚历史研究发挥了巨大的推动作用，并于 2017 年荣获"第二届姚楠翻译奖"一等奖，这份迟来的奖励是对该书翻译质量和贡献的肯定。马宁老师与姚楠先生合作，翻译了另一部东南亚史经典著作、美国学者卡迪的《东南亚历史发展》。东南亚研究所教师还翻译了披耶阿努曼拉查东的《泰国传统文化与民俗》（马宁译）、《泰国当代文化名人——披耶阿努曼拉查东的生平及其著作》（段立生译）、阿利·披荣的《新时期泰中建交内幕》（林明点译）、俄罗斯冈察洛夫的《环球航海游记》（黄倬汉译）、中外关系史名著《中国印度见闻录》（黄倬汉等译）和《陈富传》（邓水正译）等著作。20世纪八九十年代研究所还组织力量翻译外国有关东南亚的重要史料以及论文，并编印《东南亚历史译丛》共4册。

东南亚史和中国与东南亚关系史方面，金应熙主编的《菲律宾史》（河南大学出版社，1990），迄今仍是国内菲律宾史的扛鼎之作，几位作者在编写本书过程中还出版了一部"副产品"《菲律宾民族独立运动史》（河南人民出版社，1989）。余定邦教授编著的《东南亚近代史》（贵州人民出版社，1996）被教育部研究生工作办公室推荐为教学用书。何肇发教授、许肇琳教授等合编了《泰国史》（广东人民出版社，1987）。段立生教授长期从事泰国研究，出版了多部泰国史著作，有《泰国史散论》（广西人民出版社，1993）、《郑午楼传》（中山大学出版社，1994）、《泰国通史》（上海社会科学院出版社，2014）、《柬埔寨通史》（上海社会科学院出版社，2019）等。张祖兴副教授出版了《英国对马来亚政策的演变（1942～1957）》（中国社会科学出版社，2012），范若兰教授等出版了《马来西亚史纲》（世界图书出版公司，2018），姜帆副教授出版了《英帝国的崩溃与缅甸模式》（中国社会科学出版社，2020）。在中国与东南亚国家关系史方面，主要有《近代中国与东南亚关系史》（余定邦、喻常森等著，中山大学出版社，1999；世界图书出版公司，2015）、《中缅关系史》（余定邦著，光明日报出版社，2000）、《中泰关系史》（余定邦、陈树森著，中华书局，2009）、《元代海外贸易》（喻常森著，西北大学出版社，1994）、《中美在印度支那的对抗（1949～1973）——越南战争的国际关系史》（潘一宁著，中山大学出版社，2011）、《王室后裔与叛乱者——越南莫氏家族与中国关系研究》（牛军凯著，世界图书出版公司，2012）等。

在华侨华人史研究方面主要论著有：《近代广东侨汇研究》（林家劲等

著，中山大学出版社，1999）、《广东籍华侨名人传》（温广益主编，广东
人民出版社，1988）、《"二战"后东南亚华侨华人史》（温广益主编，中山
大学出版社，2000）、《晚清侨务与中外交涉》（袁丁著，西北大学出版社，
1994）、《近代侨政研究》（袁丁著，香港天马图书有限公司，2002）、《民国
政府对侨汇的管制》（袁丁、陈丽园、钟运荣著，广东人民出版社，2014）、
《东南亚华侨与广州》（牛军凯著，广东人民出版社，2002）、《台山侨乡与
新宁铁路》（郑德华、成露西著，中山大学出版社，1991）、《移民、性别与
华人社会：马来亚华人妇女研究（1929～1941）》（范若兰著，中国华侨出
版社，2005）、《缅甸华侨史》（姜帆著，广东高等教育出版社，2019）等。

新时期以来，中山大学在日本史、韩国史研究方面取得较大进展，成为
中山大学亚洲史研究新的一极。

中山大学的日本史研究包括中日关系史、日本思想史、日本社会经济
史、中日文化交流史等方向，研究人员主要集中在历史学系，其他院系如
外国语学院、博雅学院、哲学系等也有教师从事相关方向的研究。2007 年，
知名学者滨下武志教授担任中山大学亚太研究院院长、历史学系全职教授。
滨下武志教授著述宏富，任职中山大学以来，陆续出版《東アジアの中の
日韓交流》（滨下武志、崔集章编，庆应义塾大学出版社，2007）、《歴代宝
案：訳注本》（第 8 册，滨下武志译注，冲绳县教育厅文化财课史料编集班
编，2021）、*China, East Asia and the Global Economy: Regional and Historical
Perspectives*（Routledge，2008；中文版《中国、东亚与全球经济——区域和
历史的视角》，王玉茹等译，社会科学文献出版社，2009）、《華僑・華人と
中華網：移民・交易・送金ネットワークの構造と展開》（岩波书店，2013；
中文版《资本的旅行：华侨、华汇与中华网》，王珍珍译，社会科学文献出
版社，2021）等著作。历史学系孙宏云教授长期致力于学科史、中国近现代
政治人物与政治思想史、中日关系史等方面的研究，日本史相关的代表性成
果有《清末预备立宪中的外方因素：有贺长雄一脉》（《历史研究》2013 年
第 5 期）、《学术连锁：高田早苗与欧美政治学在近代日本与中国之传播》
[《中山大学学报》（社会科学版）2013 年第 5 期]、《高田早苗与清末中日教
育交流》（《史林》2012 年第 6 期）、《東アジアの近代学術の連鎖——新社

会科学運動の出現》（《東アジア近現代通史》第 4 卷《社会主義とナショナ
リズム》、岩波书店，2011）等。朱坤容副教授出版著作《风土与道德之
间——和辻哲郎思想研究》（东方出版社，2018）及译著《风土：人间学的
考察》（和辻哲郎著，东方出版社，2017），代表论文有《幕末勤王思想对
明治维新的影响——以水户学为中心》（《世界历史》2016 年第 4 期）、《人
道与仁道——和辻哲郎伦理学中的儒学因素》（林美茂、郭连友主编《日本
哲学与思想研究》，社会科学文献出版社，2019）等。杨洋助理教授已出版
译著《日本室町时代古钞本〈论语集解〉研究》（高桥智著，北京大学出版
社，2013），代表论文有《从"文"向"道"——花园天皇与 14 世纪初日
本宫廷对宋学的接受》（《文史哲》2021 年第 5 期）、《花園院と宋学再考》
（《京都学·歴彩館紀要》第 1 号，2018 年）等。

　　外国语学院佟君教授的研究领域为日本文学、日本文艺思想、日本历
史观念等。佟君教授已出版专著《子規文學の思想と精神》（辽宁教育出版
社，1998），主编《华南日本研究》第 2 辑（中山大学出版社，2009），代
表论文有《司马辽太郎及其中国文化史观》（《日本学刊》2000 年第 1 期）、
《论司马辽太郎的日本国家史观》（《东北师大学报》2001 年第 4 期）、《论池
田大作教育思想中的人本理念》（《日本研究》2009 年第 3 期）。哲学系廖
钦彬教授主要研究领域为日本哲学、比较哲学、东亚哲学、文化研究，已
出版专著《宗教哲学的救济论：后期田边哲学的研究》（台湾大学出版中
心，2018）、《近代日本哲学中的田边元哲学：比较哲学与跨文化哲学的视
点》（商务印书馆，2019），代表论文有《京都学派的华严哲学：以铃木大
拙、西田几多郎及田边元为核心》（《学术研究》2021 年第 10 期）、《两个关
于"世界史"的哲学论述——京都学派与柄谷行人之间》（《现代哲学》2016
年第 3 期）等。博雅学院傅锡洪副教授在日本思想史方面的代表性成果有
《论德川儒者中井履轩对儒家祭礼功能的探求》（《中国哲学史》2018 年第 4
期）、《从〈中庸〉"鬼神"章注释看江户日本朱子学的展开与变化》[《复旦
学报》（社会科学版）2016 年第 5 期]。

　　中山大学的韩国史研究虽起步较晚，但年代跨度广，研究视角多样，在
韩国中世史、近世史和近代史，以及社会经济史、中韩关系史等专门史领域

都有一定学术成果。国际关系学院魏志江教授主要从事高丽史、东亚国际关系、丝绸之路区域史和非传统安全研究，已出版《中韩关系史研究》（中山大学出版社，2006）、《韩国学概论》（中山大学出版社，2008）等专著，发表《〈辽史·高丽传〉考证》（《文献》1996 年第 2 期）、《论 1020 ~ 1125 年的辽丽关系》[《南京大学学报》（哲学·人文科学·社会科学版）1997 年第 1 期]、《辽金与高丽的经济文化交流》（《社会科学战线》2000 年第 5 期）、《论后金努尔哈赤政权与朝鲜王朝的交涉及其影响》（《民族研究》2008 年第 2 期）、《论大韩民国临时政府与广东护法政府的关系》（《社会科学战线》2009 年第 10 期）等学术论文数十篇。

历史学系朱玫副教授从韩国留学归来，以论文《朝鲜后期家族和亲属秩序研究——以 17 ~ 19 世纪大邱月村地区为中心》获博士学位，代表论文有《朝鲜后期大邱月村丹阳禹氏族产盗卖的纠纷和诉讼》（韩文，《韩国史研究》第 166 辑，2014 年）、《朝鲜后期宗契田的运营与功能》（韩文，《大东文化研究》第 93 辑，2016 年）、《朝鲜王朝的户籍攒造及其遗存文书研究》（《史林》2017 年第 5 期）、"Joint Families in Korean Rural Society, 1690–1861"[*The History of the Family* 25：1（2020）]、《17 世纪朝鲜基层组织"五家统"的成立与制度设计》（《古代文明》2021 年第 3 期）等。

此外，历史学系林英教授在西亚、中亚古代史研究取得突出成就，已出版专著《金钱之旅——从君士坦丁堡到长安》（人民美术出版社，2004）等，有《九姓胡与中原地区出土的仿制拜占庭金币》（余太山主编《欧亚学刊》第 4 辑，中华书局，2004）、《试论唐代西域的可萨汗国——兼论其与犹太人入华的联系》[《中山大学学报》（社会科学版）2000 年第 1 期]、《20 世纪中国与拜占庭帝国关系研究综述》（《世界历史》2006 年第 5 期）等代表性论文。李智助理教授研究西亚古代历史，发表《苏美尔人驿站系统的形成及其作用》（《世界历史》2021 年第 1 期）、《上古时期两河流域驿站变迁》（《中国社会科学报》2021 年 6 月 28 日）等学术论文。

（本综述文章得到范若兰教授、林明点老师、朱玫副教授、杨洋助理教授、张钊博士等提供的资料协助，特此致谢！）

历法在公元前三千纪的诞生：
神灵、节庆、季节和时间的文化构建[*]

〔德〕瓦尔特·萨拉贝格尔（Walther Sallaberger）[**] 著

李 智[***] 译

摘 要：西亚的两河流域地区在公元前三千纪诞生了最早的历法体系。依据从南部的吉尔苏到北部的埃卜拉和那巴达（贝伊达尔丘）等地的行政及法律文献，本文仔细研究了多种月份计数方法、月份名称和季节性节庆。此外，本文还分析了早期塞姆历法和尼普尔历法。随着乌尔第三王朝的衰落，两河流域的历法体系从多样走向统一，并开始颁行适用于全国范围的历法。

关键词：两河流域；历法；时间

　　本文旨在研究青铜时代早期即公元前三千纪，叙利亚－两河流域地区诞生的最早的历法体系。[①] 从公元前三千纪中期开始，月份名称或对月份的计

* 本文译自 D. Shibata and S. Yamada, eds. , *Calendars and Festivals in Mesopotamia in the Third and Second Millennia BC*, Wiesbaden: Harrassowitz, 2021, pp. 1–34，译文受国家社科基金青年项目 "苏美尔人的信息网络与国家治理"（22CSS020）资助。

** 瓦尔特·萨拉贝格尔（Walther Sallaberger），教授，德国慕尼黑大学亚述学与赫梯学研究所所长，德国巴伐利亚科学院院士，国际亚述学协会主席。

*** 李智，中山大学历史学系助理教授，研究方向为亚述学。

① 在 2016 年 3 月筑波会议的慷慨邀请下，山田茂夫（Shigeo Yamada）和柴田大辅（Daisuke Shibata）请我谈一谈贝伊达尔丘（Tell Beydar）的历法。贝伊达尔丘与沓班丘（Tell Ṭābān）位于同一地区，而后者的新历法正是这次会议的主题。本文的最终稿也包含了其他项目的成果：2016 年秋季在维也纳大学期间关于公元前三千纪宗教史的研究；2016 年至 2017 年在慕尼黑大学高等研究中心同奥托（Adelheid Otto）一起进行的关于青铜时代早期节庆的研究；在费贝尔（Roland Färbe）和雷米伊森（Sophie Remijsen）的诚挚邀请下参加的关于 "古代世界的社会时间：节律与仪式" 的会议，这次会议于 2018 年 5 月 24 日至 26 日在阿姆斯特丹大学召开。我非常感谢能得到这么多机会来改进本文中提到的内容。最后但同样重要的是，我衷心感谢赫伦（Anna Glenn）对本文英文写作的改进和提出的建议，也十分感谢这本论文集的编辑柴田大辅和山田茂夫所付出的耐心。

数出现在书写记录中。在对古代两河流域的研究中，"历法"是指有规律的月份名称序列。在公元前三千纪，即早期城市化及城邦作为政体的年代，不仅出现了一个历法体系或一系列类似的历法，还出现了多种不同的方法计算一年中的月份并为它们命名。由于古代两河流域和叙利亚先民就"生活在"他们的历法中，这些权威性的月份名称序列不仅是纯粹的测量，还体现着他们对时间进行的文化构建。

除了探讨不同历法体系的时间和空间范围外，人们还想知道如何将这些具体的时间构建放置于青铜时代早期的世界观、社会和个人角色中。通过标记日期特别是使用月份名称，一个社会群体认为时间也有含义。① 在古代两河流域，历法（即月份名称的固定序列）根据定义将时间概念化为通常所说的"周期性"，而对年代的计数则显然指向其"线性"的一面（见后文）。

本文研究的资料来源是楔形文字文献，其中绝大部分是行政管理文献，此外也包括法律文献。行政管理文献记录了在书写时已经发生或计划发生的物品或业务往来，因此在标记日期时所透露的历法时间概念，必然反映着特定历史情境中对于时间的理解（关于时间、地点、政治、社会和经济状况）。考虑到行政和法律文献的情景语境，"书吏的"或"学术的"世界观与各自的历史情境之间并不存在（社会的或概念的）"差异"。在不同的历史情境（按时期、城市、文本的社会背景、文献集或档案加以定义）中，对时间的记录存在很大的差异，这证明了这种方法的适用性。

在下面的讨论中我们可以清晰看到，不同的传统和社会、政治或宗教等因素决定了历法在特定历史语境下的使用。在介绍完某种系统被用于确定时间的历史背景后，我们将讨论与时间单位有关的"词汇"，其中的绝大部分

---

① 在这个研究题目中，我显然提到了"社会时间"的概念，它将时间看作一种文化的社会固有特征。在相关文献中，我只引用了格尔茨（C. Geertz）的研究。他分析了社会互动等因素和时间测量的关系。利用这一思考方法，在探究前萨尔贡时期的吉尔苏月份名称中体现的再分配作用时，可以得到最理想的结果（见本文第三节）。见 C. Geertz, "Person, Time and Conduct in Bali: An Essay in Cultural Analysis," *Yale Southeast Asia Program, Cultural Report Series* 14 (1966), 重印于 *The Interpretation of Cultures, Selected Essays,* New York: Basic Books, 1973, pp. 360–411。

是一系列的月份名称。哪些参数被选中用来确定一个特定的时间单位？对时间的记录就这样被整合进一个特定的世界观，其关注点在于特定的社会及个人等相关层面。

在介绍历法作为特定历史语境下的文化建构后，本文将讨论用数字计数月份和前萨尔贡时期城邦拉旮什（Lagaš）的一系列节庆，并考察埃卜拉（Ebla）和那巴达（Nabada，即贝伊达尔）结构类似的地方性历法、在公元前 26 世纪至公元前 23 世纪被使用的早期塞姆（Semitic）历法、尼普尔（Nippur）历法以及两河流域南部地区直到乌尔第三王朝（Ur Ⅲ）覆灭（公元前 2003）都在使用的类似历法。

自 19 世纪亚述学诞生以来，重现当地的历法一直都是一项首要任务。兰茨贝格尔（B. Landsberger）在 1915 年出版的专著是古代两河流域历法研究的里程碑。他集中研究了所有形式宗教生活的周期性，无论其是由一个月或一年中的某些日子决定，还是由某几个月决定。[①] 对于本文所关注的公元前三千纪，兰茨贝格尔使用当地的一系列月份名称作为重建当地节庆历法的主要信息来源。尽管他承认，由于大部分的尼普尔月份名称都有农业背景，重建尼普尔宗教节庆历法的价值有限，但他还是根据这些月份名称对节庆进行了分组。[②] 在详细的讨论中，他认真研究了一个月份是否以节庆命名。科恩（M. E. Cohen）采取了类似方法，他讨论了楔形文字传统中已知所有系列的月份名称，并将这些名称作为节庆历法的基础。[③] 他根据历法的区域传播情况将其分为：Ⅰ."地方的或本地的"、Ⅱ."种族的"、Ⅲ."国家的"和Ⅳ."通用的"历法。[④] 科恩从月份名称入手，而萨拉贝格尔（W. Sallaberger）则研究了被文献证实的宗教节庆及其周期性。[⑤] 除这些关于公元前三千纪周期性节庆的专著外，亚述学研究还聚焦于重建多种历法及其地理

---

① B. Landsberger, *Der kultische Kalender der Babylonier und Assyrer*, Leipzig: Hinrichs, 1915, p. 1.

② B. Landsberger, *Der kultische Kalender der Babylonier und Assyrer*, Leipzig: Hinrichs, 1915, p. 23.

③ M. E. Cohen, *The Cultic Calendars of the Ancient Near East*, Bethesda, MD: CDL Press, 1993; M. E. Cohen, *Festivals and Calendars of the Ancient Near East*, Bethesda, MD: CDL Press, 2015.

④ M. E. Cohen, *Festivals and Calendars of the Ancient Near East*, Bethesda, MD: CDL Press, 2015, pp. 1–2.

⑤ W. Sallaberger, *Der kultische Kalender der Ur Ⅲ-Zeit*, Berlin and New York: de Gruyter, 1993.

和时间分布方面（见后文提到的文献材料）。当不同的城邦及其继承者——乌尔第三王朝中不同的省份——的时代在公元前 2000 年前后结束时，大量不同的地方性历法永远消失了。至于两河流域晚期，特别是公元前一千纪时期关于时间计数含义的研究，[①] 由于涉及与其他文化因素差别巨大的历史情境，不被纳入本文的考察范围。

在本文中，我们将讨论古代识别月份的多种方法，这也反映在文中的月份标识上，因此，月份计数、月份划分和年份计数用 1、2、3……表示；对于历法中固定序列的月份名称的引用，用罗马数字Ⅰ、Ⅱ、Ⅲ……表示；而那巴达的月份名称，由于其顺序依然未知，用 a、b、c……表示。

一　关于历法：现在与过去

在论述楔形文字世界的第一批历法体系之前，一个对于当前历法情况的概述可能有助于阐明本文的研究议题。根据以罗马天主教及新教历法为主的西方基督教历法，2016 年 3 月 23 日至 24 日的筑波会议举办于复活节的前一周，这个日期由多种参数组合而成：复活节是在春分之后庆祝的一年一度的节日，而春分标志着太阳的年度周期（365.24219 天）。此外，复活节的日期是在春分后的第一个满月之后，这就在历法体系中引入月亮周期作为第二个自然参数，它最初被确定为一个月 29 天或 30 天。最后，复活节是在周日庆祝，因此与犹太教及其随后附属传统中最重要的时间计算方式相联系，即一周七天。这并不是一种自然的计量时间方式，而是一个宗教的并因此是文化定义上的方式，因此，复活节的日期很好地解释了太阳和月亮的自然周期与文化定义之间的相关性。复活节日期的历史发展也许可以解释时间计

---

① S. Langdon, *Babylonian Menologies and the Semitic Calendars,* The Schweich Lectures of the British Academy 1933, London: Oxford University Press, 1935; J. M. Steele, "Making Sense of Time: Observational and Theoretical Calendars," in K. Radner and E. Robson, eds. , *The Oxford Handbook of Cuneiform Culture*, Oxford: Oxford University Press, 2011, pp. 470–485; L. Verderame, "The Moon and the Power of Time Reckoning in Ancient Mesopotamia," in J. Ben–Dov and L. Doering, eds. , *The Construction of Time in Antiquity: Ritual, Art, and Identity*, New York: Cambridge University Press, 2017, pp. 124–141.

数的文化内涵。公元前45年，尤利乌斯·恺撒确定了我们现今所知的年历，有12个不尽相同的月份，但每个月份的长度固定为30天或31天，每四年有一个闰年。恺撒完全打破了由月亮确定月份的罗马传统，而这种传统也曾经施行于两河流域。由于罗马帝国的统治时间长，范围广，其臣民在几个世纪内都广泛使用这一历法，然而，儒略历的一年比太阳年稍长了11分14秒，这就给1500年后正确断定复活节日期带来了问题。因为根据人们的计算，一年比"真正的"宇宙年更长或更"慢"，因此可能发生的情况是，一个基督徒仍然处于哀悼和禁食的时期——复活节之前的40天，但事实上根据宇宙年的计算，庆祝复活节的欢乐应该已经到来。在罗马天主教影响最大的时期，教皇格里高利十三世在1582年调整了历法，这就是我们现在使用的民用历。然而，由于改变历法的决定主要是出于神学方面的考虑，格里高利历法并未被其他基督徒接受。例如，直到约1700年它才被基督教新教徒接受，而东正教和东方基督教会直到现在仍未使用。由于殖民主义和社会经济网络的影响，作为一种西方历法的格里高利历法最终被世界各国接受。它在1873年被引入日本，并最终在1949年被引入中国。因此，从历史的角度看，我们每天使用的日历告诉人们的不是太阳和月亮的周期，而是政治和宗教的历史、像恺撒这类强人的改革、罗马帝国和基督教会的作用，或是西方文化的传播。

在了解这些后，我们将注意力转向古代近东。在两河流域及其周边地区，新的月份的开始由新月的出现决定，因此一个月是29天或30天。事实上，关于两河流域南部地区每个月29天或30天的记载，可以追溯到公元前21世纪。[1] 在这一时期，每个月的"新月"（苏美尔语为 u_4–šakar）庆祝活动往往包含着"观察月亮"（苏美尔语为 ^{d}nanna igi du_8–a），这证明了观看新月是时间计数的核心。[2] 将"新月"作为一个宗教日期的习俗可以追溯到前萨尔贡时期（公元前24世纪）。在夜晚西方的地平线上，观察到新月提示

---

① W. Sallaberger, *Der kultische Kalender der Ur Ⅲ-Zeit*, Berlin and New York: de Gruyter, 1993, pp. 11–14.

② W. Sallaberger, *Der kultische Kalender der Ur Ⅲ-Zeit*, Berlin and New York: de Gruyter, 1993, p. 55.

着一个月份的开始，因此每个人都能立刻看到并知晓新的月份已经到来。就这样，每个月的日期都以同样的方式计数：满月出现在第 14 天或第 15 天，上弦月在第 7 天，下弦月在第 21 天前后。显然，只需要看一下天空中的月亮，生活在这种时间计数体系中的每个人都可以或多或少地知道月份中的日期。[1] 此时的月份直接遵循着月亮的运动周期，例如一系列有关喂养牲畜的文献记录了月份在 29 天和 30 天之间的变化。[2] 通过比较乌尔第三王朝时期温马（Umma）和普兹瑞什达干（Puzriš-Dagān）两个遗址的数据，[3] 我们能够看到月份长短的差异被记录在历法的日期中，这表明文献中的年代是基于观察和估计得出的。对于一个早期的两河流域国家而言，几乎可以确定当时并不存在一个中心机构来设定或控制月份长度。在两河流域南部地区前萨尔贡时期的文献中，根据月相划分月份的做法可以被间接证实。在埃卜拉，一个月份被划分为几个分别由七天组成的不同阶段。[4]

新的一天从日落后的傍晚开始，这完全符合一套通过观察月亮计算日期的系统。月亮直接显示着当月的日期，所以人们在傍晚或夜间就已经知道了日期，然后在第二天清晨开始工作。从当时对一天时间顺序的记录中，我们可以看到乌尔第三王朝时期的一天是从夜间开始的："在拂晓"（a_2-ĝe$_6$-ba-a，字面意思是"当夜晚关闭/被送走的时候"）[5] 先于"在傍晚"（a_2-u_4-

---

[1] 同样，即使一只传统手表的表盘上完全没有标明 12 小时，我们只需要看一眼就能知道准确的时间。

[2] W. Sallaberger, *Der kultische Kalender der Ur III-Zeit*, Berlin and New York: de Gruyter, 1993, pp. 11–14.

[3] 这些数据基于一份未发表的汇编，它记录了当时（2000 年或 2001 年）所有已知的乌尔第三王朝时期的月份长度与帝国历法（Reichskalender，即普兹瑞什达干使用的历法）及温马历法之间的时间相关性。结果发现，两种历法的月份长度非但没有为一系列的月份长度提供可靠的依据，反而是两者记录的月份长度往往并不一致。

[4] A. Catagnoti, "The Subdivision of the Month at Ebla According to the Liturgical Calendar TM. 75. G. 12287+ and the *Royal Rituals* (ARET XI 1–3)," *Studia Eblaitica* 5 (2014):15–34.

[5] 传统上，这个词被理解为"在午夜"，例如 PSD A/2 62–64; M. Sigrist, *Drehem*, Bethesda, MD: CDL Press, 1992, pp. 125–126 及其提到的之前的文献。贝伦斯（H. Behrens）和施泰布勒（H. Steible）针对 gi$_6$-ba-a 的评论是"gi$_6$-bar = gi$_9$-sa$_9$?? 曾经的拼写"，他们是否暗示 ba 可以被理解为唯一被文献证实的词语 ba$_7$ (maš) = *bāntum, mišlum* "一半"的一种非正字法书写？参见 H. Behrens and H. Steible, *Glossar zu den altsumerischen Bau- und Weihinschriften*, Wiesbaden: Franz Steiner Verlag, 1983, p. 141. PSD B 23 提到的 ba$_3$ 并不是指我们讨论的内容。奥伊鲁普（J. Høyrup）指出，在古巴比伦时期数学文献中，ba.a 是 *bāmtum*——"一半"（转下页注）

te-na，字面意思是"当白天变凉的时候"）被记录在有关同一天内举行祭祀的文献中，或者一份文献（SET 188）中出现的"在拂晓"、["在早晨"]、"在中午"、"在晚上"。又比如国王舒尔基（Šulgi）在一天之内的旅行，他从晚上开始，在日落前返回。[①]

由于每月的阴历可以在天空上看见，确定一些年度节庆的确切日期是可能的，它们大多与新月或满月的出现有关。通过观察傍晚或午夜的天空，人们提前知道了即将到来的节庆日期，也因此可以准备供奉的礼物。例如，第七个月的满月标志着乌尔第三王朝时期尼普尔城伊楠那（Inanna）节庆的开始，[②] 所以每个人——包括本神庙的雇员、其他神庙的祭司、行政人员和城市官员以及各类客人——都希望在那里能轻松地准备并在正确的日子出现在主要的节庆中。

因此，通过观察作为天体的太阳和月亮，每个人都可以看到日月时间的更迭，而 12 个月的年度周期开端则需要更为复杂的观察。年是由太阳的走向决定的，它不仅决定了白天和黑夜的长短，还决定了气候，包括降

（接上页注 ⑤）的苏美尔语符号。参见 J. Høyrup, *Lengths, Widths, Surfaces: A Portrait of Old Babylonian Algebra and Its Kin*, New York, Berlin, and Heidelberg: Springer, 2002, p. 31 及注释 53。虽然奥伊鲁普普假设这是阿卡德语词语 *bāmtum* 的简写形式，但这个 ba.a 实际上可能是一个苏美尔语术语，意思是"一半"。由于它也出现在我们的词语 a₂-ĝe₆-ba-a 中，我们的词语也许有理由被翻译为"午夜"（我非常感谢赫伦向我指出的这一参考文献）。词条 OBGT I 803 (MSL 4: 59) 提供了如下解释：a₂ u₄-te ĝe₆-ba = *mūškaṣât*，一个由 *mūšu*（ĝe₆）和 *kaṣû*（te）组成的复合词，被哈洛克（R. Hallock）和兰茨贝格尔翻译为"夜晚的（第二部分）凉爽"。参见 R. Hallock and B. Landsberger, "Old Babylonian Grammatical Texts," *Materialien zum sumerischen Lexikon* 4, Roma: Pontificium Institutum Biblicum, 1956, pp. 45–127。复合词 *mūškaṣât* 被 AHw. 648b 翻译为"临近早晨的夜晚"，但 CAD K 263b 翻译为"白天和黑夜"。在整个公元前二千纪和公元前一千纪，日出前的时间在两河流域都被看作神圣时刻，但是古地亚（Gudea，生活在公元前三千纪）也曾在日出时分献上他的祭品（Cyl. B v 19–27）。一天中时间的顺序在前萨尔贡时期就已经被文献证实，根据乌尔卡吉那（Urukagina，约公元前 2320）改革的文献（Ukg. 4 = RIME E1.9.9.1 ex. 1 xi 4–6），吃饭时间是在"拂晓"（ĝe₆ ba-a=k）、"早晨"（将 u₄ sa₂-a=k 解释为"白天到来时"，不能确定是否准确）和"夜幕降临"（ĝe₆ an-na=k，字面意思是"天空中的夜晚"）。因此，吃饭顺序反映的一天的节律，它从日出前开始，在夜幕降临时结束。

① W. Sallaberger, *Der kultische Kalender der Ur III-Zeit*, Berlin and New York: de Gruyter, 1993, p. 5.

② R. Zettler, *The Ur III Temple of Inanna at Nippur*, Berlin: Dietrich Reimer Verlag, 1992; R. Zettler and W. Sallaberger, "Inana's Festival at Nippur under the third Dynasty of Ur," *Zeitschrift für Assyriologie und Vorderasiatische Archäologie* 101 (2011):1–71.

水量、湿度和温度等，因此也决定了河流水位的上升和下降。在叙利亚 – 两河流域地区，年是由季节的变换构成的，春天的收获、秋天的播种和其他农业活动最终都与太阳年相关。根据晚期巴比伦的材料，从公元前二千纪后期开始，新年在春分之前，但是在古巴比伦时期，新年在春分之后。①一些标明日期的文献记录着季节性工作（收割、挖渠等），它们证明公元前三千纪时的年初是类似的，因此，Ⅰ月大致对应现在的4月等。最有可能的是，一年的开始是由天文学上的日升星决定的，它在公元前三千纪就已经出现。②当涉及农业生产或其他季节性活动时，月份名称通常与这些活动的开始阶段有关。这种现象的原因可能在于这些节庆是当人们还在城市的时候举行的，即在他们进入田间劳作之前。③因此，"收获"月（主要是Ⅻ月至Ⅰ月，即现在的3月至4月）总是早于实际的收割劳作时间。④

为了使季节与月份之间产生关联，闰月每隔几年就会在需要时被引入。虽然任何人都可以观察到日月和季节的顺序，但确定闰月和计算年份的工作则是政治领袖的职责。

---

① J. P. Britton, "Calendars, Intercalations, and Year-Lenghts in Mesopotamian Astronomy," in J. M. Steele, ed. , *Calendars and Years: Astronomy and Time in the Ancient Near East*, Oxford: Oxbow Books, 2007, pp. 115-132.

② 古地亚（约公元前2140）在他的圆柱铭文（Cylinder B iii 5-6）中暗示了从天文角度确定一年的开始："年已过去，月已结束。新的一年踏上天空（mu gibil an-na im-ma-gu），一轮（新）月进入它的房子。"月相在苏美尔语中被称为"房屋"。关于时间的天文计算可见于《卢伽尔班达史诗》（*The Lugalbanda Epic*）中，它最初是成书于乌尔第三王朝时期（公元前21世纪）的手稿，但目前传世部分主要来自古巴比伦时期（公元前19世纪～公元前18世纪）。正如维尔克（C. Wilcke）所观察到的那样："因此，公元前三千纪末期的观星者知道并可以计算出金星的可见和不可见的规律性变化周期，这与太阳在黄道的运动有关。这并不那么令人惊讶。然而，最令人惊讶的是，这种知识并不局限于受过天文学和占星术教育的专业小团体中。与现当代的情况相反，这种知识在当时是一种普遍的知识财富。因此，在听众和观众看来，诗人掌握这种知识是理所当然的。"参见 C. Wilcke, "Vom klugen Lugalbanda," in K. Volk, ed. , *Erzählungen aus dem Land Sumer*, Wiesbaden: Harrassowitz Verlag, 2015, pp. 203-272. 关于《农夫须知》（*Farmer's Instructions*, 古巴比伦时期手稿）中提到的通过观察星空以获得正确时间的情况，可参见 L. Verderame, "The Moon and the Power of Time Reckoning in Ancient Mesopotamia," in J. Ben-Dov and L. Doering, eds. , *The Construction of Time in Antiquity: Ritual, Art, and Identity*, New York: Cambridge University Press, 2017, p. 126.

③ W. Sallaberger, *Der kultische Kalender der Ur III-Zeit*, Berlin and New York: de Gruyter, 1993.

④ 在学术著作中，现代叙利亚或伊拉克的农业收割日期被经常提起，但这通常来说是错误的，因为同古代两河流域地区主要种植的小麦相比，现在种植的小麦有着更长的生长周期。

二 计数一年中的月份

掌控时间是管理物品和服务的核心。楔形文字发明于两河流域南部地区，其目的是更好地对人员、生产和储存进行管理，以及公平地分配物品和服务，因此，在公元前四千纪末及公元前三千纪初的古朴文献中，出现行政化的时间计数并不稀奇。书吏使用一套理想化的系统，将一个月划分为 30 天，将一年划分为 12 个月，即 360 天。[1] 目前并不知道，他们如何测算出理想中的行政月份或年份与现实中的月份或年份之间的差异，以便进行账目结算。公元前四千纪末和公元前三千纪初的古朴文献仅标示时间段（即一定的天数或月数），缺乏具体日期，这在后来的乌尔古朴文献（约公元前 28 世纪或公元前 27 世纪）中也是如此。

目前已知的第一个月份出现在法腊（Fara，约公元前 26 世纪）的两份文献中，两者都用数字对其进行标示：（1）一份月度粮食分配谷物的文献，下标部分被书写在单独的一栏——"7 月（iti¹）"[2]（TSŠ 150 = EDTAŠ no. 10，月度登记）；（2）一份谷物登记（CT 50 10）。在法腊的文献中，我们并未看到月份的名称。[3] 从时间上看，之后不久的阿布·萨拉比赫（Abū Ṣalābīḫ）文献第一次使用了月份名称，文献中记录了两个早期塞姆历法中的月名（见

---

① R. K. Englund, "Texts from the Late Uruk Period," in P. Attinger and M. Wäfler, eds., *Mesopotamien: Späturuk-Zeit und Frühdynastische Zeit*, Freiburg Schweiz: Universitätsverlag, 1998, p.125.

② 文献中所写符号为 UD。——译者注

③ 马丁（H. Martin）和 CDLI 将 ud ur₂–nun–u₅ 识读为月份名称 "iti ur₂–nun–u₅"。参见 H. Martin et al., *The Fara Tablets in the University of Pennsylvania Museum of Archaeology and Anthropology*, Bethesda, MD: CDL Press, 2001, nos. 107, 108a, TSŠ 882。但是，"ud ur₂–nun–u₅"（在两个抄本中，ud 并非如编者识读的 iti）似乎是每月交付谷物的 "原因"（在 TSŠ 中是交付给 ᵈtu）。上文提到的 CT 50 10 既未被克雷贝尔尼克（M. Krebernik）也未被萨拉贝格尔和施拉坎普（I. Schrakamp）列出。参见 M. Krebernik, "Die Texte aus Fāra und Abū Ṣalābīḫ," in P. Attinger and M. Wäfler, eds., *Mesopotamien: Späturuk-Zeit und Frühdynastische Zeit*, Freiburg Schweiz: Universitätsverlag, 1998, p. 257; W. Sallaberger and I. Schrakamp, "Philological Data for a Historical Chronology of Mesopotamia in the 3rd Millennium," in W. Sallaberger and I. Schrakamp, eds., *ARCANE: Associated Regional Chronologies for the Ancient Near East and the Eastern Mediterranean 3: History & Philology*, Turnhout: Brepols, 2015, p.34.

本文第五节）。

然而，在随后的前萨尔贡时期，对月份的计数并未从两河流域南部地区的历法中消失。最明显的例子是城邦温马，书吏在文献中使用数字而非名称来标识一个月份。在这里，月份和年份都是被计数的，因此日期的格式是 x mu y iti（或 x mu iti y），即"x 年，y 月"。虽然很少出现年名，但这些年份总是指温马城邦统治者（ensi₂）的统治期。即使在阿卡德时期（约公元前2300～公元前2170），温马已经失去独立地位，但这种纪年系统仍然被保留了下来。即便如此，这些年数显然是指当地统治者的统治期，而不是指阿卡德国王的。① "13 月"的出现表明，这一系统将闰月也计算在内。通过计数月份确定泥板年代，这可以看作源于行政管理。当然也不能排除在日常生活中，生活在再分配经济下的古代温马居民也会计数他们的月份。

在温马的邻邦和强大的竞争对手拉旮什，年份也同样是按照城市统治者的统治期来计数的。在有别于宫殿的机构组织中，例如由统治者的妻子领导的"女性之家"（Emunus，又称"巴乌 Ba'u 之家"），或者在首都以外的城市中，在温马地区扎巴鲁姆（Zabalam）的文献中，对时间的标记都是计数统治者的统治期。这种做法不仅在拉旮什和温马被使用，而且在法腊和前萨尔贡时期（公元前 26世纪～公元前 24 世纪）的其他地方也被采纳，在阿布·萨拉比赫、马瑞（Mari）和我们也许可以补充的前萨尔贡时期的乌尔，② 年份是以统治期的数字进行标记的。这种计算年份的方法初看上去并

① 关于相关论点，可参见 W. Sallaberger and I. Schrakamp, "Philological Data for a Historical Chronology of Mesopotamia in the 3rd Millennium," in W. Sallaberger and I. Schrakamp, eds., *ARCANE: Associated Regional Chronologies for the Ancient Near East and the Eastern Mediterranean 3: History & Philology*, Turnhout: Brepols, 2015, pp. 38–40。在阿尔克哈法吉（N. Alkhafaji）出版的温马省文献中，同时标示了根据温马惯例的计数年份和国王马尼什图苏（Maništušu）的年号。年份的数字并未保存下来，但似乎只有 [1] 符合缺失的部分。如果是这样，这显然不是国王统治的第一年，因为这一年是以建造堡垒巴德／杜尔－马尼什图苏（Bad–/Dūr–Maništušu）命名，而不是以马尼什图苏接掌王权命名。参见 N. Alkhafaji, "A Double Date Formula of the Old Akkadian King Manishtusu," *Journal of Cuneiform Studies* 71 (2019): 3–9。

② UET 2 Supplement nos. 18 (3 mu, iti a–[⋯]) 和 nos. 22 (1 mu iti um'). 参见 A. Alberti and F. Pomponio, *Pre-Sargonic and Sargonic Texts from Ur Edited in UET 2, Supplement*, Rome: Biblical Institute Press, 1986。

不引人注意，但这种表面上平淡无奇的做法清晰地体现着统治者在青铜时代早期城邦中的中心地位，因为城邦中的每个人都按照统治者的统治期来计数自己的年份。统治者的名字在文献中通常被省略，因为显然在多种行政语境下，统治者的名字都是不言而喻的。

在拉旮什城邦首都吉尔苏（Ĝirsu）出土的前萨尔贡时期"女性之家"的档案中，每个月的行政流程在时间上也是固定的。从公共粮仓向机构组织成员分配粮食，或其他各类开支（包括牲畜的饲料和统治者的啤酒等）的情况，都被详细记录在大尺寸的泥板上。在这些冗长的文件中，每一份都有一个标注给出准确的数字：给人们"第 n 次分配"（n ba）大麦，或用于不同目的的"第 n 次供应"（n ĝar）大麦。

月度支出因此形成了从"1"到"12"甚至"13"的年度系列。这一行政体系不仅由"女性之家"的管理人员负责，而且显然有其他成员参与其中，他们每月都会收到分配给自己的粮食。那些拥有自给田的人，则仅会收到一年中最后四五个月的粮食，因此他们的第一次年度分配对应着其他群体的第九次或第八次分配。这种情况被记述在一些文献中。[①] 因此在吉尔苏，对时间的标记基本上是根据行政管理来运作的。首先是根据每个月的粮食分配，其次是通过计算城邦统治者的统治年代，对时间进行计数。

这种行政制度及其精确的组织是维持再分配制度的核心。在这种制度下，像"女性之家"这类公社组织中的每个成员都在专门的职业中贡献自己的劳动，他或她从集体收获的大麦和羊毛的库存中获得固定的份额。对月份的计数完美反映了月度分配制度内在的分配正义

---

① 有自给田的人收到的第一次分配等于组织机构人员的第八次分配。DP 154 (U2/08) 标注：lu₂ šuku dab₅-ba 1 ba-am₆, lu₂ iti-da-ke₄ 8 ba-am₆ 2. "对于有自给田的人，是第一次分配，对于每月（领取粮食）的人，是第八次分配。2（年）。"也可见于 VS 25 12（卢伽尔班达 5 年 9 月）和 VS 14 101（卢伽尔班达 6 年 9 月）：lu₂ šuku dab₅-ba no. 1 = lu₂ iti-da no. 9; lu₂ šuku dab₅-ba no. 2 = lu₂ iti-da no. 10: VS 25 23（卢伽尔班达 6 年 10 月）；lu₂ šuku dab₅-ba no. 3 = lu₂ šuku nu-dab₅- ba（即 lu₂ iti-da）no. 10: MCS 2 15 no. 3（卢伽尔班达 2 年 10 月）；lu₂ šuku dab₅-ba no. 4 = lu₂ iti-da no. 11: VS 25, 73（乌如卡吉那 1 年 11 月）；lu₂ šuku dab₅-ba no. 5 = lu₂ iti-da no. 12: STH 1 3（乌如卡吉那 2 年 12 月）。因此，卢伽尔班达 5 年和 6 年为 4 个月，但是乌如卡吉那 1 年和 2 年为 5 个月。

（Verteilungsgerechtigkeit）。[1] 不同的文献定义了再分配经济高度复杂的管理中心，而单调的一系列数字实际上体现了社会组织和城市生活的基本节律。[2] 虽然缺乏相关的材料依据，但我们可以假设，每个月的粮食分配是在每个月的固定几天进行的。月份是由月亮决定的，新月出现在夜空中标志着一个月的第一天，因此每个人都知道阴历，甚至连牧民、渔夫、园丁或其他在城市以外劳作的人都能及时赶来，以领取分配给他们的大麦。

三 历法在前萨尔贡时期吉尔苏的诞生： 节庆是再分配社会的焦点

尽管在第二节谈到了关于分配的行政计数，但是在前萨尔贡时期的吉尔苏，月份是被命名的，它们常常在文本的下方被提到："在 NN 月"（iti NN-a）。然而众所周知，这里的月份名称远不止 12 个，而是近 30 个不同的名称。[3] 支出大麦的文件包括分配或供应的编号以及月份名称，因此存在将大部分月份名称确定在一年之内的可能（见表 1）。[4]

从表 1 可以清晰看到，虽然月份的名称大多是在一年中的同一个季节，但并不存在强制性的 12 个月份的系列名称。在一些情况下，同一次分配会

---

[1] 这一系统的复杂程度在乌如卡吉那最后几年的危机中体现得最为明显。在这几年中，各类可有可无的开支被逐步禁止，比如用大麦喂养牲畜，以及每月大麦分配的最高额度被大幅削减。我把这些论述归功于多尔瑙尔（A. Dornauer），他对前萨尔贡时期吉尔苏的谷物账目进行了详尽的经济学研究。

[2] 关于月度分配对于日常生活及生活条件的影响，参见 W. Sallaberger and A. Pruß, "Home and Work in Early Bronze Age Mesopotamia: 'Ration Lists' and 'Private Houses' at Tell Beydar/Nabada," in P. Steinkeller and M. Hudson, eds., *Labor in the Ancient World*, Dresden: ISELT-Verlag, 2015, pp. 69–136。

[3] B. Landsberger, *Der kultische Kalender der Babylonier und Assyrer*, Leipzig: Hinrichs, 1915, pp. 40–43.

[4] 泽尔兹（G. J. Selz）提供了一个更详细的表格，其中关于月份顺序的数据是相同的。参见 G. J. Selz, *Untersuchungen zur Götterwelt des altsumerischen Stadtstaates von Lagaš*, Philadelphia: Samuel Noah Kramer Fund, 1995, pp. 306–313, 图表 I/1 至图表 I/7。科恩没有考虑到 lu₂ šuku dab₅-ba 的四个年度分配（编号 1 至编号 4）仅对应一年中的最后四个月份，因此他未能重建拉各什的历法。参见 M. E. Cohen, *Festivals and Calendars of the Ancient Near East*, Bethesda, MD: CDL Press, 2015, pp. 29–33。

表 1 前萨尔贡时期吉尔苏的月份名称（公元前 24 世纪）

年＼月	L5	L6	Ue	U1	U2	U3	U4	U5	U6
1			L7/1: še kin ku₅-ra	U1/1: i. še gu₇ d naše-ka					U6/1: i. še gu₇ d naše-ka
2			Ue/2: i. še gu₇ [d naše]-ka				U4/2: i. še gu7 dnaše til-la-ba	U5/2: egir4 iti še kin ku5-ra2-ta	
3			Ue/3: i. d nin-ĝir₂-su-ka maš aša₅-ba	U1/3: [egir4 iti] lu-ub2 še duru5 dnin-ĝir2-su-ka-ta		U3/1?: [i.] še gu₇ d naše-ka / U3/1: niĝ₂ buruₓ-maš-ka		U5/3: kuru₁₃ im-du₈-a	
4			Ue/4: i. [še] gu₇ [d nin-ĝir₂-su-ka(-ka)] / Ue/4: lu-ub₂ še duru₅ nin-ĝir₂-su-ka-ka		U2/4: egir4 iti kuru13 im-du8-a-ta	U3/4: lu-ub2 še duru5 il2-la	U4/4: kuru₁₃ dub-ba-a	U5/4: egir4 iti kuru13 im du8-a-ta	
5			Ue/5: gud-ra₂ ne mu₂-a (d naše-ka)			U3/5: lu-ub2 še duru5 (dnin-ĝir2-su-ka) til-la-ba			
6			Ue/?6		U2/6: gud-ra₂ ne mu₂-a	U3/6: gud-ra₂ ne mu₂-a	U4/6: mul ud saĝ e-ta-ru-a-a		
7			Ue/7: i. d lisin-ka-ka			U3/7: siki-ba-a	U4/7: d nin-ĝir₂-su an-ta-sur-ra-ka-na i₃-kuₓ-ra₂-a		

续表

年月	L5	L6	Ue	U1	U2	U3	U4	U5	U6
8	L5/8: i. ^{d}lisin-ka-ka		Ue/8: siki-ba(-a)		U2/8: i. munu$_4$ gu$_7$ ^{d}našše-ka		U4/8: i. ^{d}lisin-ka		
9	L5/9: i. munu$_4$ gu$_7$ ^{d}našše-ka	L6/9: i. munu$_4$ gu$_7$ ^{d}našše-ka	Ue/9: i. munu4 gu7 ^{d}našše-ka		U2/9: i. munu$_4$ gu$_7$ ^{d}nin-ĝir$_2$-su-ka-(ka)	U3/9: i. munu$_4$ gu$_7$ ^{d}našše-ka	U4/9: i. munu$_4$ gu$_7$ ^{d}našše-ka		
10		L6/10: i. ab-e$_3$-ka L6/10*: i. ^{d}lugal-iri-bar[-ra]	Ue/10: i. munu$_4$ gu$_7$ ^{d}nin-ĝir$_2$-su-ka-ka		U2/10: ^{d}lugal-iri-bar-ra-ke$_4$ a e$_2$-ša$_3$-ga i$_3$-tu$_{17}$-a-a	U3/10: i. ab-e$_3$-lagaš^{ki}-ka U3/10*: i. munu$_4$ gu$_7$ ^{d}nin-ĝir$_2$-su-ka-ka	U4/10(-12): i. munu$_4$ gu$_7$ ^{d}nin-ĝir$_2$-su-ka-ka		U6/10: i. ab-e$_3$-ka
11		L6/11: i. ab-e3 [til]-la-ba		U1/11: i. ^{d}ba-u$_2$-ka	U2/11: i. ^{d}ba-u$_2$-ka	U3/11: siki ^{d}ba-u$_2$ e-ta-ĝar-ra-a			
12		L6/12: i. ^{d}ba-u$_2$-ka			U2/12: amar a-a si-ga	U3/12: ^{d}ba-u$_2$-ka			
13							U4/13: i. še gu$_7$ ^{d}našše-ka	U5/13	

注：日期格式为 L6/11：统治年代/月度。"分配"（ba）或"供应"（ĝar）；_/10* = 根据 lu$_2$ šuku dab$_5$-ba 的分配数量（年底有四次分配或五次分配）重组得出。L = 卢伽尔班达统治年代，U = 乌如卡吉那统治年代，Ue = 乌如卡吉那即位之年（"ensi$_2$ year"）。参见 W. Sallaberger and I. Schrakamp, "Philological Data for a Historical Chronology of Mesopotamia in the 3rd Millennium," in W. Sallaberger and I. Schrakamp, eds., *ARCANE: Associated Regional Chronologies for the Ancient Near East and the Eastern Mediterranean 3: History & Philology*, Turnhout: Brepols, 2015, p. 73。

下划线日期：有2个或2个以上以记录提及相同的关联。斜体字日期：分配的日期是某个相应月份的"末尾"（til-la-ba）或"之后"（egir…-a-ta）。缩写：i. = izim，即"节庆"。

参考文献见 G. J. Selz, *Untersuchungen zur Götterwelt des altsumerischen Stadtstaates von Lagaš*, Philadelphia: Samuel Noah Kramer Fund, 1995, pp. 306-313（图表 I）。需要注意"VAT"文献现在发表在 VS 25 和 VS 27 中。小的差异包括 1.5/8: RTC 53, 删除泽尔兹的"munu$_4$-k ú"；L5/9: VS 25 12 (= VAT 4421)，泽尔兹的 -ku 读作 -ka；Ue/3: 被泽尔兹列为 Ukg. E 1/5? 'iti-ezem-^{d}nin-ĝ r-su-a til-la'-ba。

被两到三个文件记录，它们使用了相同的月份名称（在表 1 中用下划线标示）。但是在另一些情况中，书吏对相同数量的分配提到了不同的月份名称。此外，如果分配是在一个月的"末尾"（til-la-ba）或"之后"（egir₄）发生的，那么确定一个连贯的系列会更困难。最后我们注意到，在不同的年份中，相同的月份名称之间的间隔并不总是保持不变，因此仅靠月份插入并不能解释吉尔苏的月份命名。在乌如卡吉那 3 年，一个与牛（gud）有关的无法翻译的名称 iti gud-ra₂ ne mu₂-a 直接跟在 iti siki ba-a——"羊毛分配月"之后，但在乌如卡吉那即位之年，它们之间却有两个月的间隔。这表明，这个月份的名称是指在某个季节真实发生的羊毛分配，但它并不总是发生在同一个月份。[1] 事实上，一个名称指的是一个单独的事件，如宁吉尔苏（Ninĝirsu）进入他的新神庙安塔苏腊（Antasura）（乌如卡吉那 4 年 7 月）或出现一颗闪亮的星星（乌如卡吉那 4 年 6 月）。这一事实表明，这种历法并没有一个固定的月份名称系列。这一点可以从某月被称为"之后"或"结束"得到证实，因为这显然是还不能确定该如何命名下一个月份。在一个固定的月份系列中，人们反而会用下一个月份的名称：5 月是"5 月"，而不是"4 月之后"。[2] 有鉴于此，同时考虑到基于事件的月份名称的使用，前萨尔贡时期吉尔苏的月份名称在任何意义上都称不上一个固定的和强制性的历法。

月份名称中的宗教节日以相同的顺序出现，但并非总相隔同样的月数。前一年底的巴乌节和第二年初的"南舍（Nanše）享用谷物节"之间总是有两个月的间隔。但是"南舍享用麦芽节"比巴乌节早两个月（乌如卡吉那城邦统治者之年，还有乌如卡吉那 4 年——注意是乌如卡吉那 4 年 13 月！）或三个月（卢伽尔班达 6 年、乌如卡吉那 2 年、乌如卡吉那 3 年），而宁吉尔苏的"享用麦芽"并不是每年都出现在月份名称中，它出现在南舍享用麦芽和巴乌节之间。即使在同一个圣所也存在着差异：南舍"享用麦芽"比她

---

[1] 这种情况和类似的论述可以追溯到 B. Landsberger, *Der kultische Kalender der Babylonier und Assyrer*, Leipzig: Hinrichs, 1915, pp. 40–42。

[2] 在两河流域公元前三千纪的最后三分之一时期，当年份被正式以统治者的重要事迹命名时，一个年份同样可以被称为某个事件的"后一年"（mu us₂-sa）。

"享用谷物"晚七个月（乌如卡吉那城邦统治者之年 2 月和 9 月，乌如卡吉那 4 年 2 月和 9 月）或八个月（乌如卡吉那 3 年 1 月和 9 月）。① 这是否表明每个神庙都独立地确定自己的宗教年？在任何情况下，城邦内部都会就宁吉尔苏、巴乌和南舍的年度节日顺序和准确时间进行沟通。

在前萨尔贡时期的吉尔苏有一系列最重要的宗教节庆，但它们的日期并不直接对应于粮食分配。可以假设，粮食的分配以及所有周期性的单独支付，都发生在每个月差不多的时间。但即便如此，月份名称出现一些变化也是有可能的。由于一些粮食分配明确发生在一个月的"末尾"或"之后"，它们的日期可能是月末，因此是在阴历的第 30 天（29 天）或第 1 天。在这种情况下，如果在一个月的月末和下个月的月初有两次连续的分配，一些变化就会很容易地出现。我们可以假设一个出现以下顺序的模型：

	X 年	Y 年	Z 年
分配 1	月份名称 A（月末）	月份名称 A（月末）	月份名称 B（1 日）
分配 2	月份名称 B（月末）	月份名称 C（1 日）	月份名称 C（1 日）

这种模型解释了表 1 中的此类条目，即月份名称 A 与另一年中的月份名称 B 对应同一个分配，但月份名称 B 也可以对应随后的分配，月份名称 C 也是如此，以此类推。

根据它们的含义，前萨尔贡时期吉尔苏的月份名称似乎体现着宁吉尔苏、巴乌、南舍以及母神利辛（Lisin）的年度节庆的基本模式。但与后来以统治者的重要事件和事迹命名年份的做法类似，一个月份的实际名称可能是指一个特殊场合，并因此偏离了基本模式。有了这样一个独特的月份名称，城邦内的所有居民就会被告知一个具有普遍重要性的具体事件。

在城邦的每个机构组织中，月份名称是否都采用了宗教节庆的基本模式？吉尔苏的女性组织"女性之家"是最主要的文献来源，女神巴乌在这里的地位最为突出，因此她的丈夫宁吉尔苏的节日也被包括在内。此外，吉

---

① 记录乌如卡吉那 3 年 1 月的文本 TSA 36 如今大部分被侵蚀，导致无法核对，见 CDLI 图片 P221397。

尔苏统治者的夫人也关注南舍的节庆，因此"女性之家"的管理部门至少聚焦于三个不同的神祇。根据我们对前萨尔贡时期吉尔苏众神相对较好的了解，[①] 吉尔苏的其他神灵几乎不可能出现在此地最重要的节庆中，因此似乎可以肯定的是，每年的宗教节庆都按照固定的顺序进行。以这些节庆为参照，城邦居民安排着他们的时间。

表2列出了前萨尔贡时期拉旮什城邦的城市一些最重要的节庆（根据泽尔兹编制）。[②]

表2　前萨尔贡时期拉旮什城邦的节庆和月份名称

八大节庆	城市	月份名称
——		7/8月：利辛节
南舍的麦芽享用节	尼艮（Niĝen）	8/9月
宁吉尔苏的麦芽享用节	吉尔苏	9/10月
卢伽尔-伊瑞巴腊（Lugal-iribara）的沐浴	吉尔苏附近（？）	10月
卢伽尔乌如卜/阿贝（Lugalurub/ab'e）节	乌如卜（Urub）/拉旮什	10月
巴乌节	吉尔苏	11/12月
Ninmar.ki (amar a-a si-ga)	古阿巴（Gu'aba）	12月
南舍的谷物享用节	尼艮	（13）/1/2月
宁吉尔苏的谷物享用节	吉尔苏	nn月

节庆季节持续半年，从8月到12月或1月，也就是从现在的大约11月到三四月。在农业循环中，农业生产从播种之后开始，在收获之前结束，此时的河流水量降低，气候凉爽。宴会可以被定义为食物和饮料的公共消费，[③] 而食物的再分配有助于培养社区的合作精神。[④] 除神庙自身人员及被

---

① 关于这方面详尽的研究，参见 G. J. Selz, *Untersuchungen zur Götterwelt des altsumerischen Stadtstaates von Lagaš*, Philadelphia: Samuel Noah Kramer Fund, 1995。

② 参见 G. J. Selz, *Untersuchungen zur Götterwelt des altsumerischen Stadtstaates von Lagaš*, Philadelphia: Samuel Noah Kramer Fund, 1995。

③ M. Dietler and B. Haydens, eds. , *Feasts: Archaeological and Ethnographic Experience on Food, Politics, and Power*, Washington: Smithsonian Institute Press, 2001, p. 3.

④ M. Sahlin, *Stone Age Economics*, Chicagon and New York: Aldine-Atherton, 1972, p. 190.

邀请的邻居、乐师、工匠和城邦精英等宾客外，[①] 许多其他神庙和城邦大型机构组织的人员为宴会准备了新鲜的食物。[②] 因此，从准备仪式到节庆当天的游行再到宴请，宗教节庆历法影响了当时的大部分人。一系列与节庆相关的月份名称不断发生演变，这种现象可以被归纳为节庆和神灵之间的持续交流。神灵是土地象征性的领主或女主，他们影响着生活在拉咎什城邦各城市的居民。

前萨尔贡时期吉尔苏历法的其他月份名称集中在农业生产领域："收割谷物"（še kin ku$_5$，1 月）、"生产收获"（buru$_x$ maš=ak，1 月）或"田地生产"（maš aša$_3$–ba，3 月）、"（装满）新粮食的袋子"（lu–ub$_2$ še duru$_5$，2/3/4 月）、"粮仓"（kuru$_{13}$）工作（3/4 月）。其他的月份名称则是和牛（不确定具体含义：gud–ra$_2$ ne mu$_2$–a，5/6 月）及每年的"羊毛分配"（siki ba，7/8 月）有关。收获和储存不仅是农业社会中大多数成员共同进行的定期活动，而且在青铜时代早期的再分配经济中最为重要。值得注意的是，在月份名称中缺少了播种和其他准备性的田间劳作。与其类似，每年的"羊毛分配"成为前萨尔贡时期吉尔苏的一个月份名称，这证实了再分配在关于时间建构的表达中所起到的核心作用。[③]

总之，吉尔苏提供了一个吸引人的案例，它呈现着原初状态（statu nascendi）的历法。尽管对于某些月份的名称及其顺序有明显的偏好，但还没有发展出固定的一系列 12 个月份的名称。相反，在青铜时代早期城邦的再分配经济中，计算每月的分配体现着时间结构的基本形式。月份已经有了名称，尽管偶尔也会用其他事件来命名一个月份，但月份名称的主要来源还

---

① W. Sallaberger and K. Kröss, "Who Is Elite? Two Exemplary Cases from Early Bronze Age Syro–Mesopotamia," in G. Chambon et al. , eds. , *De l'argile au numérique: Mélanges assyriologiques en l'honneur de Dominique Charpin*, Louvain: Peeters, 2019, pp. 893–922.

② 例如关于为巴乌节进献的 mašdaria 研究，参见 W. Sallaberger, "Festival Provisions in Early Bronze Age Mesopotamia," *Kaskal* 15 (2019): 171–200。

③ 月份名称也出现在前萨尔贡时期的乌尔，参见 M. E. Cohen, *Festivals and Calendars of the Ancient Near East*, Bethesda, MD: CDL Press, 2015, p. 71。阿达布（Adab）的一些文献的日期采用当地的历法（TCBI 1 18, 19, 23 和 CUSAS 11 74），它们属于同城市统治者美斯基咎拉（Meskigala）有关的文本群。这位统治者在温马的卢伽尔扎吉西（Lugalzagesi）和阿卡德的萨尔贡统治时期都很活跃。

是年度宗教节庆以及收获、储存和羊毛分配等事件。因此，在青铜时代早期城邦的再分配社会中，给月份命名创造了一个有意义的时间结构。

在大约一个世纪后的萨尔贡时期，吉尔苏的书吏在为文献标注日期时，使用了当地 12 个月份固定顺序历法中的月份名称，[④] 这与尼普尔历法的命名方式类似（见本文第六节）。这些月份名称中的绝大部分一直沿用到公元前三千纪末期。

四　埃卜拉和那巴达：前萨尔贡时期叙利亚和两河流域北部的历法

目前已知的许多地区的楔形文字档案可以追溯到公元前 2310～公元前 2300 年，即阿卡德的萨尔贡（公元前 2324～公元前 2283）崛起前的几十年。[⑤] 利用这些数据，我们可以对多种历法体系进行比较研究。如本文第二节所述，对月份进行计数仍然是两河流域南部地区的普遍做法，这可以在温马记录月份的编号（也有一些在尼普尔，见下文）和吉尔苏的大麦分配中得到证明。吉尔苏在公元前 2350～公元前 2315 年出现月份名称，但是对它们进行使用的不规则性和将近 30 个月名的庞大数量都表明，还没有出现 12 个月份名称的固定序列（见本文第三节）。埃卜拉的王宫 G 出土的档案可以追溯到同一时期（公元前 2360～公元前 2310），而贝伊达尔丘（即那巴达）的泥板文书与其相比只早了一代（约公元前 2360）。然而，与两河流域南部地区的历法不同的是，古代叙利亚的埃卜拉和两河流域北部地区那巴达的历法都使用了一致的 12 个月份的名称（只有微小的变化）。[⑥] 在埃卜拉，他们的标准化序列也可以被重构。无论是在埃卜拉还是在那巴达，月份都未被编

---

④　M. E. Cohen, *Festivals and Calendars of the Ancient Near East*, Bethesda, MD: CDL Press, 2015, pp. 55–57.

⑤　所有数据都根据中纪年（Middle Chronology），参见 W. Sallaberger and I. Schrakamp, "Philological Data for a Historical Chronology of Mesopotamia in the 3rd Millennium," in W. Sallaberger and I. Schrakamp, eds., *ARCANE: Associated Regional Chronologies for the Ancient Near East and the Eastern Mediterranean 3: History & Philology*, Turnhout: Brepols, 2015。

⑥　"叙利亚"一词作为一个历史区域的名称，与幼发拉底河以西的区域有关，因此并不符合现代叙利亚国家的范围。哈布尔（Ḫābūr）平原是"上美索不达米亚"（Upper Mesopotamia，即两河流域北部地区）的一部分。

号。同吉尔苏类似，它们的月份名称绝大部分都是当地神灵的节庆。

　　然而，现有的材料并不允许对这些历法的社会性作用进行简单的比较。同吉尔苏的文献相比，贝伊达尔丘的文献数量更少，所记录的信息量也小得多。埃卜拉的文献出土于一个王宫，这一地点决定了资料涉及的领域，例如节庆主要是为王室献祭而举办，其祭品以羊为主，而在吉尔苏，我们在很大程度上并不了解统治者对于节庆的贡献，因为揭示其宗教活动的只有建筑和题献的铭文。节庆在埃卜拉王国很可能扮演着与在南部的拉旮什城邦类似的社会角色，但这方面的文字证据更多的是旁证，例如在一些节日中，王室的几位成员献上了祭品，或者王室的礼物被赠送给不同的祭祀参与者，这都暗示了节庆中不同群体的参与。更有说服力的证据是在节庆期间举办的"集市"（ki.lam$_7$），人们在那里同时进行着买卖、聚会与盛宴。这种集市被记录于第一个月份的阿旦马（Adamma）节和第四个月份的卡米什（Kamiš）节，① 它们出现在文献中，是因为王宫为了满足需求而在集市上购买羊毛或纺织品，并以这种方式促进了白银在国内的流动。节庆的商业面相很可能在南方也同样存在，但因为现有文献的视角集中在自给自足的经济上，所以它仍未被证实。

　　埃卜拉的"地方历法"②（见表3）通常被用于涉及谷物和油料的内部管理（在档案 L2712 中），③ 也有一部分涉及待宰的羊。④ 然而，主档案 L.2769 中的庭审文献却是根据"早期塞姆历法"（Early Semitic Calendar）确定日期（见本文第五节）。

---

① M. G. Biga, "Les foires d'après les archives d'Ébla," in J. M. Durand and D. Charpin, eds. , *Florilegium marianum* Ⅵ: *Recueil d'études à la mémoire d'André Parrot*, Paris: SEPOA, 2002, pp. 280–281.

② 以前也被称作"新历"，因为它出现在日期是埃卜拉最后几年的文献中。参见 A. Archi, "The Two Calendars of Ebla," *Orientalia* 87(2017): 186。沙尔潘（D. Charpin）确定了早期塞姆历法中的 *i-si* 月是一年的开始。参见 D. Charpin, "Mari et le calendrier d'Ebla," *Revue d'Assyriologie et d'Archéologie Orientale* 76(1982): 1–6。最近阿尔基（A. Archi）又重新讨论了这个问题，并证实了沙尔潘的结论。参见 A. Archi, "The Two Calendars of Ebla," *Orientalia* 87(2017): 195–210。

③ A. Archi, "The Two Calendars of Ebla," *Orientalia* 87(2017): 186.

④ A. Archi, "The Two Calendars of Ebla," *Orientalia* 87(2017): 182.

表3　埃卜拉的"地方历法"

I	^{d}a-dam-ma(-um), ^{d}a-da-ma-um
II	še.kin(.ku$_5$)
II^2	še.kin(.ku$_5$) min
III	^{d}ama.ra
IV	niĝdaba ^{d}ga-mi-iš
V	be-li / ĝeš.ĝ ɑ l.taka$_4$
VI	(niĝdaba) ^{dʾ}à-da
VII	ni.du
VIII	(niĝdaba) ^{dʾ}à-da
IX	ni–la-mu, ir-me, ir-mi
X	ḫur-mu, ḫu-lu-mu, ḫu-la-mu, ḫu-ru12-mu / ne.ĝar
XI	è
XII	šuku

资料来源：G. Pettinato, *Catalogo dei testi cuneiformi di Tell Mardikh-Ebla*, Napoli, 1979, p. xxxvi; L. Milano, *Testi amministrativi: assegnazioni di prodotti alimentari*, Roma: Missione Archeologica Italiana in Siria, 1990, pp. 353–354; A. Archi, "The Two Calendars of Ebla," *Orientalia* 87(2017): 185–186.

阿尔基的研究表明，大多数与神灵有关的月份名称以及其他的月份名称都是指在埃卜拉王国举办的节庆，这些足以按照他们日历的顺序加以列出：

Ⅰ：阿达尼（Adani）的腊沙坡（Rašap）之妻阿旦马节；[①]

Ⅲ：^{d}ama.ra(或更精确为 an/diĝir.ama.ra) 是一个供奉多位神祇的仪式的名称；[②]

Ⅳ：ni.ab 的卡米什节；[③]

Ⅴ：ĝeš.ĝál.taka$_4$，"开端"，指为纪念重要的埃卜拉地区神灵尼达巴

[①]　A. Archi, "The Two Calendars of Ebla," *Orientalia* 87(2017): 186.

[②]　A. Archi, "The Two Calendars of Ebla," *Orientalia* 87(2017): 187.

[③]　A. Archi, "The Two Calendars of Ebla," *Orientalia* 87(2017): 187.

勒／哈达巴勒（Nidabal/Hadabal）而在祭祀地拉如昔杜（Larugadu）举行的仪式，该地点位于王国西部地区的奥伦特河谷（Orontes Valley）；[①]

Ⅵ：阿什塔比勒（Aštabil）节，[②] 该神灵可能是一位战神，在埃卜拉地区被广泛崇拜；[③]

Ⅶ：哈拉卜（Ḥalab）的风暴之神哈达（Hadda）节。[④]

埃卜拉的节庆是在第一个月和第三个月到第八个月期间举行的，即从现在的4月和6月到11月，因此人们避开了当地冬天的雨季。此外，构成历法的节庆与埃卜拉王国的各中心城镇有关，包括从奥伦特河谷的拉如昔杜到东北部的哈拉卜（Ḥalab，今阿勒颇）。同吉尔苏的情况一样（见本文第三节），多个地方性的节庆由此形成了关于时间表达的年度周期核心。而且与讨论吉尔苏的方式相同，这些节庆在该王国各城市居民之间建立社会经济联系方面肯定发挥了决定性的作用，从参加集市的游客、为节庆捐赠的人群到参加各种节庆的社会精英。

在其他月份中，能够被翻译出名称的只有两到三个。但正如阿尔基所指出的，[⑤] 这些月份中并没有已知的重要节庆。相当于现在5月的第二个月份被称作"收割谷物"，因此是指收割季节的开始。[⑥] 第十二个月份被称作 šuku "配给田"，可能是指对土地的年度分配。第十个月份相当于现在1月，它的名称 ḫurmu 和 ne.ĝar 可能指使用火炉的时期。[⑦] 第七个月份（ni.du）、第九个月份（ni-la-mu 与行政活动 ir-me/mi）和第十一个月份（è "离开"）的名称仍然未知，[⑧] 因此也无法猜测它们在社会中所起的作用。最重要的是

① A. Archi, "The Two Calendars of Ebla," *Orientalia* 87(2017): 189–191.

② A. Archi, "The Two Calendars of Ebla," *Orientalia* 87(2017): 191.

③ A. Archi, *Ebla and Its Archives: Texts, History, and Society*, Boston and Berlin: de Gruyter, 2015, p. 603.

④ A. Archi, "The Two Calendars of Ebla," *Orientalia* 87(2017): 190.

⑤ A. Archi, "The Two Calendars of Ebla," *Orientalia* 87(2017): 186–192.

⑥ A. Archi, "The Two Calendars of Ebla," *Orientalia* 87(2017): 186.

⑦ A. Catagnoti, "The Subdivision of the Month at Ebla According to the *Liturgical Calendar* TM.75.G.12287+ and the *Royal Rituals* (ARET XI 1–3)," *Studia Eblaitica* 5(2014): 15–34.

⑧ A. Archi, "The Two Calendars of Ebla," *Orientalia* 87(2017): 189–192.

我们仍无法确定，再分配经济在王宫以外如何普遍存在于青铜时代早期的埃卜拉地区。每年（在一年中的多个月份）向雇工分配简单衣物的行为，至少在这个方向上给出了暗示。①

在位于哈布尔平原的贝伊达尔丘，1992 年至 2010 年进行的叙利亚－欧盟联合发掘出土了 240 多块前萨尔贡时期的楔形文字泥板，其中绝大部分都是行政文书。②贝伊达尔丘（现在的那巴达）是那伽尔（Nagar）王国（现在的布腊克丘，Tell Brak）的二等省份中心。在那里出土的大部分早耶孜腊赫（Early Jezirah）3b 时期楔形文字泥板的年代，大致等同于早期埃卜拉文献的时期（约公元前 2360）。③这些文献中恰好出现了 12 个月份名称（见表 4）。其中的 9 个月份名称被记录在贝伊达尔丘较早地层中的 16 个书写材料中，④其年代可追溯至公元前 25 世纪末期。⑤

12 个月份名称的顺序仍然未知，文献中只有 a 到 b（在 89 号和 226 号文献中）⑥和 d 到 h 的顺序（在 111 号文献中，h 月直接位于 d 月之后）的记载，因此，表 4 是按照它们在文献中被提到的次数从多到少进行排列的。

---

① A. Archi, "The Two Calendars of Ebla," *Orientalia* 87(2017): 189.

② 发表在 Subartu 2.12 和 33 中（早期文本 221 ~ 236 号除外，见后文说明）。

③ W. Sallaberger and I. Schrakamp, "Conclusion," in W. Sallaberger and I. Schrakamp, eds. , *ARCANE: Associated Regional Chronologies for the Ancient Near East and the Eastern Mediterranean 3: History & Philology*, Turnhout: Brepols, 2015, p.303.

④ L. Milano, "Third Millennium Cuneiform Texts from Tell Beydar (Seasons 2004–2009)," in L. Milano and M. Lebeau, eds. , *Tell Beydar: Environmental and Technical Studies*, *Volume 2*, Turnhout: Brepols, 2014, nos. 221–236.

⑤ 根据萨拉贝格尔和施拉坎普的研究，其年代大致为公元前 2440 ~ 公元前 2380 年，参见 W. Sallaberger and I. Schrakamp, "Conclusion," in W. Sallaberger and I. Schrakamp, eds. , *ARCANE: Associated Regional Chronologies for the Ancient Near East and the Eastern Mediterranean 3: History & Philology*, Turnhout: Brepols, 2015, p. 304；根据米拉诺（L. Milano）的研究，其年代大致为公元前 2450 ~ 公元前 2420 年，参见 L. Milano, "Third Millennium Cuneiform Texts from Tell Beydar (Seasons 2004–2009)," in L. Milano and M. Lebeau, eds. , *Tell Beydar: Environmental and Technical Studies*, *Volume 2*, Turnhout: Brepols, 2014, p. 151。

⑥ 第 226 号文献的时间是 ud.sar ^{d}utu 月，它提到了在下个月的一笔物品往来 i₃ ud.sar ^{d}be-*lí*-zi vii 3–5，不同于 L. Milano, "Third Millennium Cuneiform Texts from Tell Beydar (Seasons 2004–2009)," in L. Milano and M. Lebeau, eds. , *Tell Beydar: Environmental and Technical Studies*, *Volume 2*, Turnhout: Brepols, 2014, p. 170。

表4　那巴达（贝伊达尔丘）文献中的月份名称（根据提到的次数排列）

序号	月份名称	翻译	主档案	早期文献	城门、宗教崇拜
a	iti.sar ^{d}utu	"太阳神月"	25	2	城门、宗教崇拜
b	iti.sar ^{d}be–*lí* zi	"…（zi）之主月"	14	2	城门
c	iti.sar ^{d}be–*lim*/be	"主人之月"	11	1	城门
d	iti.sar $^{(d)}$be–(*li*) *su-lum*^{ki}	"苏伦（Sulum）之主月"	8	1	宗教崇拜
e	iti.sar $^{(d)}$be–*lí sa-la*	"…之主月"	8	—	
f	iti.sar $^{(d)}$*ešḫara*$_x$	"埃什哈腊（Ešḫara）月"	7	2	
g	iti.sar an.sag	"…月"	5	1	
h	iti.sar ^{d}*ša-ma-gan*	"沙玛干（Šamagan）月"	3	1	宗教崇拜
i	iti.sar $^{(d)}$*ma-se11-tim*	"马筛吞（Mašetum）月"	3	—	
j	iti.sar ^{d}*lugal–gi-gi-ka*	"L. 月"	1	1	
k	iti.sar ^{d}*ne.ne.gar*	"圣火盆（？）月"	1	1	
l	iti.sar an–ni–na–dug?	"…月"	1	—	

　　许多文献的日期都注明月份名称，却根本没有注明年和日。在早期文献中，月份总是出现在文献的最末尾，从而作为与完整文献相关的标注。两个早期文献中的文本（第222号和第232号）明确记录着"在NN月"。因此，月份名称形成了针对时间的基本参照，这在一些例子中可以很明显地看到：关于剪羊毛的记录都属于一个特定的月份，即太阳神月（表4中的月份a），因此它必定是指两河流域标准年的第一个月份（大致对应现在的4月）。包括旅行者在内的各类人员的粮食支出，以及首都那伽尔的领主在贝伊达尔丘停留数日时所用驴子的饲料，都是按照月份名称标明日期的。作为工资发放给那巴达雇工的粮食分配，也是这样被记录在月度账目中。

　　显然，贝伊达尔丘历法中的所有12个月份名字都是指神灵或神圣的领域。三个神祇的名字也出现在贝伊达尔丘城门的名称中，因为它们在该地区家喻户晓，并且它们在城市地区的机构组织中也被提及。崇拜"苏伦之主"的中心苏伦是那巴达省内的一个城市。一些记载向苏伦运送祭祀用牲的证据表明，这里是一个相对重要的宗教崇拜中心。此外，那伽尔国王也曾经到访此地。[①] 埃什哈腊是表4中唯一的女神，而沙玛干则被尊崇为草原上野兽、

―――――――――

　① Subartu 2 nos. 9、42 和122。

驴子和瞪羚之神。关于沙玛干的崇拜被记录在两份埃什哈腊月的文献中，①
其中一份记录运输羊群，②另一份记录统治者在此地的逗留。③尽管这些日期
似乎与沙玛干节庆在以其名称命名的月份中举办的说法相矛盾，但是这类证
据仍然太少，无法证明一种新的与拉杳什城邦或埃卜拉王国不同的月份命名
模式。

所有材料都指向一个固定的地方性历法：首先，从早期档案到后期档
案，这一历法被连续使用达半个世纪；其次，神名与城市本身的关系，体现
在宗教崇拜和城门名称中；最后，沙玛干和"苏伦之主"存在区域相关性。
没有任何证据表明，书吏将这一历法仅作为行政工具使用，因此给月份命名
是古代那巴达不言而喻的、最简单的时间表达法。当时没有其他系统能与一
系列月份名称在计算时间方面产生竞争。遗憾的是，那巴达首都那伽尔（布
腊克丘）的文献并不属于这一时期，因此那巴达和那伽尔是否使用相同的
历法仍是未知的。然而，人们希望至少在一个月份名称中纪念"那伽尔夫
人"，而且除了苏伦以外，还可能有其他的崇拜中心。因此，那巴达省的历
法似乎可以追溯到该地区还是一个独立城邦的时期，这一城邦可以被卫城上
王室建筑的考古遗存所证实（即第 1 ～ 2 期）。④显然，即使在那巴达成为
区域王国那伽尔的一个省份后，传统的历法仍然得以保留。⑤

五 早期塞姆历法：第一部季节性历法的文化与政治内涵

贝伊达尔丘的楔形文字泥板（见本文第四节）出人意料地呈现了一

---

① W. Sallaberger, "Calendar and Pantheon," in F. Ismael et al. , *Administrative Documents from Tell Beydar (Seasons 1993–1995)*, Turnhout: Brepols, 1996, p. 87.

② Subartu 2 no. 33.

③ Subartu 2 no. 101.

④ M. Lebeau, "Le Bloc Offi ciel de Tell Beydar: Introduction aux fouilles du chantier F," in M. Lebeau and A. Suleiman, eds. , *Tell Beydar, the 1995–1999 Seasons of Excavations: A Preliminary Report*, Turnhout: Brepols, 2003, pp. 21–26.

⑤ 关于区域王国那伽尔和那巴达省的规模，参见 W. Sallaberger and J. Ur, "Tell Beydar/Nabada in its Regional Setting," in L. Milano et al. , eds. , *Third Millennium Cuneiform Texts from Tell Beydar (Seasons 1996–2002)*, Turnhout: Brepols, 2004, pp. 51–71。

系列未知的月份名称，而专家可能期望这里使用的是所谓的"早期塞姆历法"，它是一部在同一时期（公元前 24 世纪末）马瑞和埃卜拉都被使用的历法。在佩蒂纳托（G. Pettinato）根据 1975 年于埃卜拉发现的泥板重建了历法后，[①] 沙尔潘利用马瑞的前萨尔贡时期的泥板确定了年份的真正开端（见表 5）。[②] 在马瑞，月份名称出现在管理当地粮食和谷物制品分配的文献中。[③] 在埃卜拉，月份名称被使用在王宫 G 的主文献（L. 2769）及其他分组文献。[④]

表 5　埃卜拉和马瑞的早期塞姆历法（公元前 24 世纪）

月份	埃卜拉	马瑞
Ⅰ	*i-si*, ni-*si* (1 ×)	*i-si*
Ⅱ	*ig-za* (+ mìn)	*(i-)ig-za, i-ig*
Ⅲ	*za-ʾà-tum, za-ʾà-na-at, za-ʾà-na*	*za-ʾà-tum*
Ⅳ	*gi*-ni, *igi*-ni (1 ×)	*gi*-ni
Ⅴ	*ḫa-li, ḫa-li*-ni, *ḫa-li-du*	*ḫa-li*
Ⅵ	*i-rí-sá, rí-sá*	*i-rí-sá, i-rí-iš*
Ⅶ	*ga-šúm*	*ga-šúm*
Ⅷ	ni-*nun*, ni-*nun*-na, ni-*nun*-na-at	ni-*nun*(-na)
Ⅸ	*za*-lul	*za*-lul
Ⅹ	*i-ba4-sa*	*i-ba4-sa*
Ⅺ	ma × gá*na*t.–sag	ma × gá*na*t.–sag
Ⅻ	ma × gá*na*t.–úgur	ma × gá*na*t.–úgur

---

① G. Pettinato, *Catalogo dei testi cuneiformi di Tell Mardikh – Ebla,* Napoli, 1979.

② D. Charpin, "Mari et le calendrier d'Ebla," *Revue d'Assyriologie et d'Archéologie Orientale* 76(1982).

③ 关于马瑞考古发掘的前萨尔贡时期泥板，参见 D. Charpin, "Tablettes présargoniques de Mari," *MARI* 5 (1987): 65–100; D. Charpin, "Nouvelles tablettes présargoniques de Mari," *Mari* 6 (1990): 245–252; A. Cavigneaux, "Nouveaux textes de Mari Ville Ⅱ (campagnes 1998 a 2007)," in P. Butterlin et al. , eds. , *Mari, ni est ni ouest? 75 ans de decouvertes a Tell Hariri,* Beyrouth: Presses del'IFPO, 2014, pp. 265–290。关于一些被盗挖的泥板，参见 H. Horioka, "Additional Early Dynastic Tablets Possibly from Mari," *Orient* 44 (2019): 121–150。

④ A. Archi, "The Two Calendars of Ebla," *Orientalia* 87(2017): 183–185.

如表 5 所示，这一历法在组织结构上与拉旮什（见表 1）、埃卜拉（地方历法，见表 3）或贝伊达尔丘（见表 4）等地在前萨尔贡时期的历法完全不同：没有一个月份是以神灵命名的，这些名称显然是指季节或季节性活动。月份名称在词源上的不确定性提供了很多猜测空间。因此，月份 Ⅵ 可能与"播种"有关（"被播种"，*yiHriš*），月份 Ⅲ 可能与阿卡德语中的 *ṣēnu*——"小牛"一词有关，月份 Ⅱ 可能的含义是"变得寒冷"（参见阿卡德语词语 *kaṣu* "寒冷"）。但为什么是在 5 月（当时的月份 Ⅱ）？我们可以参照德语中被称作"Schafskälte"（突然降温，字面含义为"羊冷"）的季节性效应来解释，它是 6 月初和 6 月中旬的一种典型气象特征。由于气温下降和山区降雪，在 4 月份被剪毛的羊群在这种天气下会受到伤害。在古代两河流域和叙利亚，羊是在春天（即第一个月份）被剪毛的。到了 5 月，开始转为夏季，但此时的夜晚仍然可能很冷。在 4 月的最后一次降雨后，也可能出现气旋天气，特别是在叙利亚的内陆地区，没有降雨的雷暴天气并不罕见。[①] 也许这就是月份名称 *yiqṣa* 的出处。

早期的塞姆历法在埃卜拉最早一批文献中就已经出现。例如，阿尔如坤（Arrukum）时代的文献（发表在 *ARET* 15），其年代大约在埃卜拉灭亡前 35 ~ 40 年，因此在时间上接近贝伊达尔丘的主档案。与贝伊达尔丘类似，埃卜拉的书吏也在泥板的末尾注明月份记录时间，特别是在埃卜拉档案中数量最多的一组文献，即纺织品的月度支出账目中。尽管有时偶尔会有记录提到一年中的某个重要事件，但同贝伊达尔丘一样，月份名称仍然是埃卜拉的基本日期系统。马瑞楔形文字泥板比贝伊达尔丘和埃卜拉的楔形文字泥板在年代上稍晚，它们通常用一个简单的数字来表示统治年代（x mu，"x 年"），这与两河流域南部地区的系统类似（见本文第二节）。在马瑞，这些文献主要涉及当地的事务，例如谷物的供应或驴子的饲养，它们唯一采用的日期系统就是早期塞姆历法。因此，早期塞姆历法是这个城市常规的记录月份的方式。而且由于首都马瑞在之前的几个世纪中并未出现过明显的中断（自从其"Ville Ⅱ"建立以来），因此早期塞姆历法很可能已经成为马瑞的

---

① E. Wirth, *Syrien: Eine Geographische Landeskunde*, Darmstadt: Wissenschaftliche Buchgesellschaft, 1971, pp. 87–88.

标准日期系统。[1]

埃卜拉的情况则有所不同，这里还同时使用着提及大埃卜拉地区的节庆和神祇的地方历法（见本文第四节），因此，需要解释说明早期塞姆历法在埃卜拉的实施和使用情况。通过档案文献我们可以得知埃卜拉早期的政治状态，即在被毁灭前50～60年，埃卜拉向马瑞称臣并每年进奉大量的金银财宝。[2] 这种政治上的依附关系也导致了文化上的影响，其中最重要的是，马瑞的书吏将楔形文字系统引入了埃卜拉的王宫。因此，政治和文化的背景决定了在国家的政治中心——王宫中使用早期塞姆历法，特别是在中央档案与王家宝库有关的文件中使用。随后，这一纪年体系在埃卜拉的中央档案馆中得以沿用，直到后来埃卜拉成为一个受人尊敬的大国。这一历法的使用反映了这样一个事实，即中央档案也涉及跨区域事务，例如与统治家族之间的礼物交换、信使或军事远征等相关信息。此外，埃卜拉王国的范围显然已经超出了埃卜拉地方历法中的神灵和节庆所涵盖的区域。因此，对于国家事务而言，使用流传范围广泛的历法似乎更为合适。

然而，最早关于这种早期塞姆历法的记载却并非来自叙利亚或两河流域北部地区，而是在遥远的两河流域南部的阿布·萨拉比赫，地点位于尼普尔的西北部。在那里发现的楔形文字泥板文书可以追溯到法腊时期，即公元前26世纪。其中两块行政管理类泥板被标明日期：一块（IAS 513）只写了月份名称，另一块（IAS 508）写了统治年代和月份名称（这与马瑞泥板已知的格式完全吻合）。[3] 有研究表明，阿布·萨拉比赫的人名有40%属于塞姆

---

① 1994年发现的一些前萨尔贡时期马瑞泥板的年代比沙尔潘发表的主要来自 Chantier B 的泥板年代略早，而且这些早期的文本使用了相同的月份名称。参见 A. Cavigneaux, "Nouveaux textes de Mari Ville II (campagnes 1998 a 2007)," in P. Butterlin et al. , eds. , *Mari, ni est ni ouest? 75 ans de decouvertes a Tell Hariri*, Beyrouth: Presses del' IFPO, 2014, pp. 265–290。

② A. Archi, *Ebla and Its Archives: Texts, History, and Society*, Boston and Berlin: de Gruyter, 2015, pp. 3–12.

③ IAS 508: 2 mu iti *i-si*; IAS 513: [iti] za-'a-tum，也参见 W. Sallaberger and I. Schrakamp, "Philological Data for a Historical Chronology of Mesopotamia in the 3rd Millennium," in W. Sallaberger and I. Schrakamp, eds. , *ARCANE: Associated Regional Chronologies for the Ancient Near East and the Eastern Mediterranean 3: History & Philology*, Turnhout: Brepols, 2015, p. 34。

语系，^① 因此在双语背景下，使用"早期塞姆历法"似乎是合适的。阿卡德语词汇被记录在这两块泥中的 IAS 508（*in*"在"，*ù*"和"），以及 IAS 519（*mi-at, li-im*）。这三块具有塞姆语言特征的泥板（IAS 508、513 和 519）出土自同一个发现地"E 区"，这里可能是一座神庙。^② 现有的材料并不允许我们得出进一步的结论。例如，我们是否面对着涉及跨区域事务组织的档案，以及 / 或者阿布·萨拉比赫在当时是否被基什（Kiš）国王直接控制（似乎很有可能）。

考虑到阿布·萨拉比赫发现的两个早期塞姆历法中的月份名称，基什在法腊时期的主导作用是不容忽视的。这种作用可以被文献证实，例如基什从苏美尔的城市调动军队，^③ 以及更重要的"基什之王"的权力。这方面的典型代表就是被称作"基什之王"的美萨林（Mesilim），他在乌尔南舍（Urnanše）王朝之前统御着阿达布和吉尔苏当地的统治者，因此他所处的年代与阿布·萨拉比赫文献的年代相隔不远。此外在这一早期阶段，马瑞和两河流域南部地区之间存在着密切的联系，例如在马瑞发现的乌尔国王美埃萨耐帕达（Meesanepada）的珍珠，或者在阿布·萨拉比赫文献中人名 Ikūm-Mari 都证明了这一点。^④ 在政治上占据主导中心地位的基什，很可能成为各地交流的枢纽。基什在法腊时期以前政治权力的最新证据，是所谓的

---

① M. Krebernik, "Die Texte aus Fāra und Abū Ṣalābīḫ," in P. Attinger and M. Wäfler, eds. , *Mesopotamien: Späturuk-Zeit und Frühdynastische Zeit*, Freiburg Schweiz: Universitätsverlag, 1998, p. 265.

② 克雷贝尔尼克指出了 IAS 508 和 IAS 519。参见 M. Krebernik, "Die Texte aus Fāra und Abū Ṣalābīḫ," in P. Attinger and M. Wäfler, eds. , *Mesopotamien: Späturuk-Zeit und Frühdynastische Zeit*, Freiburg Schweiz: Universitätsverlag, 1998, p. 270. 在克雷贝尔尼克和波斯特盖特（J. N. Postgate）发表的新泥板中，并没有记载更多的塞姆语词汇或月份名称（见索引，因此并不包括不确定的 *iš*）。参见 M. Krebernik and J. N. Postgate, "The Tablets from Abu Salabikh and their Provenance," *Iraq* 71(2009): 1–32.

③ 在法腊文献中有相关记录，关于这方面的综述参见 W. Sallaberger and I. Schrakamp, "Philological Data for a Historical Chronology of Mesopotamia in the 3rd Millennium," in W. Sallaberger and I. Schrakamp, eds. , *ARCANE: Associated Regional Chronologies for the Ancient Near East and the Eastern Mediterranean 3: History & Philology*, Turnhout: Brepols, 2015, p. 64.

④ IAS 554。克雷贝尔尼克也指出在法腊和阿布·萨拉比赫的 un.gal.nun 文献中，存在关于"马瑞"的记载。参见 M. Krebernik and J. N. Postgate, "The Tablets from Abu Salabikh and their Provenance," *Iraq* 71(2009): 14.

"囚犯牌匾"（Prisoner Plaque）上的证词，其年代为早王朝Ⅰ～Ⅱ时期（ED Ⅰ-Ⅱ）。[①] 此外费尔德惠斯（N. Veldhuis）认为，[②] 从阿布·萨拉比赫和法腊到埃卜拉的文献都可以证实，一个早王朝时期词表传统的主要分支，实际上与基什城存在关联。

在这种情况下，我们不可能不联想到盖尔布（I. J. Gelb）提出的基什文明的概念。[③] 他将其定义为从南部的基什和阿布·萨拉比赫，延伸到北部的埃卜拉和马瑞："尽管存在着现有的和潜在的差异，但是仍有必要意识到'基什文明'这一定义下包含的文化实体。但是在我们的语境中，它只是在广义上的塞姆文化区中，作为苏美尔文化区的对比。"[④] 盖尔布十分注意区分语言特征与文化特征，他并不认为这种权力是"对基什文明所有土地进行统一的政治统御"。[⑤] "在所有的或部分的基什文明土地的文化特征中，我们发现在许多方面存在一种或多或少的统一性，例如书写系统、整个区域内书吏之间的交流、十进制的使用、度量衡系统中的某些方面、纪年、月份名称和宗教等。"[⑥] 随着贝伊达尔丘的发掘，情况变得更加复杂：贝伊达尔和马瑞使用相同的度量衡，但有别于埃卜拉的度量衡；三个中心地区的神系完全不同；马瑞和埃卜拉的王宫与南部的阿布·萨拉比赫使用相同的历法，而贝伊达尔和埃卜拉城则在这方面遵循自己的传统。因此，一个相同种族北方文化

① P. Steinkeller, "An Archaic 'Prisoner Plaque' from Kiš," *Revue d'Assyriologie et d'Archéologie Orientale* 107(2013): 131–157.

② N. Veldhuis, "The Early Dynastic Kiš Tradition," in L. Sassmannshausen, ed. , *He Has Opened Nisaba's House of Learning: Studies in Honor of Åke Waldemar Sjöberg on the Occasion of His 89th Birthday on August 1st 2013*, Leiden: Brill, 2014, pp. 241–259.

③ I. J. Gelb, "Ebla and the Kish Civilization," in L. Cagni, ed. , *La lingua di Ebla: Atti del convegno internazionale (Napoli, 21–23 aprile 1980)*, Napoli: Istituto universitario orientale, 1981, pp. 9–73.

④ I. J. Gelb, "Ebla and the Kish Civilization," in L. Cagni, ed. , *La lingua di Ebla: Atti del convegno internazionale (Napoli, 21–23 aprile 1980)*, Napoli: Istituto universitario orientale, 1981, p. 72.

⑤ I. J. Gelb, "Ebla and the Kish Civilization," in L. Cagni, ed. , *La lingua di Ebla: Atti del convegno internazionale (Napoli, 21–23 aprile 1980)*, Napoli: Istituto universitario orientale, 1981, p. 72.

⑥ I. J. Gelb, "Ebla and the Kish Civilization," in L. Cagni, ed. , *La lingua di Ebla: Atti del convegno internazionale (Napoli, 21–23 aprile 1980)*, Napoli: Istituto universitario orientale, 1981, p. 72.

传统的概念逐渐消失，而南方的边界也不像通常假设的那样明确。"基什之王"美萨林的权威在苏美尔城市阿达布和吉尔苏得到承认，南方的城市向基什派遣军队，"基什之王"的称号也被南方的乌尔、吉尔苏和乌鲁克（Uruk）统治者接受，乌尔和马瑞可能已经形成了针对基什的联盟，[①] 基什传统的文本也在南方得到传播。[②] 因此正如盖尔布所假设的那样，似乎越来越难以在"苏美尔"和"基什"之间划定边界。

无论是否使用"基什文明"这一定义，都无法忽视前萨尔贡时期特殊的地缘政治情况：人口密集的城邦大量出现，特别是在两河流域北部地区，从叙利亚（马瑞、埃卜拉和埃卜拉文献中已知的其他所有城市）延伸到上美索不达米亚（例如奎腊丘 Tell Khuera 和那伽尔/布腊克丘），再到迪亚拉（Diyala）地区和两河流域南部地区。贸易网络和信使交流、条约、王朝联姻和战争都表明，埃卜拉、马瑞、基什和那伽尔以及其他城市之间存在着政治上的往来，由此可见地区内的相互联系是多么密集。这个庞大区域是一个由多种不同城邦组成的多中心纽带，既有扮演着特殊角色的主要城市（如埃卜拉、马瑞、那伽尔和基什），也存在一些文化上独特的区域，例如布达隆（Badalum）地区（在哈兰 Ḫarrān 附近）或克兰茨许格尔（Kranzhügel）文化。这一庞大的城邦网络在公元前 24 世纪末衰落并分崩离析，其原因可能是阿卡德的萨尔贡崛起前出现的一系列政治灾难，而伴随着这一崩溃，区域内的地缘政治局势也发生了彻底的改变。从阿布·萨拉比赫到马瑞，再到马瑞的附庸埃卜拉，早期塞姆历法在权力和书写的中心得到广泛使用，这也是表明该地区存在相互联系的一个例子。在埃卜拉文献中的大量证据表明，人们可以从两河流域南部地区经过马瑞到达埃卜拉或那伽尔，这一交流网络为共同使用同一种历法创造着大环境。因此，我认为早期塞姆历法在埃卜拉的

---

① A. Archi, *Ebla and Its Archives: Texts, History, and Society*, Boston and Berlin: de Gruyter, 2015, p. 6.

② 同样来自法腊/舒如帕克（Šuruppak）的 "Ed Lu E"，参见 N. Veldhuis, "The Early Dynastic Kiš Tradition," in L. Sassmannshausen, ed., *He Has Opened Nisaba's House of Learning: Studies in Honor of Åke Waldemar Sjöberg on the Occasion of His 89th Birthday on August 1st 2013*, Leiden: Brill, 2014, p. 243，以及未经证实的 "地理" 手稿（CUSAS 12 6.2.5）。尽管仍无法确定，但这份手稿可能源自温马地区的盗掘。

出现，并不像米哈洛夫斯基（P. Michalowski）所认为[①]和阿尔基所相信[②]的那样是一种书吏的行为，而是青铜时代早期从叙利亚到两河流域南部地区城邦间密切联系的反映。此外在前萨尔贡时期，历法的传播仅限于以塞姆语言为主或至少有相当比例的塞姆语言使用者所在的地区。

早期塞姆历法（见表6）在前萨尔贡时期城邦的崩溃中得以幸存，并在萨尔贡时期继续得到使用（约公元前2300～公元前2150）。同法腊和前萨尔贡时期的情况相比，记录着这一版本历法月份名称的文献分布地区更为广泛：两河流域北部的布腊克丘，以及出土大部分记载的两河流域南部的城市，即埃什侬那（Ešnunna）和迪亚拉地区、基什、尼普尔、阿达布、温马和吉尔苏。前萨尔贡时期马瑞和埃卜拉历法中的大部分月份名称（12个中的8个），都重新出现在萨尔贡时期的早期塞姆历法中。虽然在此基础上又增加了另外五个月份名称，但这种历法的地方性变化还无法得到重建（见表6）。

显然，早期塞姆历法萨尔贡时期版本的传播，与阿卡德王国中存在的交流网络密切相关。如果仔细审视那些同样出现地方性苏美尔历法的城市情况，我们就会发现：在吉尔苏，塞姆历法出现在一些用阿卡德语而非苏美尔语书写的少量文本中，因此这些文本属于萨尔贡时期的国家行政机构；在尼普尔，塞姆月份名称仅限于所谓的"阿卡德语文本"，[③] 它们没有出现在其

---

① "在这一点上，我们可以从两个方面来讨论书写系统的常规性质。一方面，在整个两河流域地区的南部和北部，以及在前萨尔贡时期的叙利亚，一套共同的月份名称被用于书面文本中。正如所有证据表明的那样，这套月份名称最初是塞姆语的。在古巴比伦时期的尼普尔历法传播开来以前，近东地区的历法在使用上从未在其他任何时代达到如此统一。我们只需要想一想乌尔第三王朝是一个前所未有的行政统一和中央集权的时代，但也是一个同时使用六种以上历法的时代。因此，在整个公元前三千纪的叙利亚和两河流域地区，使用相同的历法是一个不同寻常的例子，即在一个政治上并不统一的广大地区传播书写习惯。"参见 P. Michalowski, "Language, Literature, and Writing at Ebla," in L. Cagni, ed. , *Ebla 1975–1985: Dieci anni di studi linguistici e fi lologici*, Napoli: L'Orientale Università degli Studi, 1987, p. 173. 当然，这种观点是从当时的视角得出的。现如今（2019年），几乎没有任何严肃的专家会把乌尔第三王朝称为"一个前所未有的行政统一和中央集权的时代"，因为首先在温马和吉尔苏之间，行政管理的各个方面（例如信使文献、粮食管理、祭祀支出等）都存在着如此多的差异。

② A. Archi, *Ebla and Its Archives: Texts, History, and Society*, Boston and Berlin: de Gruyter, 2015, p. 33.

③ A. Westnholz, *Old Sumerian and Old Akkadian Texts in Philadelphia, Part Two*: *The Akkadian Texts, the Enlilemaba Texts, and the Onion Archive*, Copenhagen: Undena Publications, 1987, pp. 21–58.

表 6 前萨尔贡时期和萨尔贡时期的早期塞姆历法

月份	前萨尔贡时期			萨尔贡贡时期							
	埃卜拉	马端	阿布·萨拉比赫 (OIP 99)	省苏尔 Gasur (HSS 10)	埃什依拉/迪亚拉（MAD 1）	基什 & 布腊克丘	尼普尔	阿达布	温马	吉尔苏	未知
总数	12	12	2	4	8	1&1	1	5	1	5	1
I	i-si, ni-si (1×)	i-si	i-si (508)								
II	ig-za (+ m ì n)	(i-)ig-za, i-ig		ig-zum (96)	ig-zum (270^D)		ig-zum (OSP 2 4)			ig-zum (ITT 1 1291)	
III	za-à-tum, za-à-na-at, za-à-na	za-à-tum	za-à-tum (513)		za-à-tum (295^D, 330^D)					za-à-tum (RTC 106)	
IV	gi-ni, igi-ni (1×)	gi-ni			gi-um (102^E, 292^D, 299^D)			ga-a (*)			
V	ha-li, ha-li-ni, ha-li-du	ha-li		ha-li-it (41, 82, 125)	ha-lu5-ut (153^E, 163+^{E}, 293^D, 331^D)	ha-li-i (TB 41)			ha-li-it' (DA) (MCS 9 233)	ha-li-i (RTC 117)	ha-li-it (MAD 4 10)
VI	i-rí-sá, rí-sá	i-rí-sá, i-rí-iš			i-rí-sa-at (273^D, 306^D)						
VII	ga-šum	ga-šum									

续表

月份	前萨尔贡时期		萨尔贡时期								
	埃卜拉	马端	阿布·萨拉比赫 (OIP 99)	吉苏尔 Gasur (HSS 10)	埃什依那/迪亚拉 (MAD 1)	基什 & 布腊克丘	尼普尔	阿达布	温马	吉尔苏	未知
Ⅷ	ni-nun, ni-nun-na, ni-nun-na-at	ni-nun(-na)						a-nu-na-at (*)			a-nu-na-at (CUSAS 26 291)
Ⅸ	za-lul	za-lul		za-lul (154)				za-lul(*)			
Ⅹ	i-ba4-sa	i-ba4-sa						i-ba-sa-áš (*; OIP 14 165)			
Ⅺ	ma × gána.-sag	ma × gána.-sag									
Ⅻ	ma × gána.-sag	ma × gána.-sag									
a					ba-hi-ir ma (154ᴱ)		ba-hi-ir igi. me (OSP 2 6,9)	ba-hi-ir igi (*; OIP 14 92)			
b					ba-hi-ir egir (184)			ba-hi-ir egir (*; Adab 973)		ba-hi-ir egir (ITT 1 1079)	
c					ti-ru (287ᴰ)	ti-ru (MAD 5 44)					

续表

月份	前萨尔贡时期					萨尔贡时期					
	埃卜拉	马瑞	阿布·萨拉比赫（OIP 99）	查苏尔 Gasur（IISS 10）	埃什依那/迪亚拉（MAD 1）	基什 & 布腊克丘	尼普尔	阿达布	温马	苦尔苏	未知
d				ga-da-ad (166, 184: Glassner 183: no. 1)							
e								ša-ni-i (OIP 14 117)		ša-ni-i (Scheil 1925: 153)	

注：仅在前萨尔贡时期有记载的月份名称和仅在萨尔贡时期有记载的月份名称用下划线标识。

萨尔贡时期月份名称：来自苏美尔地区用阿卡德语书写月名的文献来源用斜体标识，用苏美尔语书写月名的文献来源用加粗标识。

参考文献主要取自科恩和科隆纳·迪斯特里亚（L. Colonna d'Istria），并增加一些补充。参见 M. E. Cohen, *The Cultic Calendars of the Ancient Near East*, Bethesda, MD: CDL Press, 1993; M. E. Cohen, *Festivals and Calendars of the Ancient Near East*, Bethesda, MD: CDL Press, 2015; L. Colonna d'Istria, "Evolution des traditions culturelles dans la vallee du moyen Euphrate de la fin du Bronze Ancien au debut du Bronze Moyen," *Thèse du doctorat Université Lyon IILumière*, 2009。埃卜拉的月份名称根据佩蒂纳托的研究。参见 G. Pettinato, *Catalogo dei testi cuneiformi di Tell Mardikh – Ebla*, Napoli, 1979, pp. xxxiv–xxxvi。

埃什依那/迪亚拉：引用 MAD 1 中的文献号，分别以 ᴱ 或 ᴰ 标识省份。布腊克丘：TB = J. Eiden et al., "The Thrid-Millennium Inscriptions," in D. Oates et al., eds., *Excavations at Tell Brak, Vol. 2: Nagar in the Third Millennium BC*, London: British School of Archaeology in Iraq, 2001, pp. 99–120。

阿达布：* = "A-ni-za 档案" 中的塞姆月份名称。参见 M. Maiocchi and G. Visicato, *Classical Sargonic Tablets Chiefly from Adab in the Cornell University Collections*, Part II, Bethesda, MD: CDL Press, 2012, pp. 7–8。

温马：MCS 9 233 = E. L. Cripps, *Sargonic and Presargonic Texts in the World Museum Liverpool*, Oxford: Archaeopress, 2010, pp. 93–95。

他使用尼普尔历法的前萨尔贡或萨尔贡时期的档案和泥板中（见本文第六节）。在阿达布，塞姆月份名称主要被特殊的档案或材料使用，[①] 而城市统治者档案的泥板则以当地的苏美尔阿达布历法纪年。因此，我们可以有把握地断定，从北部的布腊克丘到南部的吉尔苏，一个前萨尔贡时期塞姆历法的后继或分支成为阿卡德王国的国家历法。阿卡德的萨尔贡是王朝的创建者，他自称"基什国王"，并显然继承了早王朝时期基什的传统。

在萨尔贡时期以后，早期塞姆历法就从迄今已知的楔形文字文献中消失了，只有一个单独的月份名称 Tiru，还存在于公元前二千纪早期的阿摩利（Amorite）历法中。因此并不存在某个一脉相承的历法传统，可以从基什和阿卡德占主导的青铜时代早期，一直延续到青铜时代中期的阿摩利时期。这种断裂很好地反映了公元前三千纪后期爆发的一系列灾难，它们完全改变了大两河流域地区的人口模式和区域联系。这些灾难指的是两河流域北部地区在萨尔贡以前的衰落，以及乌尔第三王朝的崩溃和公元前 2000 年前后苏美尔的终结。

六　关于季节的年历：尼普尔

正如目前的材料所呈现的那样，前萨尔贡时期楔形文字文献中的时间被当时存在的不同模式加以书写。在前萨尔贡时期，文本中对日期的记录并不像后来乌尔第三王朝时期或古巴比伦时期那样普遍存在，因此，单纯缺失日期记录并不能证明不存在纪年。尼普尔提供了一个特殊的例子，在这里发现了两三块标有数字日期的前萨尔贡时期文献泥板。[②] 但是到了后来，从乌鲁克的恩沙库沙那（Enšakušana）到阿卡德的萨尔贡这几十年见的文献，却使用了标准尼普尔历法的月份名称。这种最早在尼普尔泥板上出现的新的纪年形式，最终发展成为未来几个世纪的标准模式。它的基本特点是：

---

① M. Maiocchi and G. Visicato, *Classical Sargonic Tablets Chiefly from Adab in the Cornell University Collections*, Part Ⅱ, Bethesda, MD: CDL Press, 2012, pp. 7–8.

② 月份名称出现在前萨尔贡时期晚期（公元前 24 世纪末）的文献中，但早期的文献却在用数字计量月份：iti 6 OSP 1 22; u$_4$ 2 iti 11 (?) OSP 1 80（还有 TMH 5 31?）。

（1）一个从固定顺序的 12 个月份名称中选取的名字；

（2）月份名称主要指季节性方面；

（3）一天的日期；

（4）纪念统治者的事迹及其他政治事件纪年。

特点（1）：与温马（见本文第二节）和尼普尔早期的数字纪年不同，也与吉尔苏（见本文第三节）的约定俗成但在某种程度上特别的月份称呼不同，尼普尔使用的固定顺序的 12 月份名称（见表 7）主要源于早期塞姆历法（见本文第五节），并因此遵循着北方城市埃卜拉和那巴达已知的模式（见本文第四节）。在前萨尔贡时期和萨尔贡早期的尼普尔文献中，关于月份名称及其某种顺序的记录并不足以单独重建历法。但除了乌尔第三王朝时期尼普尔历法中已知的月份名称以外，文献中并未出现其他月份名称，也未发现与其顺序相矛盾的证据。①

特点（2）：尼普尔历法与吉尔苏、埃卜拉和那巴达（贝伊达尔丘）的地方历法存在明显差异，后者的大部分甚至全部都与城邦内的节庆或崇拜的神祇有关。在尼普尔历法中，伊南娜（Inana）是月份名称中唯一被提及的神灵（月份Ⅵ）。虽然她是一位在尼普尔拥有专属圣殿的女神，人们仍然徒劳地寻找恩利勒（Enlil）、宁利勒（Ninlil）、宁努尔塔（Ninurta）或努斯卡（Nuska）等其他神灵，但这并不意味着这些神灵没有受到崇拜。事实上，月份Ⅱ的节庆就是宁努尔塔节，月份Ⅶ的"圣冢"（du₆-ku₃）就位于恩利勒的神庙中，但尼普尔的主要神灵并未出现在月份名称中。

在尼普尔历法中，季节和农业活动占据主导地位。在这一点上，早期塞姆历法（见本文第五节）提供了最佳参照。一些活动例如"将牛（节）"（月份Ⅱ）或"解犁"（月份Ⅷ），不仅根植于农业年的劳作，而且还为在各个

---

① 在公元前三千纪期间出现的唯一变化，当然是乌尔第三王朝时期引入的第十个月份的名称 ab-e₃。关于月份名称的顺序，有一些前萨尔贡时期和萨尔贡早期的文献依据：ECTJ 138 7–10 提到了从月份Ⅱ到月份Ⅰ的年度粮食往来；ECTJ Ⅱ. 14–15 提到从月份Ⅳ到月份Ⅸ被限定为"6 个月"（即包括首末）；OSP 1 15 是一个关于月份Ⅱ和月份Ⅲ泥板篮子的标签；经典萨尔贡文献中月份Ⅲ～Ⅳ的顺序被记录在 OSP 2 116；OSP 2 136 记录了从月份Ⅳ到月份Ⅶ的顺序；多种迹象都表明"从月份 y 到月份 y"对应着一年中的月份顺序。

表 7 前萨尔贡时期和萨尔贡贡时期的尼普尔历法

	月份名称	前萨尔贡时期和萨尔贡贡时期和萨尔贡贡早期文献	萨尔贡贡经典文献
I	para₁₀ za₃ ĝar，"放在…台基"（？）	ECTJ 117，138（在文献中，+ mu），151（+ mu）；OSP 1 73	OSP 2 114，164（在文献中）
II	(izim)* gud-si-su₃/su#，"将牛（节）"	ECTJ 76*，112*，123，138**（在文献中，+ mu）；OSP 1 15*（在文献中），41**，84**，105*	
III	šeg₁₂ ^ĝeš šu₃-šub(-ba)* ^(ĝa2)ĝar，"把砖放入砖模"	ECTJ 90，135；OSP 1 15（在文献中），16，53*（+ u₄），54*（+ u₄）	ECTJ 92*（在文献中，^ĝeš šub…）；OSP 2 116*（在文献中，[^ĝeš]s]，[^ĝeš]□ u₄? □-šub），153（在文献中）
IV	šu-nuĝun，"播种"	ECTJ 80（+ mu），138（在文献中，+ mu），158（+ mu），182（+ mu）；OSP 1 52（u₄+），55（+ u₄），99	OSP 2 116（在文献中），136
V	ne-ne-ĝar，"放置火炉（？）"	ECTJ 32（+ u₄），79，103，154；OSP 1 76（+ mu），91	OSP 2 136（在文献中）
VI	kiĝ₂-^d inana，"伊南娜的讯息（？）"	ECTJ 153，158（+ mu），206（+ u₄）；OSP 1 58（+ u₄），86	OSP 2 136（在文献中），169
VII	du₆-ku₃，"圣冢"	ECTJ 81（+ mu），84，89，109（+ u₄），162，166；OSP 1 77（+ mu），103（+ mu）	OSP 2 119（在文献中），136
VIII	^ĝeš Sapin tuḫ-a，"解犁"	ECTJ 38（+ u₄），100（+ mu）；OSP 1 57（+ u₄），71	
IX	gan-gan (mu-)*-e₃，"离开……"	ECTJ 138（在文献中，+ mu），163*；OSP 1 72	ECTJ 7（+ mu），94
X	ku₃-su₁(šim)，"耳朵"	ECTJ 129，156；OSP 1 66，101（+ mu）	OSP 2 114，153（在文献中）
XI	ud₂-duru₅，"新鲜二粒小麦"	ECTJ 82（+ mu），86（+ mu），87（+ mu），165；OSP 1 108，152	ECTJ 37（+ mu）；OSP 2 135
XII	še.kin ku₅，"割合"	ECTJ 35（+ u₄），40，99，106，110（+ mu），198，203 211（在文献中），34，56，75，102（+ mu），145（+ mu）中；OSP 1 31（在文献中）	OSP 2 119（在文献中），137

注：在具体文献中，萨尔贡贡"早期"和"经典"文献之间的划分并不绝对明确。记录在萨尔贡贡时期"Šu-ilisu 档案"的月份名称：I（CUSAS 27 53），II（gud-si-nu, CUSAS 27, 46, 53），III（šeg₁₂-šub-ba-ĝar, CUSAS 27, 53），IV（CUSAS 27, 34, 53），V（CUSAS 27, 35, 53），VI（kin₉(unken)-^d inana, CUSAS 27, 53），VII（CUSAS 27, 53），VIII（CUSAS 27, 53），IX（ga-an-ga-mun-e₃, CUSAS 27, 36; ga-an-ga-an-e₃, CUSAS 27, 53），X（ab-e₃ nibru^ki, CUSAS 27, 37; ab-e₃, CUSAS 27, 53），XI（CUSAS 27, 45, 53），XII（CUSAS 27, 38, 53）。"Šu-ilisu 档案"来自 Maškan-ili-Akkada/Umme l-Hafriyat，参见 L. Milano and A. Westenholz, The "Šuilisu Archive" and Other Sargonic Texts in Akkadian, Bethesda, MD: CDL Press, 2015, p.16。

神庙举行的节庆命名。目前仍无法确定，一些月份名称是否反映了城邦内的节庆活动，但这种可能性是存在的。前萨尔贡时期的吉尔苏文献也提到了与收割谷物相关的月份，但尼普尔历法显然没有像吉尔苏那样关注再分配经济（见本文第三节）。

特点（3）：在前萨尔贡及萨尔贡时期的尼普尔，记录下来的月份名称仍然是确定楔形文字文献日期的基本方法。在某些情况下，月份名称之后会加上阴历月份中的天数，在泥板中与新引入的年份位于相同的位置。在这一方面，温马的 mu-iti 系统对于月和年的计数更加灵活，这一系统在萨尔贡时期就广泛添加了天的日期参数。到了后来的乌尔第三王朝时期，这套以日、月份名称和年份记录泥板日期的标准系统才得到了充分发展。

特点（4）：在前萨尔贡时期和萨尔贡早期的尼普尔文献中，月份名称经常与年名一起出现。这些年名有的与重要事件有关，有的以乌鲁克的恩沙库沙那或卢伽尔扎吉西或阿卡德的萨尔贡等国王命名。在现有的材料证据下，仍然无法确定尼普尔系统是否成为萨尔贡时期和乌尔第三王朝时期两河流域文献的日期标准，或者说最早的前萨尔贡时期年名出现在尼普尔是否只是偶然。[①] 然而在同时代的贝伊达尔丘和埃卜拉，并未发现对于年份的标准记录（见本文第四节，不包括偶尔对重要事件的记载），而在马瑞（见本文第五节）、温马（见本文第二节）、吉尔苏（见本文第三节）和乌尔（见前文注释）则是用数字标识统治年代。因此，恩沙库沙那时期的尼普尔可能的确是最早使用这种纪年系统的地区之一（也许阿达布除外）。通过宣扬丰功伟绩，这一系统有效地将对政治统治者的记述同当地的宗教和季节性历法结合在一起。通过将每一个日期记录在泥板上，书吏和那些参与收支往来的人员将自己置身于一个时间计数，它由当地历法中的季节与节庆的周期以及政治事件的轨迹支配。通过使用年月日，政治进入了大多数两河流域人的生

---

① 关于公元前三千纪年份命名的简要概述，参见 W. Sallaberger and I. Schrakamp, "Philological Data for a Historical Chronology of Mesopotamia in the 3rd Millennium," in W. Sallaberger and I. Schrakamp, eds. , *ARCANE: Associated Regional Chronologies for the Ancient Near East and the Eastern Mediterranean 3: History & Philology,* Turnhout: Brepols, 2015, pp. 33–44。

活。由于行政文本处理着现实世界中的收支往来，其中涉及的人员并不仅局限于书吏。

七 公元前三千纪末：萨尔贡和乌尔第三王朝时期的地方历法

尼普尔是南部苏美尔 /Kiengi 和北部阿卡德 /Uri 地区无可争议的宗教中心，因此，尼普尔人确定时间的方式可以成为其他城邦的典范。阿达布可能在同一时期制定了一种当地的历法。最早的月份名称来自在前萨尔贡时期的泥板，[①] 而完整的 12 月份系列则最早出现于在乌鲁克的卢伽尔扎吉西和阿卡德的萨尔贡手下的城市总督美斯基恰拉。[②]

在萨尔贡时期的阿达布和吉尔苏的地方历法中，或在乌尔第三王朝时期的各类地方历法中（见表 8），季节性活动如同在尼普尔历法中一样发挥着重要作用，这些活动包括收割、耕种、在田间工作、剪毛、在果园工作或制作砖块。节庆以其名称出现（例如在阿达布和吉尔苏的 a_2-ki-ti——"阿基提 Akiti 节"）。虽然大型的年度节庆在城市的主要神庙举行，但出现在月份名称中的神灵在各地的信仰体系中至多位于次要位置。在温马和吉尔苏，利辛（温马的月份Ⅸ，吉尔苏的月份Ⅲ，伊利萨格瑞格 Irisaĝrig 的月份Ⅳ）和杜穆兹（Dumuzi）（吉尔苏的月份Ⅵ和温马的月份Ⅻ）都出现在月份名称中。但是在最重要的神灵中，只有巴乌在吉尔苏的一个月份名称中被提及。在乌尔，月份名称（月份Ⅴ、Ⅵ和Ⅻ）提到了宁阿朱（Ninazu）神和不知名的美基伽尔（Mekiĝal）神，但没有文献提到纪念他们的节庆，而主神南那（Nanna）、宁伽尔（Ningal）或他们的附属神灵并没有出现在月份名称中。显而易见，到了乌尔第三王朝时期，月份名称中的神名不再与当地最重要的节庆有关，而

[①] 根据编辑的观点，萨奇 - 古铁雷斯（M. Such-Gutiérrez）将 CUSAS 11 中的文献年代追溯到美斯基恰拉以前的时期。参见 M. Such-Gutiérrez, "Der Kalendar von Adab im 3. Jahrtausend," in L. Feliu et al., eds., *Time and History in the Ancient Near East: Proceedings of the 56th Rencontre Assyriologique Internationale at Barcelona 26–30 July 2010*, Winona Lake: Eisenbrauns, 2013, pp. 325–340。然而确定这一年代的依据仅仅是泥板的书写格式和楔形符号字体。

[②] M. Maiocchi and G. Visicato, *Classical Sargonic Tablets Chiefly from Adab in the Cornell University Collections*, Part Ⅱ, Bethesda, MD: CDL Press, 2012, p. 15.

表 8　萨尔贡时期和乌尔第三王朝时期的地方性历法（公元前 23 世纪～公元前 21 世纪，节选）

月份	尼普尔（萨尔贡、乌尔第三）	阿达布（萨尔贡）	吉尔苏（萨尔贡贡/古地亚 Gudea）	吉尔苏（乌尔第三）	伊利萨格瑞格（乌尔第三）	温马（乌尔第三）	乌尔（乌尔第三）	帝国历法（乌尔第三，直到舒-苏恩二年）
I	$para_{10}$-za_4-ĝar(-ra)	S še-šc:šc.kin-a	S izim-$buru_x$-maš	S $buru_x$-$maš_2$	šu-ĝar-ra	S še.kin-ku_5 / S še-saĝ-ku_5	S še.kin-ku_5	mašda-gu_7
II	F? gud-si-su/su_3	S ($aša_3$-)dubsig/$eš_2$-$gara_3$-šu-ĝar(-ra)	S gud-ra_2-ne-mu_2-mu_2	S gud-ra_2-ne-mu_2-mu_2	šu-ĝar-gal	S $šeg_{12}$ $^{ĝeš}ši_3$-šub-ba-ĝar-ra	maš-ku_4-gu_7 / mašda-gu_7	šeš-da-gu_7
III	S $šeg_{12}$-$^{ĝeš}su_5$-šub-ba-^{ĝu2}ĝar / $šeg_{12}$-ga	S še-saĝ-kala-ga/sa/sa_6-ga	izim-^{d}lisin	F_D izim-^{d}lisin	S ^{ĝeš}sapin	S še-kar-ra-$ĝal_2$-la	F? šeš-da-gu_7	u_5-bi_2-gu_7
IV	S šu-nuĝun(-na/-a)	šu-ĝar	(izim-)šu-nuĝun	S šu-nuĝun	izim-^{d}lisin	F nisaĝ	F? u_5/ub-bi_2^{mušen}-gu_7	ki-siki-^{d}nin-a-zu
V	$F?_D$ ne-ne-ĝar	a_2-ki-ti	(izim-)$munu_4$-gu_7	$munu_4$-gu_7	izim-a-be_2	ri	ki-siki-^{d}nin-a-zu	izim-^{d}nin-a-zu
VI	F $kiĝ_2$-^{d}inana	ab-e_3-zi-ga	ur	F_D izim-^{d}dumu-zi	S ge-sig-ga	S šu-nuĝun	F_D izim-^{d}nin-a-zu	a_2-ki-ti
VII	F du_6-ku_3(-ga)	S $ĝa_2$-udu-ur_4	izim-^{d}ba-u_2	ur / F izim-^{d}sul-ge	izim-^{d}sul-ge	min-$eš_3$ / F izim-^{d}amar-en.zu	F a_2-ki-ti	izim-^{d}sul-ge
VIII	S ^{ĝeš}sapin-tuḫ-a	du_6-ku_3	mu-šu-du_8	F izim-^{d}ba-u_2	$niĝ_2$-^{d}en-lil_2-la_2	F e_2-iti-6	F izim-^{d}sul-ge	šu-eš-da
IX	gan-gan-e_3	S $niĝ_2$-kin_6	mes-en-du(-še-a-nu_2)	mu-šu-du_7	S kir_{11}-si-aka	F ^{d}lisin	šu-eš-ša / F? izim-^{d}šu-en.zu	izim-maḫ

续表

月份	尼普尔（萨尔贡、乌尔第三）	阿达布（萨尔贡）	吉尔苏（萨尔贡/古地亚 Gudea）	吉尔苏（乌尔第三）	伊利萨格瑞格（乌尔第三）	温马（乌尔第三）	乌尔（乌尔第三）	帝国历法（乌尔第三，直到舒－苏恩二年）
X	S ku_3-su_x, $F?_D$ ab-e_3	mu-ter	(izim-)lamar-a-a-si	amar-a-a-si(-ge)	S $niĝ_2$-eg_2-ga	ur F izim-^{d}sul-ge	F izim-maḫ	izim-an-na
XI	S ud_2-$duru_5$	$^{(d)}$subi$_3$-nun	S še-(še.)kin-a	S še.kin-ku_5	izim-a-$tara_4$	S? pa_4-u_2-e	izim-an-na	(izim)-$^{(d)}$me-ki-$ĝal_2$
XII	S še.kin-ku_5	S še.kin-ku_5	S izim-še-il_2-la	S (izim) še-il_2-la	S še.kin-ku_5	F^{d}dumu-zi	(izim)-$^{(d)}$me-ki-$ĝal_2$	še.kin-ku_5

注：F = 月份名称来源于在乌尔第三王朝时期真实庆祝过的月度节日（或与该节日有关的地方神灵）。

F_D = 关于死亡祭祀的节日。

S = 与季节性活动或庆祝季节性活动有关的节日。

月份名称参考了科恩和萨拉贝拉克尔的研究，参见 M. E. Cohen, *Festivals and Calendars of the Ancient Near East*, Bethesda, MD: CDL Press, 2015; W. Sallaberger, *Der kultische Kalender der Ur III-Zeit*, Berlin and New York: de Gruyter, 1993。在此基础上，增加了以下内容。

阿达布：根据马约基（M. Maiocchi）和维希卡托（G. Visicato）的研究成果，他们采用并改进了萨奇－古铁雷斯的研究成果，参见 M. Maiocchi and G. Visicato, *Classical Sargonic Tablets Chiefly from Adab in the Cornell University Collections*, Part II, Bethesda, MD: CDL Press, 2012; M. Such-Gutiérrez, "Der Kalender von Adab im 3. Jahrtausend," in L. Feliu et al, eds., *Time and History in the Ancient Near East: Proceedings of the 56th Rencontre Assyriologique Internationale at Barcelona 26-30 July 2010*, Winona Lake: Eisenbrauns, 2013, pp. 325-340。左边的变体在早期文本中占主导地位（例如，萨尔贡早期/中期的文献使用 kala-ga "强壮"，而萨尔贡贡中期/晚期的文献使用 sa_4-ga "好"）。

吉尔苏（萨尔贡）：另一个月份名称是 iti ab-e_3，参见 STT 2 = B. R. Foster, *Sargonic Texts from Telloh in the Istanbul Archaeological Museums, Part 2*, Atlanta: Lockwood Press, 2018, L. 2891。

伊利萨格瑞格（乌尔第三）的月份名称依据尾崎（T. Ozaki）的研究成果，参见 Tohru Ozaki, "On the Calendar of Urusaĝrig," *Zeitschrift für Assyriologie und Vorderasiatische Archäologie* 106(2016): 127-137。

非像前萨尔贡时期的埃卜拉或吉尔苏那样。也许在萨尔贡时期和乌尔第三王朝的月份名称中，神灵表达着人类生活的"准则"，并与个人或家庭的庆祝互动有关。利辛的月份可能是母亲的月份，杜穆兹的月份可能是爱的月份或哭泣的月份，但这些在目前仍仅是猜测。然而，各城市中对应节庆的缺少表明，月份名称中的神灵并不一定与宗教历法中的年度节庆有关。①

有鉴于此，在传统的月份名称序列中加入纪念乌尔第三王朝国王舒尔基（在所有地方历法中）、阿马尔－苏恩那（Amar-Suena，在温马）和舒－苏恩（Šu-Suen，在乌尔）的节庆，就更加引人注目。因此，在涉及时间方面，乌尔第三王朝的臣民不仅通过年份名称纪念国王的事迹，而且每年都会举行一次王权的节日并将其体现在月份名称中。这些王室节庆的主要特点，是为广大民众提供饮酒聚会和体育竞技的机会，而不是精心设计的宗教仪式。② 在乌尔第三王朝令人印象深刻的大量行政文书中，大部分都是由各地方历法来确定日期。因此，在日常涉及时间的领域，一个"舒尔基节"（或阿马尔－苏恩那或舒－苏恩）月是除年份名称外提及国王统治或其王朝最有效的方式。

本文的比较视角最终使我们审视早期塞姆历法的后继者，它在萨尔贡王国被应用于国家事务中。在乌尔第三王朝时期，这一功能由所谓的帝国历法完成，它是一系列由普兹瑞什达干的王室管理部门和其他城市在处理与王室有关事务时使用的月份名称。尽管萨尔贡时期的国家历法在几个世纪前一直很普遍，其月份名称也与季节相关，但乌尔第三王朝的帝国历法在很大程度上与首都乌尔的历法相对应。③ 这样一来，以前的一个地方历法就成了乌尔第

---

① 吉尔苏的 izim-ᵈlisin（月份Ⅲ）和 izim-ᵈdumu-zi（月份Ⅵ）主要包括对死者的祭祀。参见 M. E. Cohen, *Festivals and Calendars of the Ancient Near East*, Bethesda, MD: CDL Press, 2015, pp. 63, 66。利辛在她的月份（月份Ⅸ）中并没有在温马被庆祝。参见 M. E. Cohen, *Festivals and Calendars of the Ancient Near East*, Bethesda, MD: CDL Press, 2015, p. 185。ki-siki ᵈnin-a-zu（乌尔的月份Ⅴ）也并不是一个已知的节庆。

② W. Sallaberger, *Der kultische Kalender der Ur Ⅲ-Zeit*, Berlin and New York: de Gruyter, 1993, p. 312.

③ 萨拉贝格尔指出，在舒尔基时期，尽管帝国历法中的新年比乌尔历法晚一个月，但两者的月份名称却是一致的，因此帝国历法的月份Ⅸ和乌尔历法的月份Ⅷ处于同一时间。若干年后，随着对历法的各项调整，这两种历法到舒－苏恩统治的第三年已基本一致。参见 W. Sallaberger, *Der kultische Kalender der Ur Ⅲ-Zeit*, Berlin and New York: de Gruyter, 1993, pp.172-174。

三王朝每个臣民的重要参照点。除此以外，有两个月份名称恰好指的就是乌尔城内的节庆，即月份Ⅵ/ 月份Ⅶ（*akiti*）指阿基提节，而 izim-maḫ "八月节"是南那在月份Ⅸ/ 月份Ⅹ 的主要节庆。[①] 事实上，这些节庆已经成为整个国家的大事，参与者也来自国内四面八方乃至国外。因此，帝国历法广为宣传了首都乌尔的观念，并将其节庆融入整个国家的时间感知。

城邦在乌尔第三王朝中作为一个省份继续存在，而乌尔第三王朝的灭亡标志着城邦时代的终结，也意味着传统地方月份名称的终结。在随后的伊辛（Isin）王朝，一种此前乌尔第三王朝不为人知的体制——中央集权制——得以建立，尼普尔成为意识形态的中心。在这种情况下，尼普尔历法成为新的参照点，它取代了从前乌尔的帝国历法，并更加广泛地应用在各类文本中。[②]

[①] 在乌尔的三个主要节日中，第三个节日是以 še.kin-ku₅ "收割谷物"（月份Ⅻ/Ⅰ）命名。这个名称在大多数的地方历法中都能找到，既指一种季节性活动，又指节庆。

[②] 这一转变被记录在所谓的"伊辛工匠档案"中，其中一批最早的伊什比－伊腊（Išbi-Erra）3 年、5 年和 8 年的文本仍然以乌尔第三王朝的帝国历法纪年，随后书吏从伊什比－伊腊 6 年开始使用尼普尔历法的月份。参见 M. Van De Mieroop, *Crafts in the Early Isin Period: A Study of the Isin Craft Archive from the Reigns of Išbi-Erra and Šū-ilišu*, Leuven: Departement Ori ē ntalistiek, 1987, pp. 128–130。

15～17世纪朝鲜社会的女儿财产继承权

——基于民间文书"分财记"的归纳与讨论[*]

朱 玫[**]

摘 要：中国近世以来的女儿财产继承权发生了非常复杂的历史变化，而在15～17世纪的朝鲜社会，女儿的财产继承权十分明确。朝鲜民间财产继承实行嫡子女均分制，嫡子女在财产分割中的地位是平等的。女儿是正式的家产受分人，其财产通过一般的家产分割获得，并拥有固定的份额。女儿始终对娘家财产具有法定继承权。即使是17世纪中叶以后逐渐出现长子优待、子女差别的倾向，民间的财产分割习惯仍在一定程度上承认和保护女儿的财产继承。这从侧面反映了朝鲜时代的亲属关系中母系血统仍然发挥着重要作用。中国以外东亚地区的民间习惯之延续与变迁，尤其是儒学化话语下不同地域的个案为重新审思东亚儒学的地方化和本土化问题提供了端绪。

关键词：财产继承权；朝鲜时代；女儿财产权；分财记；两班

朝鲜王朝建立后，接受朱子学的朝鲜精英阶层"两班"，[①] 将朱子学作为王朝的统治理念。伴随着两班阶层的兴起和向地方移居，出现了儒学的地方化问题。在朱子学向朝鲜民间社会渗透的过程中，朝鲜社会既有的社会秩序既有变化，也有延续，亲属秩序就是重要的内容。以往的研究多关注亲属秩序之变化层面，即父系相对于母系的优越性或父系亲属集团的构建，[②] 而亲属秩序之延续层面，如亲属秩序中发挥重要作用的母系血统之延续，以及包括母系在

---

[*] 本文系国家社会科学基金一般项目"朝鲜王朝户籍制度与国家治理研究"（项目编号：20BSS061）的阶段性成果。

[**] 朱玫，中山大学历史学系副教授，研究方向为朝鲜时代史、东亚史。

[①] 关于朝鲜时代的精英阶层"两班"，可参见宋俊浩《两班和两班社会》，《朝鲜社会史研究》，一潮阁，1987；宫嶋博史《两班》，卢永久译，江出版社，1996。

[②] 金斗宪：《韩国家族制度研究》，首尔大学出版部，1969；崔在锡《韩国家族制度史研究》，一志社，1983；李光圭《韩国的家族与宗族》，民音社，1990；李海濬《朝鲜时期村落社会史》，民族文化社，1996；Mark Peterson：《儒教社会的创出：朝鲜中期相续制和入养制的变化》，金惠贞译，一潮阁，2000；Martina Deuchler：《韩国社会的儒教转型》，李勋相译，ACANET，2003。

内的亲属关系与社会地位、官僚身份之间的互动等问题没有被充分讨论。

就本文所关注的女性财产权而言，过去的研究多采用"在朱子学向朝鲜民间社会渗透的过程中，民间的财产分割习惯发生了怎样的变化"这一视角，① 强调朱子学影响下长子承受分、奉祀条份额的增长趋势以及子女在承受分上发生的变化，对于女性的财产权本身缺乏细致的分析，更没有形成针对女性财产权及其社会意义的学术讨论。② 本文试以朝鲜两班家族的女儿财产继承权为切入点，探究母系血统或姻亲关系对于朝鲜传统社会的精英家族维持身份地位的影响。朝鲜社会的女儿财产权如何体现，在儒学在地化的过程中又何以延存。要理解女儿财产权利的变迁，既要注意到法律文本，更要观察民间的具体实践。以下将结合朝鲜王朝的法典和安东的一个两班家族世代收藏的民间文书，考察 15～17 世纪朝鲜社会女儿的财产继承权，并对同时期中朝社会的女儿财产继承权略做比较，以此引出女儿财产权的社会意义，即朝鲜的母系血统与社会流动的关系。

一 安东的两班家族"光山金氏礼安派"及所藏分财记

本文选取朝鲜时期安东地区的一个两班精英家族"光山金氏礼安派"作为个案。安东位于今天朝鲜半岛的东南部，是朝鲜时期地方两班聚居、朱子学发展的中心之一。光山金氏礼安派一族的形成历程和朝鲜时期地方两班大

---

① 崔在锡：《朝鲜时代的相续制研究——根据分财记的分析》，《历史学报》第 53、54 合辑，1972 年；李光奎：《朝鲜王朝时代的财产相续》，《韩国学报》第 3 辑，1976 年；李容晚：《朝鲜时代均分相续制的研究——以变化要因的历史性质为中心》，《大邱史学》第 23 辑，1983 年；李树健：《朝鲜前期的社会变动和相续制度》，《历史学报》第 129 辑，1991 年；文淑子：《朝鲜前期的财产相续》，博士学位论文，韩国精神文化研究院（现韩国学中央研究院）韩国学大学院，2001。

② 宋代以后的中国社会，女性的财产权一直是重要的论题，尤其是宋代女儿的财产权问题成为学术界由来已久的争论焦点。白凯：《中国的妇女与财产：960～1949 年》，上海书店出版社，2003；柳立言：《宋代女儿的法律权利和责任》，张国刚主编《家庭史研究的新视野》，生活·读书·新知三联书店，2004，第 155～205 页；刑铁：《唐宋时期妇女的分家权益》，张国刚主编《家庭史研究的新视野》，生活·读书·新知三联书店，2004，第 103～133 页；李淑媛：《争财竞产——唐宋的家产与法律》，北京大学出版社，2007，第 186～218 页。

致相似，从高丽到朝鲜时期经历了吏族起家、成为中央官僚再向地方精英的转型。该族由光州地方的土姓吏族起家，高丽武臣执权时期进入武班，高丽后期开始进入中央政界。该族从生活在 13 世纪的金琏一代开始转入文班班列，金琏（1212 ~ 1292）、金士元（1257 ~ 1319）、金稹（1292 ~ ?）三代世袭宰相之职，其通婚对象也从在地吏族转向在京官人。金稹的子女与当代的世族通婚，该族成为典型的名门世家。高丽时期该族主要通过仕途、宰相地位承袭和世族间的通婚策略维系权力和身份地位。

高丽、朝鲜王朝交替之际，为了与高丽时期的吏族相区别，很多名门世家的后代离开本乡，移居到妻子或外祖父的故乡，乡村社会开始广泛形成了地方两班阶层。金稹的次子英利一系移居畿湖地方，末子天利一系后代则于 15 世纪初移居安东。天利一系的后代起初居住在安东和丰山一带，后金孝卢（1454 ~ 1534）移居礼安县乌川村，由此世代居住于此，家系延续数百年。金孝卢代以前，一族子孙中并无显官，可谓家势微寒，直至 16 世纪金缘（1487 ~ 1544）、金富弼（1516 ~ 1577）代，家门才得以崛起。金缘在 1519 年文科及第后，历任副正字等大小官职，官至江原道观察使、庆州府尹。金缘积极与岭南地方的名儒交游，同时与安东及周边地区两班家门维系着婚姻关系。[①] 除了通过科举及第进入仕途等手段获得身份地位外，该族还通过开发和经营农地、加入地方两班组织、构筑婚姻和学缘关系网、强化家族组织等策略成功转型为地方精英并维系其身份地位。光山金氏礼安派逐渐成长为安东地方最具代表性的地方两班家门之一。

光山金氏礼安派的古文书传存于宗家金俊植之宅，其中大部分收录于《古文书集成》第 1 辑。[②] 资料集共收录该族保存的文书计 1375 件，文书类型全面，保存质量优良，时间跨度涵盖了 15 世纪至 18 世纪，且保存多件朝鲜前期的文书，弥足珍贵。资料集收录的文书中，包括 47 件财产分割文书，这也是本文的主要史料来源。财产分割文书是朝鲜时期民间文书的重要组成

---

① 关于光山金氏礼安派的世系和历代婚姻关系，参见李树健《光山金氏礼安派的世系和社会经济基础——金缘家门的古文书分析》，《国史教育论集》第 1 辑，1980 年。

② 韩国精神文化研究院编辑部编《古文书集成 1：光山金氏乌川古文书》，韩国精神文化研究院（现韩国学中央研究院），1982。

部分，一般通称为"分财记"或"分财文记"。

47件分财记除一件时代不详，其余46件文书的年代都记载明确或可以推断（见表1）。最早的一件作成于1429年，最晚的一件作成于1731年。从时代分布看，有43件文书成书于15～17世纪。[①]这些文书正是在光山金氏礼安派成为地方精英的15～18世纪所订立，既反映了该族立足地方社会的经济基础，同时记载着该族伴随姻亲和世代交替而产生的财产流动和继承关系。朝鲜时代分财记的种类涉及和会、许与、别给等不同文记，[②]相应的分财种类一般称为和会分财、许与分财与别给分财。

表1　光山金氏礼安派所藏的分财记种类和时代分布

单位：件

时代	15世纪	16世纪	17世纪	18世纪	合计
许与文记	4	7	0	0	11
和会文记	0	8	5	1	14
别给文记	2	14	3	2	21
合计	6	29	8	3	46

许与文记是指财主在世时直接将财产分配给受分人时所立的文书。和会文记是指财主在生前没有指定分财的情况下，死后由受分人或其代理人，主要是同腹兄弟姐妹聚集在一起，通过和会对财产进行分执时所立的文书，[③]有时也会出现父亲去世后，由寡母与子女和会进行财产分割的情形。别给文记是指财主因特别事由对特定的人赠予一定的财产，或除了原先指定的财产份额外，另外追加财产时所立的文书。别给分财的受分人范围广泛，具体事

① 18世纪的文书因数量和类型有限，难以反映18世纪财产分割习惯的全貌，故本文考察范围设置为15～17世纪。

② 学界较为通用的分类法主要有两种。一种是依据财主的生卒和分财范围，将分财记分成许与文记、和会文记、别给文记三类。李树健编著《庆北地方古文书集成》，岭南大学校出版部，1981。另一种分类法注意到文书的样式和用语上的细微差异，将分财记类文书分成分衿（分给）文记、和会文记、衿付文记、别给文记、许与（许给）文记、遗书（遗言）六类。历史研究者在探讨具体问题时，更侧重分财的内容和历史意义，因此较多地参照前一种分类法。崔承熙：《韩国古文书研究》（增补版），知识产业社，1989。

③ 和会的一般性解释是主体之间的合议、会同，不过也有研究者认为是均等、公平的意思。参见李钟书《朝鲜前期"和会"的语义和均分的实现方式"执筹"》，《韩国史研究》第110辑，2000年。

由十分多样，如科举及第、生日、婚礼、病愈、得子、孝行、奉祭祀、救济、私人情谊、致谢等。

光山金氏礼安派宗家收藏的 47 件分财记，经"金务、金崇之、金淮、金孝卢、金缘、金富弼、金垓、金光继、金磏、金纯义、金岱"共 11 代订立，大部分文书与承担光山金氏礼安派宗统延续的人物或其妻有关。① 这些文书向我们展示了该家族长达三百余年的财产分割与继承情况、家系和奉祀的继承，以及婚姻关系等带来的财产出入等丰富内容。②

如果从女性的角度观察，这些分财记能带给我们不一样的信息。我们看到，朝鲜时期的女性在财产分割和继承的过程中扮演了十分重要的角色。许多分财记都涉及女儿的财产分配与继承；寡妇作为财主的分财记有 19 件；保存于光山金氏礼安派宗家的妻家或外家的分财记共 11 件，即使是光山金氏家自己的分财记中，也多有关于妻边、母边财产的记载；有些分财记上还载有关于姜女、收养女、侍养女的财产分配情况。分财记作为财产分割与继承的原始记录，为考察女儿在财产继承中的权利和地位提供了直观、丰富的资料。利用分财记研究朝鲜时期女儿的财产继承情况也有一些局限，如保存于两班家的分财记大多描绘的是朝鲜时期上层的分财情况，且这类文书出现了 18 世纪以后逐渐减少的趋势。③

二　从法律文本到民间实践：关于嫡室女儿的财产分配

关于朝鲜时期的财产分配和继承，朝鲜王朝的基本法典《经国大典》中有明确规定，《刑典》"私贱"条中详细记载了关于父母财产的继承人范围、继承顺序和承受分：

---

① 这里有一个很有意思的现象：其他家庭或家系的分财记为何没有被宗家保存下来？这是有待进一步探讨的问题。
② 以继承、婚姻关系为媒介，父边、母边、妻边传来或赠予的财产是朝鲜时期地方两班家门积累财富的重要方式。
③ 朝鲜时期现存古文书的时间分布呈金字塔形，但为何分财记到 18 世纪以后逐渐减少，对其原因目前还未看到可信的阐释。文淑子:《朝鲜时代的财产相续与家族》，景仁文化社，2004，第 32 页。

未分奴婢，勿论子女存没，分给（身没无子孙者，不在此限）。未满分数者，均给嫡子女。若有余数，先给承重子，又有余，则以长幼次序给之。嫡无子女，则良妾子女，则贱妾子女同。田地同。

父母奴婢，承重子加五分之一（如众子女各给五口，承重子给六口之类），众子女平分，良妾子女七分之一（如嫡子女各给六口，良妾子女给一口之类，下同。嫡母奴婢则否，贱妾子女同），贱妾子女十分之一。①

依据上述法律条文，直系子女是第一顺序继承人，不仅包括在世的子女，也包括已亡但有子孙的子女。子女是父母财产的共同继承人，不存在女儿和儿子的差别，只是承重子有特别待遇。直系子女的财产分配，又以嫡庶之差别最为显著。嫡室出生的众子女实行平分，但承重子可多得五分之一。妾子女也有分财机会，但继承份额存在差异。与嫡子女相比，良妾子女是嫡子女的七分之一，贱妾子女则为十分之一。同一父亲的子女，母亲身份不同，财产权有所不同。朝鲜时期的财产继承制度既立足于子女共同继承的血缘主义，又带有浓厚的出生主义。

嫡室出生的儿子和女儿对于父母的财产均具有法定继承权，且财产继承地位相同。在民间实际分财时，嫡室出生的女儿财产权是否获得保障，其地位与财产权益如何体现呢？②

1. 和会分财与嫡子女均分制

《1550年金缘男妹奴婢和会文记》③和《1550年金缘男妹田畓和会文记》④

---

① 崔恒等：《经国大典》卷五《刑典·私贱》，显宗二年（1661）版，首尔大学奎章阁藏。
② 除了比较特殊的别给分财，朝鲜时期财产分割的时间大体可分为财主（父母）生前，主要是年老之时，以及财主故去、父母三年丧以后。无论是父母年老，还是父母均故去，分财时女儿一般已经出嫁。本文所举的财产分割事例中所见的女儿财产继承，除了孙女等特殊身份，均为已婚女的财产分配事例。
③ 韩国精神文化研究院编辑部编《古文书集成1：光山金氏乌川古文书》，韩国精神文化研究院（现韩国学中央研究院），1982，第163页。
④ 韩国精神文化研究院编辑部编《古文书集成1：光山金氏乌川古文书》，韩国精神文化研究院（现韩国学中央研究院），1982，第168页。

两件文书，是金缘母亲三年丧结束后，金缘兄妹对父母财产（即奴婢和田产）分别和会分执的文记。同年订立的和会文记还有一件，但文书破损严重，大致可以推断是讨论奉祀方式和财源的和会文记。这三件文书订立时，长子金缘已故，是由金缘之妻、次子、长女婿、次女婿参与和会并订立的。

　　朝鲜时期的分财记通常可以分为序言、本文和落款三部分。序言开始前，一般记载日期"某年某某日"、分财方式有关的用语"和会文记"等，后接吏读① 语尾"为卧乎事叱段"等，表示以上（分财）事。接下来通常会介绍分财原因、分财之际家门所处的情况等，财产的性质、各类财产的分财原则一般也会在序言中说明，还有特殊分财方式实行时的理由和内容、祭祀奉行方式、遗漏奴婢的处理方式、对子孙的遗教等。和会文记一般叙述财主（多为父母）去世前来不及分财、受分人和会分执的内容。和会分财时，财主如果留下遗书或遗言，将依此编立；没有遗书、遗言，则由具有财产继承权的人进行商议，并对达成的结果表示同意，依此对财产进行分执。金缘兄妹和会文记的序言有"草文记乙封藏""同腹等亦佥议开见""父主遗言"的字句，说明兄弟姐妹的分财是依据父亲留下的草文记。

　　本文部分是实际财产分割、继承的内容。财产按照子女的出生顺序依次罗列，"衿"表示份额。女儿的承受分一般记载女婿的身份和姓名，儿子已故则由其妻代受。分财时，除了嫡子女，有时会有孽子女或内外孙子女等的份额。此文书中外孙子富春为长女之子，即金雨妻之子。奉祀条的财产单独罗列于长子衿之后：

　　　　嘉靖二十九年庚戌，……成文为卧乎事叱段：……喻良置，父主遗言导良……万一别为所有去等，此文字……②

　　　　……庚戌四月十五日，同生……矣徒等亦中草文记……别世教是……草文记乙封藏……同腹等亦佥议开见，文记兔如各衿施……良遗漏以充数为旀，其余奴婢乙良平……奴婢及未分前逃奴婢有去乙等，先

---

① "吏读"是借用汉字的音和训来记录朝鲜语的标记法。

② 文书有残缺且难以确定字数时，用省略号表示；文书有残缺可以确定字数，用口表示。以下同。

告……二口为先择赏后，长幼次序平均分执为乎矣。……为所有去等，告官辨正事。

　　　长子观察使缘衿（内容略）

　　　奉祀位（内容略）

　　　次子生员绥衿（内容略）

　　　长女前龙宫县监金雨妻衿（内容略）

　　　次女前训导琴榟妻衿（内容略）

　　　外孙子富春衿（内容略）

　　　次女前训导琴榟妻衿（内容略）

　　　　　　卒观察使缘妻贞夫人曹氏（印）

　　　　　　成均生员金（手决）

　　　　　　前龙宫县监金（手决）

　　　　　　前训导琴（手决）

　　　　　　笔执生员金（手决）

　　财产分割的对象主要有奴婢、田畓（田是指旱田，畓是指水田，以下通称田产）。奴婢和田产是朝鲜时期两班士大夫家最重要的财产，尤其在17世纪以前奴婢在财产中的地位与田产相当。[1] 奴婢和田产既可以写于一件文书上，有时也会分立在不同文书上。1550年金缘兄妹的和会分财，就将奴婢和田产各立了一件和会文记。分财记上的奴婢通常分成新奴婢秩、衿得秩等种类，[2] 奴婢的来源会标明，如矣边、父边、母边、夫边、妻边等，"新奴婢秩"之前登记的奴婢为衿得奴婢。奴婢的记载，一般会有父母的身份和名字、出生顺序、奴或婢的区分、名字、年龄等。以下是次女衿奴婢部分的记载样式：

　　　次女前训导琴榟妻衿

---

① 李容晚：《朝鲜时代均分相续制的研究——以变化要因的历史性质为中心》，《大邱史学》第23辑，1983年。

② 新奴婢秩是指婚姻之际，从父母那里分得的奴婢；衿得秩是除新奴婢以外此次分财所分得的奴婢，有时又称例得秩或执筹秩。

父边

　奴一阳良妻并产二所生奴介龙年四十七甲子生

　婢鹤非一所生婢粉伊年四十七甲子生

　婢江阿之二所生婢银终年卅一庚辰生

　（以下略）

　母边（内容略）

新奴婢秩

　父边（内容略）

　母边（内容略）

　　田产和奴婢记录在同一件文书上时，有时会标注田畓秩以作区分。田产单独制成文书时，则无须区分。田产的来源较少标注。关于田产，一般会标明位置、字号、田或畓的区分、规模等。以下是次女衿田产部分的记载样式：

　　次女前训导琴㮊妻衿

　　助末畓下边十三斗落只①

　　古老洞杏木前畓十三斗落只

　　上坪泥田二十五斗落只

　　木花田二十斗落只

　　（以下略）

　　分财记最后是落款部分。落款是分财参与者的署押，朝鲜称手决。和会文记原则上需要参与分执的受分人（主要是嫡子女）的共同署名。②许与文记和别给文记，除了财主和受分人，还常常包括证人、笔执（即文书执笔者）的

---

①　斗落或斗落只是韩国传统的耕地面积表示法，1斗落通常指的是1斗种子播种的面积。16世纪安东地方的1斗落相当于100坪左右。

②　"父母奴婢和会文记，一人未着名则勿施（父母未分奴婢，其子女等和会分衿草文记成置。虽或一人有故未着名，而各自执持，积年使用，则不可以未成文记论，仍给勿改）。"金在鲁等：《续大典》卷五《刑典·文记》，英祖二十二年版，首尔大学奎章阁藏。

手决。从分财记的署押看，庶子女或庶母一般情况下不署名，嫡室子女则嫡子由自己、女儿由女婿代为署名。嫡子或女婿死亡时，由妻代，妻亡由孙代。两班官僚层，女性一般用印，男性用手决。曹氏就是代替已故的金缘参与和会并署名的。和会文记不需要官署，就可以构成一件完整的分财文书。①

朝鲜时期无论财产多寡，财产均开列于单张纸上，需要开列的财产越多，分财记的横幅越长。如金缘兄妹奴婢和会文记的横幅有452.8厘米，像这样横幅达数米长的分财记十分常见，从侧面反映了两班家的经济实力。以上是朝鲜时期分财记常见的记载样式，不同类型、不同家门的分财记记载样式也会略有差异。

金缘兄妹和会分财的财产包括奴婢196口、田251斗落、畓235斗落。通过对财产部分的统计，可以知道金缘兄妹通过和会分财直接获得的财产份额。除去奉祀位，长子、次子、长女和次女各分得52口、51口、43口、43口奴婢，并分别获得了数十斗落的田产（见表2）。子女间实际获得份额出现量的差异，很可能是分财时考虑到奴婢的"老壮弱"或"老迷弱、壮实"、土地的"膏瘠"等质方面的差异。②

表2　1550年金缘兄妹和会分财的财产分配情况

财产类别			长子衿	次子衿	长女衿	次女衿	外孙衿	合计
奴婢（口）	衿得奴婢	父边	10	5	7	2	0	24
			5	5	5	7	1	23
		母边	19	11	8	13	0	51
			4	11	12	10	0	37
	新奴婢	父边	2	6	7	1	0	16
			2	6	4	8	0	20
		母边	5	2	0	2	0	9
			5	5	0	0	0	10

---

① "父母、祖父母、外祖父母、妻父母、夫、妻、妾及同生和会分执外，用官署文记（子之于亲亦不需官署）。"崔恒等：《经国大典》卷五《刑典·私贱》，显宗二年版，首尔大学奎章阁藏。

② 分财记中的"老"指60岁以上的奴婢，"弱"指16岁以下的奴婢，"壮"指16～59岁的奴婢，"迷"指头脑低能的奴婢。

续表

	财产类别	长子衿	次子衿	长女衿	次女衿	外孙衿	合计
奴婢 （口）	奉祀位	4					4
		2					2
	合计	52+6	51	43	43	1	196
田畓 （斗落）	田	65+9	30	66	81	0	251
	畓	50+5	46	69	65	0	235

　　和会分财既有一次性完成的，也有通过多次完成的。1550 年金缘兄妹和会分财属于多次析分中某次所立的文书。金缘兄妹于 1550 年订立了和会文记后，1566 年针对前次分财时遗落的咸镜道奴婢又订立了一份和会文记，各子女分别获得 7～8 口奴婢。

　　该家门 16 世纪的和会文记还有三件，均与金缘之子金富弼有关。① 从三件和会文记所载的财产分配情况可知，16 世纪光山金氏礼安派的和会分财中，女儿或女婿不仅直接参与了分财，而且获得了与儿子相当的财产份额。

　　金富弼之孙金光继一代，存有两件 17 世纪的和会文记。第一件是金光继兄妹于 1601 年订立的和会文记。② 文书前半部分有所破损，从落款处的署名可以推断本文记载了奉祀位、长女、次女、长子、次女、季女、季子、庶母衿的奴婢、田产和家舍。以季女衿为例，季女与其他兄妹一样，获得了新奴婢、例得奴婢、田产以及家舍，规模相当。1601 年的这次分财中，庶母也获得了一定的财产，但落款处并没有庶母的署名。如前所述，庶子女或庶母一般情况下不在分财记上署名。金光继兄妹的另一件和会文记于 1620～1630 年订立。③ 除了奉祀位、遗漏或逃亡奴婢推得论赏而获得的部

---

① 第一件前半部分破损，从落款处可以推断是 1550 年前后三寸叔母金氏和三寸侄金富弼等四寸兄弟的和会文记。另有两件是 1559 年金富弼兄妹对父母财产（即奴婢和家舍、田产）分别进行和会分财的文记。韩国精神文化研究院编辑部编《古文书集成 1：光山金氏乌川古文书》，韩国精神文化研究院（现韩国学中央研究院），1982，第 170～171、176 页。

② 韩国精神文化研究院编辑部编《古文书集成 1：光山金氏乌川古文书》，韩国精神文化研究院（现韩国学中央研究院），1982，第 182 页。

③ 韩国精神文化研究院编辑部编《古文书集成 1：光山金氏乌川古文书》，韩国精神文化研究院（现韩国学中央研究院），1982，第 188 页。

分外，长女、次女、长子、次子、季女、季子按照长幼次序，平均分执，女儿获得的财产种类与规模均与兄弟相同。

直到 17 世纪后期，女儿依然具有直接的继承权，许多两班家的财产分割仍实行子女均分制。光山金氏也保存了一件 17 世纪后期的和会文记。该文书是 1667 年金礌妻李氏作为三女，与娘家兄弟姐妹和会分财的文书。① 文书本文包括了奉祀位、长女衿、二男衿和三女衿，其中三女金礌之妻李氏从娘家分得了相当多的财产，份额与二男相当，种类包括新奴婢、例得奴婢和田产。

值得注意的是，《经国大典》中规定："未分奴婢，勿论子女存没，分给（身没无子孙者，不在此限）。"也就是说，女儿只要有子孙，即使身亡，也不影响其在娘家的财产权。从民间文书看，在 15 ~ 17 世纪民间的实际分财中，女儿即便身亡对娘家财产仍有继承权。《1619 年金垓妻等和会文记》是金垓之妻的父母去世后，兄弟姐妹关于田产的和会文记，② 其中就有金垓妻的财产份额。早在 1601 年，金垓夫妇的子女金光继兄弟姐妹已订立和会文记，这意味着 1619 年金垓夫妇均已去世。1619 年金垓之妻在已经去世的情况下，在娘家的和会分财中，通过平均分执获得了财产，落款处由其子金光继代为署名。在父母均已去世的情况下，金光继代替已经去世的母亲，从外祖父母家分得了母亲应得的财产：

　　……修义副尉金宗善妻衿

　　……金垓妻衿

　　学生乐道衿

　　　　　故修义副尉金宗善妻李氏（印）

　　　　　成均进士金安节（手决）

　　　　　幼学李磐（手决）

　　　　　幼学金光继（手决）

　　　　　笔执幼学金光岳（手决）

----

① 韩国精神文化研究院编辑部编《古文书集成 1：光山金氏乌川古文书》，韩国精神文化研究院（现韩国学中央研究院），1982，第 199 页。

② 韩国精神文化研究院编辑部编《古文书集成 1：光山金氏乌川古文书》，韩国精神文化研究院（现韩国学中央研究院），1982，第 191 页。

2. 许与分财中的女儿财产分配

《1429 年金务许与文记》是光山金氏礼安派宗宅现存最早的一份分财记。[1] 这次分财是财主金务将父边、母边、外祖母处传得奴婢，结合奴婢的老壮弱进行的平均分给。文记序言引用了金务曾祖"贞景公金士元遗书"，用以教示后代勿失祖宗之遗训；[2] 紧接着是落款，落款处有财主，故长子妻、二子、长女婿、二女婿、末子、长孙等证人，笔执（三子）的署名；最后才是本文部分。从本文部分我们可以看到，不仅儿子、女儿具有直接的财产继承权，相隔一代的内外孙子女有时也会同父母一道直接获得来自祖父母或外祖父母的财产。

由文书本文中出现的"已上奴婢去戊戌年称给"[3] 的文句可知，各子女所分得的奴婢分成两次分给，第一次是戊戌年（1418），第二次是己酉年，即文书订立的 1429 年。内外子孙的奴婢则为 1429 年分得。奴婢分为"父边传来"、"母边传来"和"外祖母处传得"。225 口奴婢前后两次分给，在两次分财中，女儿均获得了财产，份额与儿子相当。长子、二子、三子、故长女、二女、末子各分得 34～37 口不等的奴婢。内外孙子女各分得 1 口奴婢，其中长子之子作为"承重长孙"，分得 2 口奴婢。三子的二子因"长养"，也另分得 1 口奴婢。可见，朝鲜初期的嫡子女均分制不仅表现在子女一代，孙子女一代的分财也呈现出这样的特征。

父亲去世后，通常由寡母主持分财，仍实行嫡子女均分制。《1492 年金淮妻卢氏许与文记》就是一件父亲身亡后，寡母作为财主，将自己和丈夫的奴婢分给长子、二子和女儿的文书。[4] 序言写到丈夫金淮"早年别世"，卢氏深知自己"年老多病，今明日难知"，故立文书，将奴婢平均分给儿子金孝

① 韩国精神文化研究院编辑部编《古文书集成 1：光山金氏乌川古文书》，韩国精神文化研究院（现韩国学中央研究院），1982，第 150 页。

② 关于这件文书，郑求福先生有专门研究。郑求福：《金务的分财记（1429）研究》，《古文书研究》第 1 辑，1991 年。

③ 称给的一般性解释是在秤杆上过秤，是指考虑质、量的侧面进行彻底计算的意思。

④ 韩国精神文化研究院编辑部编《古文书集成 1：光山金氏乌川古文书》，韩国精神文化研究院（现韩国学中央研究院），1982，第 156 页。

源、金孝卢及女儿权叔均妻。序言最后特别告诫子孙勿将奴婢传给本孙以外："奴婢段祖宗永传之物是昆，万一无子息为去等，本孙外勿得与他为乎……"

寡母作为财主进行许与分财时，女儿的财产继承权没有发生变化。除去承重条外，奴婢"以老壮弱分类平均分给"。与父亲作为财主的分财记稍有不同的一点是，财产来源的标记以妻子为基准，"妻边"改成了"矣边"，丈夫的财产则为"家翁边"。

无子嗣的家庭，寡母如何分配财产并维系家系呢？从 15 ~ 17 世纪朝鲜社会的民间分财习惯看，当家中无子嗣、有亲女时，由女儿继承财产和承担奉祀也十分普遍。《1560 年何就深妻朴氏许与文记》描述了夫亡后，年老无子的寡母将自己和丈夫的财产平均分给三个女儿以及丈夫与妾所生孽女的财产分配情况。① 这里寡母朴氏将财产传给了女儿，并托付了奉祀，其中季女是金富弼之妻，这件文书保存在光山金氏家。序言讲到传来奴婢、新奴婢、奉祀位和遗漏奴婢等各类财产实行"平均分给"的分财原则。序言还强调长女的丈夫是长子，难以承担妻边奉祀的重任，妻边奉祀由次女承担，"长女段，其矣边长子去乙等，妻边奉祀势难乙仍于，中女亦中许给为去乎"。紧接着列举了分给长女、次女、季女、孽女的财产。落款处长女与次女由孙婿署名，季女由女婿署名：

> 嘉靖三十九年正月十七日，三女亦中奴婢家舍都许与。
>
> 右许与事叱段：女矣身亦年深寡妇，以死亡无日弥不喻，子息等为半零落。人事难测乙仍于，矣及家翁传来奴婢等，平均分给为去乎。新奴婢段，后所生并以各衿施行为旀，主祀段，虽无亲 □，承重之义，矣身弥不喻，家翁神主坟墓付托无地为卧乎所，加于感怆为在果。长女段，其矣边长子去乙等，妻边奉祀势难乙仍于，中女亦中许给为去乎。代尽为限，尽诚祭祀，子孙传系，镇长使用耕食为齐。遗漏奴婢乙良，矣身生前处置不冬为去乙等，矣身死后均一分执为齐。田畓段，奉祀位

---

① 韩国精神文化研究院编辑部编《古文书集成 1：光山金氏乌川古文书》，韩国精神文化研究院（现韩国学中央研究院），1982，第 159 页。

外，远处散在，库员卜数详知不得，一时分给不冬为去乎。后次子孙等别为所有去乙等，此文记内乙用告官辨正者。

　　　　长女忠义卫李宗谔妻衿（内容略）

　　　　次女进士金洽妻衿（内容略）

　　　　季女生员金富弼妻衿（内容略）

　　　　孽子女乌红衿（内容略）

　　　　　　　财主故尚瑞院直长河就深妻朴氏（印）

　　　　　　　婿成均生员金富弼（手决）

　　　　　　　孙婿成均生员朴灝（手决）

　　　　　　　笔执孙婿成均进士李宰（手决）

　　我们还看到当外祖母和女儿同为无子嗣寡妇时，财产和家系通过女儿得以继承的事例。寡妇李从谅妻吴氏的独女李氏嫁给了曹致唐，李氏婚后也无子，只有两个女儿，其中长女嫁给了金缘，次女嫁给了赵渊。关于吴氏及其女儿李氏的两件文书收藏于光山金氏礼安派的宗家。《1528 年李从谅妻吴氏许与文记》便是关于外祖母李从谅妻吴氏将财产分给两个外孙女及其子孙的文书。[①] 吴氏和李氏母女两代均无子，但并没有立继后子。吴氏将奴婢和田产平均分给了两个外孙女，并别给了曾孙子女少许财产。序言中强调外孙"孙怀抱鞠育，无异己出其"，外孙女及其子孙是"亲子息"。为了防范日后诉讼等纠纷的发生，她请来族亲作为证人，长孙女金缘之妻曹氏还启用了另一安全机制，即向官府申请立案。这份文书位于最右侧，左边依次黏附了 1529 年的三件文书，分别是李从谅妻吴氏的缄答（对官府的事实调查进行书面陈述）、执笔者权干和三位证人的招辞（官府向证人和笔执确认事实的陈述书），及金缘妻曹氏从官府获得的立案（官府的公证），而所志（向官府请求公证）不见。[②]

---

① 韩国精神文化研究院编辑部编《古文书集成 1：光山金氏乌川古文书》，韩国精神文化研究院（现韩国学中央研究院），1982，第 158 页。

② 光山金氏家的分财记中，很多分财记都以黏附的形态保存，附有与公证程序有关的若干件文书。关于财产分割与继承的公证问题此处不做展开。

3. 别给分财中女儿分得财产的情况

除了和儿子平分财产，女儿及其子女还常常因为种种特殊情况，通过别给分财的方式从娘家获得财产。光山金氏礼安派保存的分财记中，这样的事例也不少。在怎样的情况下，女儿、女婿或外孙子女可以获得娘家的财产呢？我们可以从分财记的序言中找到答案。

例如，女儿或女婿因孝行而分得娘家财产。《1612年李仙岳妻郭氏别给文记》是李仙岳妻郭氏为了感谢女儿及女婿的孝心，将1口奴婢别给女儿的文书。① 寡母郭氏得重肿的半年期间，二女金光继之妻竭力照顾母亲，昼夜不归；女婿也将女儿送回娘家数月，使其安心照料母亲。为了对女儿和女婿表示感谢之意，郭氏制定了这件文书，落款处有财主，长子、长女婿和末女婿担当证人，次子笔执。让儿子、女婿作为证人，是为了避免日后发生纠纷。

不仅女儿可以因尽孝从娘家获得财产，女婿也能以种种原因从丈母娘那里获得财产。《1543年曹致唐妻李氏别给文记》便是寡妇李氏将田产别给长女婿金缘的文书。② 别给的事由是寡妇李氏"穷居村巷"，女婿金缘专门来看望自己并"设酌慰悦"，为了感谢女婿的孝行，李氏将永川南面的田产分给女婿。李氏将大量田产传给了女婿，可能与自己没有子嗣也有很大的关系。

再如，女儿因远嫁或早逝分得娘家财产。《1641年母蔡氏别给文记》母亲别给远嫁的末女，即金礴之妻李氏1口婢的文书。③ 事由是之前分给末女的婢子或逃或死，考虑到女儿嫁到远地的处境，打算再给1口。这口婢曾定为奉祀条的财产，与兄弟同议后才得以衿给。落款处有三个儿子作为证人和笔执的署名。从文书的记载看，因为这口婢的情况比较特殊，是与儿子商量后才决定的。让三个儿子作为证人，也是为了避免日后发生纠纷。

---

① 韩国精神文化研究院编辑部编《古文书集成1：光山金氏乌川古文书》，韩国精神文化研究院（现韩国学中央研究院），1982，第214页。

② 韩国精神文化研究院编辑部编《古文书集成1：光山金氏乌川古文书》，韩国精神文化研究院（现韩国学中央研究院），1982，第212～213页。

③ 韩国精神文化研究院编辑部编《古文书集成1：光山金氏乌川古文书》，韩国精神文化研究院（现韩国学中央研究院），1982，第214页。

《1573 年故权习妻安氏别给文记》则是安氏因女儿早逝，考虑到早年丧母的外孙，因思念女儿和愧疚等复杂情绪而别给外孙财产的分财记。[①] 文书记载外祖母因外孙不远千里来看望自己，看到从小失去母亲的外孙金垓已经长大，不由感叹，故别给外孙金垓一些奴婢和田产。这件文书的财主是外祖母安氏，证人和笔执均由其他外孙担当。

还有诸如因养育之情外孙分得财产的事例。在母亲分财时，如果外孙或外孙女也从外祖父母获得少量的财产，一般会一同记载在母亲的分财记上。前面列举的《1429 年金务许与文记》《1550 年金缘男妹奴婢和会文记》就属于这种情况。有时外孙或外孙女还会因为外祖父母的宠爱，单独获得财产。《1464 年卢膺别给文记》记载了外祖父卢膺作为财主，将已故妻边的 4 口奴婢传给外孙金孝卢的内容。[②] 文书虽有残落，但从"外孙幼学金孝卢亦……眼前胎产，三岁前始叱怀抱长养，爱惜之情无……"等序言残存的文句中可知，外祖父曾亲眼看到外孙的出生，三岁前怀抱、长养，对外孙有特别的感情，这是别给分财的事由。

三　关于妾女、养女的财产分配

1. 妾女的财产分配事例

妾子女根据母亲良贱身份又分成良妾子女、贱妾子女。前引《经国大典》之《刑典》"私贱"条中，明确规定当嫡室无子女时，良妾子女之间实行平分。嫡室及良妾无子女时，贱妾子女也实行平分。当妾子女与嫡子女一同分财时，良妾子女的财产份额是嫡子女的七分之一，贱妾子女是嫡子女的十分之一，其继承份额与嫡子女相比存在明显差别。小注还强调，妾子女对于嫡母的奴婢财产没有继承权。可见，当有嫡室子女时，妾子女原则上继承来自父边的财产，不能分得嫡母的财产，这是因为妾子女和嫡母不存在直接

---

① 韩国精神文化研究院编辑部编《古文书集成 1：光山金氏乌川古文书》，韩国精神文化研究院（现韩国学中央研究院），1982，第 213 页。

② 韩国精神文化研究院编辑部编《古文书集成 1：光山金氏乌川古文书》，韩国精神文化研究院（现韩国学中央研究院），1982，第 201 页。

的血缘关系。不过，妾子女和嫡母因父亲这一纽带，存在姻戚关系。当嫡室出现无子女或无子有女的情况，良妾子女的财产继承权，包括上述对于嫡母财产的继承权会发生相应的变化。根据嫡室以及良妾的无子女或无子有女情况，贱妾子女的财产继承权也会发生相应的变化。"私贱"条对此有详细说明。①

在光山金氏礼安派家收藏的分财记中，并没有直接关于妾子女的分财记。②有关妾子女的财产分配情况，都记载于嫡子女的分财记中。这些家庭属于同时有嫡室子女和妾子女的情况。《1581年李耻分衿文记》是父亲李耻作为财主将奴婢和田产分给"嫡子息□男妹"的分财记。③从序言看，李耻已经丧妻，文书由嫡子春寿代书。嫡长女为金富仪妻，因此这件文书保存于光山金氏家。文书序言部分强调贱妾，即奴金连一所生婢延今"多产子女"，因而获得财产，不过"妾子息大寿、梅香等收已曾各衿成文分给"，即妾子女的各衿已成文分给，故文书的本文部分只列举了嫡子女所得的财产：

> 万历九年辛巳□□二十一日，嫡子息□男妹亦中成文为去乎。家财杂物□□己未年丧妻后，二男妹亦中各各分给为遣，奴婢田畓叱分分给不得。□□如可年老有病，生死难知乙仍于，奴婢田畓等乙，各衿分给为在果矣。□□右手不仁，自书不得，嫡子春寿以代书成文为去乎，各各镇长使用耕……为齐。妾子息大寿、梅香等收已曾各衿成文分给。奴金连一所生婢延今□□作妾，多产子女，故奴婢田畓亦为衿给为有昆，万一某子息等是乃各□□物争望为去乙等，此文记内以告官辨正事。

---

① 崔恒等：《经国大典》卷五《刑典·私贱》，显宗二年版，首尔大学奎章阁藏。

② 关于妾子女的财产继承，文淑子和裴在弘有专门的研究。裴在弘：《朝鲜时代妾子女的财产相续和存在样态——分财记的分析》，《大邱史学》第39辑，1990年；文淑子：《15～17世纪妾子女的财产相续及其特征》，《朝鲜时代史学报》第2辑，1997年。

③ 韩国精神文化研究院编辑部编《古文书集成1：光山金氏乌川古文书》，韩国精神文化研究院（现韩国学中央研究院），1982，第160页。

在前面提到寡母主持的许与分财时，曾引用了一件《1560 年何就深妻朴氏许与文记》。该文书是嫡母对嫡室女儿和贱妾女的财产分配文书。孽女乌红衿只记载了奴婢和田产，其他嫡子女的财产则包括衿得奴婢、新奴婢、家舍（瓦家）和田产。嫡室女儿和贱妾女所得的财产规模有很大差异，以奴婢为例，季女衿下有例得奴婢 28 口、新奴婢 12 口，而孽女衿只有 1 口奴婢。落款处没有妾女的署名。

《1627 年金光继等和会文记》是金光继之妻父母身亡后，与娘家兄弟姐妹和会分财的文书，保存于夫家。[①] 金光继之妻作为四女，文书最上端标注了第四宅。金光继的妻父李山岳是广州李氏，母亲是玄风郭氏，都为名门出身。分财记上登记的田产多达 1200 余斗落，在壬辰战争以前其所有的奴婢也多达五六百口，可见家产之殷实。本文的内容分成奉祀条、一男衿、二女衿、三男衿、四女衿、五女衿、六男衿、贱妾女衿的财产，以及长孙、次孙别给获得的财产。序言中有一条专门提及贱妾女许良。贱妾女，即李潜妾玉生，在父母在世时未能赎良，母亲临终前，让末子执笔写下关于玉生许良的文书。母亲临终慌忙中，没能找到图署，"不得已用手掌"。母亲告诫内外子孙不得使唤玉生子孙或视其后裔为奴婢：

> 一，孽妹忠义卫李潜妾玉生乙，父母主未及赎通，母主临终，渠矣身良中，永永许良事，末子李根垕执笔成给为乎矣。临终苍黄中，母主署乙觅之不得，不得已用手掌。手掌尤重，后次良中，内外子孙亦同玉生乙未赎是如，子支乙使唤计料为去乃，李潜子孙亦渠矣家买得是如，后裔乙视之如奴为去等，凡为骨肉告官治罪事。

在这件文书中，贱妾女分到的财产虽然也包括奴婢、田产，但与嫡子女相比，财产种类相对稀少。妾女的财产中，没有记载关于乳母的信息；其分得的奴婢没有关于咸镜道奴婢和外方未知生死秩的记载，也没有嫡母临终前别给的奴婢记载；分到的田产不见嫡母郭氏边传来的财产，也没有瓦家等家

---

① 韩国精神文化研究院编辑部编《古文书集成1：光山金氏乌川古文书》，韩国精神文化研究院（现韩国学中央研究院），1982，第 193 页。

舍财产。不过，妾女获得了父亲临终前别给的奴婢和少许田产。从分得的财产规模看，嫡室女儿和贱妾女之间存在较大差异。以奴婢为例，四女分得新奴婢10口，衿得奴婢10口，咸镜道奴婢11口，外方生死未知奴婢10口，母亲临终别给奴婢1口；贱妾女则只获得新奴婢2口，衿得奴婢2口，父亲别给奴婢2口。序言中讲到嫡母临终已经立文书将贱妾女"永永许良"，文书的落款处仍然不见妾女的署名。

2. 养女的财产分配事例

《经国大典》之《刑典》"私贱"条在说明各子女的财产份额时，除了承重子、众子女、良妾子女，还提到了义子女和养子女。义子女是前室的子女相对继母而言，或后妻的子女相对前母而言的称呼。这样的关系只存在姻戚关系，不基于血缘。光山金氏家收藏的分财记中，没有发现关于义女的财产分配记载。

养子女是指父母所收养的子女。这一时期的养子女的含义与不同于继后子。依据《礼典》，嫡长子和众子无后时，由妾子奉祀。[1] 当嫡妾均无子时，立同宗支子为后。[2] 养子女指的是父母所收养的子女，没有承重的义务，似是更宽泛的概念。《刑典》"私贱"条在说明"养父母奴婢"的财产份额时，专门提到嫡室有子女时养父母的奴婢如何进行分配。[3] 这意味着有嫡室子女时，也可以同时有养子女。养子女包括收养子女和侍养子女，收养子女指的是三岁前收养的子女，侍养子女指的是三岁后收养的子女，两者的财产继承权有所不同。

在光山金氏家的分财记中，有几件文书涉及继后子、收养女和侍养女的财产分配。金孝之夫妇没有子嗣，将金孝之兄金崇之的孙子金孝卢立为继后子，但同时还有收养女和侍养女各一名，从中可以看到17世纪中叶以前朝鲜家庭收继关系的多种形态。金孝之死后，寡妻黄氏先后三次将夫妻财产进行分割。前后三次分财都从官府获得了公证，文书均呈现黏附文书的形态。

---

① 崔恒等：《经国大典》卷三《礼典·奉祀》，显宗二年版，首尔大学奎章阁藏。
② 崔恒等：《经国大典》卷三《礼典·立后》，显宗二年版，首尔大学奎章阁藏。
③ 崔恒等：《经国大典》卷五《刑典·私贱》，显宗二年版，首尔大学奎章阁藏。

第一件文书是 1480 年 9 月寡妻黄氏将丈夫父边传来的 2 口奴婢别给继后子的别给文记，事由是继后子待自己如亲父母，"尽情孝道"，自己也对继后子如亲子。[①] 第二件是寡妻黄氏于 1480 年 11 月 25 日订立的许与文记。[②] 黄氏作为财主，将自己耕作过的田产等，分给继后子金孝卢、收养女明珠和侍养三寸侄女金氏三人。三人所分得的财产类型相同，继后子另分得瓦家和主祀田产。

第三件文书是寡妻黄氏于 1480 年 12 月 15 日订立的许与文记。[③] 由序言可知，黄氏和贱妾均无子女。黄氏作为财主，将丈夫的奴婢分给继后子、收养女、侍养三寸侄女、三寸侄、四寸孙子、四寸孙女、三寸侄媳、四寸孙女、孽子四寸孙子等 9 人。分财采用论功差等的分给方式。文书正文对承分者的功劳一一做了叙述。无亲子女寡妻黄氏的奴婢分配，也是对尽过孝道或帮助过自己的亲属表达一份情谊。这件文书的本文部分残缺严重，奴婢统计不一定完整，但仍可以尝试比较。以最前面的承受者为例，继后子衿、收养女衿、侍养女衿、三寸侄衿的奴婢口数分别为 18 口、13 口、3 口、4 口。在实际的分财中，收养女分得的奴婢比侍养女要多一些：

> 成化拾陆年庚子拾贰月拾伍日，许与为卧乎事段：女矣身亦无子息为沙余……贱妾子女无白乎等用良吾，矣使用为如乎家翁边奴婢乙，继后子、收养、侍养……中论功差等分给为卧乎……
>
> 继后子生员孝卢衿（内容略）
>
> 收养女子明珠衿（内容略）
>
> 侍养三寸侄女故别侍卫（内容略）
>
> 三寸侄别侍卫郑仁老……棹准备为沙余良，连连进退为祢，女矣得病时尽情侍养为卧乎等用良（内容略）

---

① 韩国精神文化研究院编辑部编《古文书集成 1：光山金氏乌川古文书》，韩国精神文化研究院（现韩国学中央研究院），1982，第 208～209 页。

② 韩国精神文化研究院编辑部编《古文书集成 1：光山金氏乌川古文书》，韩国精神文化研究院（现韩国学中央研究院），1982，第 202 页。

③ 韩国精神文化研究院编辑部编《古文书集成 1：光山金氏乌川古文书》，韩国精神文化研究院（现韩国学中央研究院），1982，第 203 页。

四寸孙子忠赞……矣父母上京为去乙，二年乙女矣家长养为沙余良，时时往来孝道为卧乎等用良（内容略）

四寸孙女别侍卫周铁守妻郑氏段，数数来往孝道为卧乎等（内容略）

三寸侄故参军金蔡妻李氏段，其矣家翁死后良中置，来往孝道为卧（内容略）

四寸孙女幼学权叔平妻金氏段，数数往来孝道（内容略）

孽四寸孙子金长龙段，儿时始叱往来孝道为旀，女矣得病时叓（内容略）

从以上所举的事例看，民间分财时，妾女与嫡室子女相比，分得财产的种类和规模都存在差别，对于嫡母财产的继承也受到限制。收养女和侍养女拥有一定的财产权。有的分财事例显示，无子女家庭即便已经立了继承家系的继后子，其收养女和侍养女也可分得一定的财产。

四 15～17 世纪朝鲜社会的女儿财产继承权
——与明代徽州社会的比较

财产分割文书是保护受分人财产权的基本凭证。为了防范日后诉讼等纠纷的发生，朝鲜时期的财产分割文书不仅在内容上强调财产分割原则，而且文书本身都具备一定的格式和登载要素，例如明示文书订立的时间，落款处有相关当事人共同署名、证人署名等。一些容易发生纠纷的财产分割事例，当事人还会向官府申请公证，以保护受分人的财产权。女儿作为家产分割的正式受分人之一，同样获得具有民间法律效应的财产分割文书，并作为凭证保管在夫家。光山金氏礼安派收藏的分财记既记载了光山金氏家的女儿财产继承权，也保存了嫁入该家族的女性在其娘家的财产继承权。

现存朝鲜时代的公私文书中，私文书规模占 80%，多由高丽时代贵族和朝鲜时代精英阶层两班家保存。几乎所有两班家保存着数量不等的分财记。

本文选取了安东地区光山金氏礼安派作为个案进行分析，对照其他家门现存的分财记，文书上体现的女儿财产权益大体相同。通过对照法典和15～17世纪安东光山金氏礼安派宗家收藏的数十份分财记，我们可以了解到朝鲜时期女儿财产继承权主要体现在以下几方面。

第一，女儿是正式的财产受分人，拥有直接的继承权。朝鲜时期的财产继承存在嫡庶差别，妾女与嫡室子女相比，分得财产的种类和规模都存在差别。嫡子女的财产分配原则是子女均分制。女儿和儿子的财产分配同时进行，所得财产按照长幼次序登载于同一件文书上。朝鲜时期女儿的财产继承权十分稳定，父亲或父母的身亡不会影响女儿在娘家的财产继承权。即使女儿身亡，只要有子孙，在娘家也同样具有财产继承权。女儿、女婿及其子孙还可以因为种种特殊原因，单独从娘家分得一定的财产，此时往往有其他兄弟甚至女婿的署名。

第二，女儿结婚进入夫家后，从娘家分得的财产区别于夫家财产，即夫妻异财。我们从分财记上可以看到，在财产分割之际，对奴婢、田产的财产来源做了区分，往往记载"父边""母边""夫边""妻边"等字样。当丈夫去世时，寡母通常作为财主对家庭财产，包括自己从娘家带来的财产和夫家的财产进行管理和处分。可见，女儿对娘家的财产拥有管理和处分权。

光山金氏礼安派收藏的分财记主要分布在15世纪至17世纪后半期，上述女儿财产继承权的特征主要针对15～17世纪后半期。18～19世纪民间的财产继承习惯是否发生变化？一般认为，从17世纪中叶前后开始，一些家庭开始出现长子优待、子女差别的倾向，18世纪中叶以后这一倾向尤为明显，19世纪中叶以后逐渐一般化。依据其他家门所存的分财记，可以发现18～19世纪女儿仍然具有直接的财产继承权，与儿子一同参与娘家的分财，只是子女分财的原则从均分制转为差别制，女儿的财产承受份额有所下降，一些分财记的财产登记出现了子女分别登记的现象。

中国以外东亚地区的民间习惯之延续与变迁，尤其是儒学化话语下不同地域的个案为重新审思东亚儒学的地方化和本土化问题提供了端绪。中国历史上的徽州与朝鲜安东都深受儒家文化渗透，形成了大量的古村落、宗族和书院，不少典籍文献和民间文书保存至今。[①] 现存徽州文书中，存有不少"分家书"，是关于财产分割的正式文书。[②] 利用这些文书材料，可以发现儒学化的宏观话语下不同地域的民间习惯既呈现类似倾向，又存在多样化和本土化的特征。

明代徽州地区和朝鲜实行的都是财产均分制，均分制可以说是维持王权和士族均衡关系、实现王朝长期稳定的诸原因之一。就本文涉及的女儿财产继承权而言，两者又存有差异。明代徽州地区实行诸子均分制，财产受分的对象只限于男性，主要是儿子，女儿不是正式的家产受分人。与之相比，朝鲜时期实行嫡子女均分制，嫡子女之间在财产分割中的地位是平等的，女儿是正式的家产受分人，其财产通过一般的家产分割获得，并拥有固定的份额。女儿财产继承权的差异在家产分割单位中也得到体现。明代徽州的分家书多以房为家产分割单位。房实行男系原则，男子才称房，女儿不构成分家的一房。与之相比，朝鲜的分家以"衿"为分割单位。"衿"代表个人，不分男女。

从现存明代徽州文书看，明代徽州地区的女儿财产权主要体现在妆奁上，女儿的妆奁通过"批产为奁"的方式获得，相关文书称作"批契"。但批产不是法定的义务，这一财产获得方式与按照惯例进行的"分产"是有区别的。"批"作为财产转移的一种方式，通常是长辈批产给晚辈，且指定受益人，说明批产的理由。批产如果是土地收益，随着女儿的出嫁，收益也就终止。所批妆奁如果为土地，则奁田会转入夫家，成为丈夫名下的财产。[③]

15～17世纪的朝鲜民间财产继承呈现的是双系继承方式，在这一方式

① 韩国国学振兴院国学研究室编《安东与徽州文化比较研究》，韩国国学振兴院，2005。
② 关于明代徽州地区的分家书与财产分割习惯，以下研究均有所论。栾成显：《中国封建社会诸子均分制述论——以徽州文书所见为中心》，周绍泉、赵华富主编《'98 国际徽学学术讨论会论文集》，安徽大学出版社，2000，第 243～270 页；臼井佐知子「徽州における家產分割」『徽州商人の研究』汲古書院、2005、462～513 頁；张研：《对清代徽州分家文书书写程式的考察与分析》，《清史研究》2002 年第 4 期；王振忠：《清代一个徽州小农家庭的生活状况——对〈天字号阄书〉的考察》，《上海师范大学学报》（哲学社会科学版）2006 年第 1 期；等等。
③ 阿风：《明清时代妇女的地位与权利——以明清契约文书、诉讼档案为中心》，社会科学文献出版社，2009，第 29～45 页。

下，子与女、孙与外孙的财产继承权近乎相同，这是朝鲜时期财产继承的重要特征。受到双系继承方式的影响，朝鲜时期女儿始终对娘家财产具有法定继承权。朝鲜的分财记中没有关于女儿妆奁的财产分配文书。此外，如光山金氏礼安派的个案所示，在15～17世纪的朝鲜社会，绝嗣家庭的女儿在继承财产的同时，有时还伴有继承家系的义务。绝嗣家庭由女儿继承财产十分普遍，且女儿往往还有祭祀义务。通过立继来继承家系和财产的习惯在当时的精英家庭中还没有普遍实行。直到17世纪中叶以后，无嗣家庭逐渐开始采用再婚、立继等策略来延续家系和财产。与之相比，明代中国似乎发生了一系列变化。伴随明代初期法律实行强制侄子继嗣，即无嗣家庭必须从侄子中过继一个嗣子的规定，立继成为一种法律责任。这一变化使女性的财产权利受到严重的剥夺。①

可以说，中国近世以来的女儿财产继承权发生了非常复杂的历史变化。而在15～17世纪的朝鲜社会，女儿的财产继承权十分明确，即使是17世纪中叶以后逐渐出现长子优待、子女差别的倾向，民间的财产分割习惯仍在一定程度上承认和保护女儿的财产继承权。这从侧面反映了朝鲜时代的亲属关系中母系血统仍然发挥着重要作用。随着朝鲜社会的儒学转型和地方化过程，原有的家族秩序与外来的朱子学家族或礼仪秩序产生了某种紧张和妥协关系。两班阶层一方面试图通过习得朱子学的家族或礼仪秩序来维持精英和正统身份；另一方面，女儿财产权的承认和延续、女儿通过婚姻关系带入夫家财产的行为，已经成为朝鲜社会两班家族的普遍习俗。以继承、姻亲关系为媒介，父边、母边、妻边传来的财产成为朝鲜时代两班家族积累财富的重要方式。本文未能展开，两班家族的女儿通过婚姻关系带入夫家的不仅有财产，往往还伴有父兄的政治、社会等方面的资产。朝鲜社会女儿财产权的经济、社会功能如何影响着精英家族的社会流动，换而言之，精英家族的财产、婚姻与身份地位之间存在何种互动关系，这是笔者想要进一步探讨的问题。

---

① 白凯：《中国的妇女与财产：960～1949年》，上海书店出版社，2003，第3～4页。

明治维新后日本航运崛起中的灯塔因素 *

伍伶飞 **

摘　要：灯塔是航运公共基础设施的重要组成部分，灯塔建设与航运发展之间有着十分紧密的关联，但在特定区域内，各国航运业所获得的灯塔服务的实际效果可能各不相同。日本的灯塔建设事业在明治维新之后逐渐兴起，经过数十年的发展在日本海域形成了较为完善的灯塔体系，为航运发展创造了良好的基础公共服务条件。日本政府的灯塔建设有详细的计划和明确的目的，其根据本国航运业发展的阶段性需求，通过阶段性调整资源配置并控制灯塔建设进程，使灯塔建设事业成为本国航运业在与外国的竞争中所拥有的一种优势，灯塔建设事业与其他有利因素共同作用，推动了明治维新后日本航运业的崛起。

关键词：日本灯塔建设；航运业；航路标识

一　有关研究与问题的提出

灯塔是人类在探索海洋、利用海洋过程中安全航行的基本保障，灯塔建设事业和航运发展有着紧密关联。关于日本灯塔建设事业的论著比较丰富，20 世纪上半叶即已出现有关灯塔历史且具有研究性质的成果，如铫子观光协会编有描述犬吠埼灯塔发展历史和现状的著作。[①]20 世纪 60 年代以来，以灯塔为中心的论著大量出现，以具体研究方向而论，可以分为以下三种类型。一是建筑技术发展和技术传播方向的研究，如学者 K. M. Rohan 以英国人 R. H. Brunton（ブラントン）为例叙述了明治初期英国对日本的技术传播和外国雇员在日本灯塔建设中的作用；[②] 五十畑弘从西方对日本灯塔技

---

*　本文为国家社科基金青年项目 "近代中国航标历史地理研究"（20CZS059）的阶段性成果。

**　伍伶飞，厦门大学历史与文化遗产学院副教授，研究方向为历史经济地理、东亚海洋史。

①　铫子观光协会编『犬吠埼燈臺史』铫子观光协会、1935。

②　K. M. Rohan 著、别宫贞德訳「明治初期の外人『雇い』：ブラントンの燈臺の建設」『ソフィア：西洋文化ならびに東西文化交流の研究』第 14 卷第 2 期、1965 年、41 ～ 60 頁。

术传播的角度，分析了英国在其中的影响；^① 日本海上保安厅灯台部的池田龙彦对混凝土构造灯塔的发展历史和特点进行了分析。^② 这些论著勾勒出在西方影响下日本灯塔技术发展的基本线索，特别是充分论证了英国相关人物和机构在日本灯塔技术发展中的历史地位。二是整体或某个时期灯塔历史的研究。20 世纪 60 年代日本海上保安厅灯台部编的《日本灯台史：100 年的探索》从宏观上对近代日本灯塔的发展和制度变化进行了总结，^③ 户岛昭对下关海峡地区的狭义灯塔等各类航路标识的建设情况进行了分析，^④ 长冈日出雄和藤冈洋保对日本和日本殖民地现代灯塔建设发展的历史进程有详尽叙述和部分深入分析。^⑤ 三是灯塔与近代日本社会的关系研究。加藤勉与藤冈洋保^⑥、柴田翔伍与二井昭佳^⑦ 分别讨论了灯塔在近代日本的地位及其对社会发展和人们观念的影响。上述研究都从特定角度分析了近代日本灯塔的发展历史、特点以及灯塔与近代日本的关系，对认识近代日本灯塔的发展有不同层面的意义。

就明治维新后日本航运业的发展而言，已有学者对航路和航运发展做出了较为深入的基础性研究。日本关西大学的松浦章以日本、中国大陆、中国台湾为对象，分析了中国大陆和日本、日本和中国台湾等区域航路的发展变化，^⑧松浦章部分研究也涉及东南亚区域的航运状况，^⑨并对如温州与上海、

① 五十畑弘「明治初期における英国からの技術移植」『第七回日本土木史研究発表会論文集』日本土木史研究発表会、1987、79 ~ 87 頁。
② 池田龍彦「コンクリート燈標の建設」『コンクリート工学』第 11 期、1978 年、27 ~ 33 頁。
③ 海上保安庁灯台部編『日本灯台史：100 年の歩み』灯光会、1969。
④ 户岛昭「下関海峡の燈臺——明治期の航路標識の整備」山口县文書館編『山口県文書館研究紀要』第 18 期、1991 年、41 ~ 64 頁。
⑤ 长冈日出雄『日本の燈臺』日本交通研究協会、1993；藤冈洋保「明治期の燈臺」犬吠埼ブラントン会編『犬吠埼燈臺 130 周年記念講演会・シンポジウム報告書』犬吠埼ブラントン会、2004、15 ~ 32 頁。
⑥ 加藤勉・藤冈洋保「燈臺に投影された日本の近代」日本建築センター編『らぴど for BCJ Partners』第 5 期、2000 年、1 ~ 2 頁。
⑦ 柴田翔伍・二井昭佳「明治期に建設された燈臺における景観認識の過程に関する基礎的研究」『土木学会第 6 回景観・デザイン研究講演集』土木学会、2010、269 ~ 276 頁。
⑧ 松浦章『近代日本中国台湾航路の研究』清文堂、2005。
⑨ 松浦章:《清代帆船对东亚、东南亚区域物流与人口流动的贡献》，孔颖译，上海中国航海博物馆编《人海相依——中国人的海洋世界》，上海古籍出版社，2014，第 118 ~ 128 页。

台湾与福建、江南与长崎、山东与朝鲜半岛等区域内多条航运线路进行了专门研究；①此外，还在前述工作的基础上，整理形成丰富的文献资料集，②这些论著和资料对于日本航路研究颇具价值。朱荫贵通过中国和日本的对比，讨论了日本航运业发展的状况。③新潟大学的大宫诚在其博士学位论文中，将关注点放到了日本海沿岸，对朝鲜东岸和日本本州西北岸各港口之间航运发展历史进行了梳理，进而对其运输的类型和贸易产品的特色进行了分析。④华东师范大学的王列辉等人利用社会网络分析方法扩展研究视野，从航运网络的角度考察了日本和英国在中国的航运发展。⑤杨蕾则以轮船公司社史和报刊资料为基础，分析日本和中国华北各个通商口岸之间的轮船航路发展。⑥

在前述航路和航运发展相关研究的基础上，学者也开始了对影响日本航路和航运发展因素的分析。灯塔作为航运线路上的重要节点和关键基础设施，是观察航运线路和航运网络发展的重要参考指标，其空间分布特征对航运线路和航运网络的研究的重要性不言而喻。但是，以航路和航运发展为中心的研究一般均未提及灯塔在其中的作用（如松浦章、朱荫贵等人的研

---

① 松浦章：《清末大阪商船公司开设长江航路始末》，徐建新译，《近代史研究》1992 年第 6 期；松浦章：《清末山东半岛与朝鲜半岛的经济交流》，邹双双译，耿昇、刘凤鸣、张守禄主编《登州与海上丝绸之路》，人民出版社，2008，第 156～165 页；松浦章：《日据时期台湾与福建的帆船航运》，卞凤奎译，《海交史研究》2010 年第 1 期；松浦章：《清末上海的北洋汽船航路》，杨蕾译，《国家航海》2012 年第 1 期；松浦章「大阪商船会社の瀬戸内海航路案内」『或問』第 24 号、2013 年、1～15 页；松浦章：《太平洋邮船公司从上海到美国的定期航班》，上海中山学社编《近代中国》第 22 辑，上海社会科学院出版社，2013，第 101～119 页；松浦章：《温州海上交通史研究》，杨蕾等译，人民出版社，2016。
② 松浦章编著『北太平洋航路案内のアーカイヴズ：船舶データベースの一端』関西大学アジア文化研究センター、2015；松浦章编著『近代日本の中国・台湾汽船航路案内：船舶データベースの一端』関西大学アジア文化研究センター、2015。
③ 朱荫贵：《从中日两国近代航运业发展状况的不同看国家政权在近代化过程中的作用》，《教学与研究》1994 年第 2 期。
④ 大宫诚：《日本海横断航路の研究（1896–1945）》，博士学位论文，新潟大学大学院现代社会文化研究科，2013。
⑤ 王列辉、叶斐、杨蕾：《正面争夺与错位发展——20 世纪 20 年代英日两国在华航运网络研究》，《中国经济史研究》2017 年第 5 期。
⑥ 杨蕾「19 世紀末 20 世紀初期における日本・中国華北間の汽船航路」『或問』第 25 号、2014 年、87～102 页。

究），有不少以灯塔为主题的研究对灯塔在航运发展中的意义稍有提及，然而关于灯塔对不同国家航运发展的意义是否存在某种显著差异并无明确说法。学者很少涉及灯塔在航运发展中的作用，一是受到资料的限制，从已有研究来看，《东洋灯台表》等统计资料未被充分利用，这使深入的分析难以展开；二是受到观念的限制，从某种程度上说，灯塔利于航运发展可以说是一种常识，在以航海鼓励政策为核心的传统航运发展原因论述框架下，并未发现灯塔与航运格局的形成对特定国家航运地位的变化有何种显著影响，这可能是前述航运史和灯塔史相关研究者没有进一步讨论灯塔与航运关系的主要原因。

由此可见，航路、航运发展的研究成果丰富而深入，灯塔史的研究成果也为数不少，但到目前为止，并未有明确将灯塔建设与航运发展结合的、更深入的研究成果出现。针对已有研究较少涉及日本灯塔的空间体系问题，且对灯塔事业在航运格局变迁中的作用尚未有明确定位，本文接下来将以《东洋灯台表》①、《诸标便览表》②、《日本航路标识便览表》③等记录灯塔基本信息的资料和《递信省年报》等记录航运发展的资料为基础并结合其他文献，在对日本的灯塔事业与航运发展进行分析的基础上，指出灯塔在区域航运格局的形成和日本本国航运地位的变化中发挥着何种作用。

二　明治维新后日本灯塔体系的形成

作为一个岛屿国家，灯塔在日本日常生活中的地位尤其突出。明治元年（1868）首先在江户湾（东京湾）附近四个所选定的地点开始灯塔建造，④明治二年观音埼灯塔、野岛埼灯塔和横滨波止场灯竿亮灯，⑤其中观音埼灯塔

---

① 《东洋灯台表》是一份由水路部（东京）编辑的系列出版物，一年一期，本文利用的是明治41年至昭和13年（1908～1938）出版的部分内容。
② 燈臺局编『諸標便覽表』燈臺局、明治15年。
③ 《日本航路标识便览表》是一份由航路标识管理所（横滨）编辑的系列出版物，一年一期，本文利用的是大正10年至大正11年（1921～1922）出版的部分内容。
④ 海軍省『海軍制度沿革（卷15）』海軍大臣官房、1942、355頁。
⑤ 燈臺局编『諸標便覽表』燈臺局、明治15年、2～3頁。

于明治二年正月元日（1869 年 2 月 11 日）亮灯，为日本最早的近代灯塔，而野岛埼灯塔则在该年底亮灯。与近代中国最早的灯塔（1855 年的上海铜沙灯船）相比，日本近代灯塔的出现时间无疑是较晚的。

19 世纪中期的英国在灯塔制造技术上处于领先地位，而日本和英国的灯塔建设都面临如何在岩礁上建设牢固灯塔的技术问题。[①] 故日本通过英国政府聘用了苏格兰人 R. H. Brunton 主持灯塔建设，[②] 在其指导下的日本职员（特别是那些曾到英国留学的职员）中不少人成为后来日本灯塔事业的重要代表。[③] 同时，日本在 19 世纪 70 年代已主动对英国灯塔税制度文件进行翻译，即《英国灯台税抄译》[④]（原名全称《1871 年刊行英国灯台、浮标、礁标诸税类聚一览表》。该册子并未标明翻译时间，大隈重信担任大藏省主要负责人的时间为 19 世纪 70 年代，该册子来自大隈重信赠予早稻田大学的文献，且大隈重信所赠文献中标明年份的、涉及大藏省的材料均出自 19 世纪 70 年代，故推测该册子亦翻译于这一时期），这本小册子对当时英国不同灯塔的税收制度和免除灯塔税的情况有详细记录。日本政府大量投资灯塔建设，聘用英国技术人员，学习英国灯塔技术，借鉴英国灯塔管理制度，使灯塔事业获得快速发展；与此同时，日本也鼓励私人投资灯塔事业，亦取得不错的效果。日本私设灯塔在 1892 年之前长期是数量最多的类型，而官设灯塔居于其次，公设灯塔数量增长平稳而缓慢。此后，1889 年所颁布的取缔私设航路标识条例的作用进一步凸显，私设灯塔数量开始持续减少，[⑤] 到 1905 年仅余 5 座。伴随着大量私设灯塔收归官方和政府对灯塔投资的提高，官设灯塔数量快速上升，公设灯塔数量也有一定的增加。就灯塔总数来看，日本在整个明治时期灯塔数量不断增加，技术更新较快，到明治 45 年已有近 300 座灯塔，此后仍以较快的速度发展，且

---

① 海上保安庁灯台部編『日本灯台史：100 年の歩み』灯光会、1969、18 頁。

② Kieran M. Rohan, "Lighthouses and the Yatoi Experience of R. H. Brunton," *Monumenta Nipponica* 20(1) (1965): 64–80.

③ 加藤勉・藤冈洋保「燈臺に投影された日本の近代」日本建築センター編『らぴど for BCJ Partners』第 5 期、2000 年。

④ 《英国灯台税抄译》，早稻田大学图书馆所藏大隈重信关系资料，时间不详。

⑤ 通信省編『通信事業史』第 6 巻、通信協会、昭和十五年（1940）、1304 頁。

在建造技术和能源结构上不断更新和优化，到 1938 年日本本土灯塔数量为 972 座。

　　通过分析日本灯塔的增长规律可以发现，日本近代灯塔自明治二年开始设置后，在明治初期出现第一个发展小高潮，到明治 6 年已有 24 座灯塔投入使用，可见发展速度之快，也说明了航运发展对灯塔建设提出了较高的要求。1894 年日本灯塔猛增 14 座，为 1869 年以来增长最多的一年，这一单年增长的纪录也一直保持到 1912 年。接下来，在 20 世纪 20 年代至 30 年代，日本灯塔数量均保持高速增长，尤其是 1926 年至 1938 年灯塔的年均增长数达到惊人的 40 座，增长总数达 525 座，远超之前 50 多年增长数量的总和。

　　日本的灯塔包括灯塔（狭义）、灯标、导灯、灯船、挂灯浮标、灯竿等多种类型（其他类型还有潮流信号塔和灯船，但数量极少），各种类型的年际增长情况差异巨大。以 1869 年至 1938 年的情况来看，狭义灯塔绝大多数年份的增长数量都是最多的，这从 1938 年广义灯塔中各种类型所占比重也可以窥见，除去类型未知的部分外，狭义灯塔占灯塔总数之比达到 46.4%。但值得注意的是，广义灯塔的其他类型在部分年份仍然有惊人的增长。如挂灯浮标的数量增长在 1905 年、1913 年和 1915 年三个年份是各种类型中最多的，其在 1937 年的增加数量为 20 座，仅次于该年狭义灯塔的增长数量（22 座）；而在大部分年份中增长均不明显的灯竿，在 1929 年至 1934 年连续六年获得空前的增长。灯竿通过这一阶段的增长，到 1938 年在数量上一跃而成为仅次于狭义灯塔的类型，排名第三的挂灯浮标数量与灯竿数量差距明显。

　　在灯塔的管理上，与中国沿海的灯塔管理权长期分属多个国家不同，日本的灯塔均归本国管理，日本灯塔制度尽管参考英国，但与英国灯塔由领港公会独立负责管理又有不同。日本灯塔管理的主体类型异常多样，甚至比中国的多国管理情形还要复杂。中国到 1911 年底，非海关管理的灯塔占纳入《航标总册》统计灯塔的 18.6%，[①] 在太平洋战争爆发、灯塔暂停统计之前，

---

　　① *List of Lighthouses, Light-vessels, Buoys and Beacons on the Coast and Rivers of China, 1912*, Shanghai: Statistical Department of Inspectorate General of Customs, 1912, pp.12–39.

一直维持在 20% 左右，尽管此数量已属不少，但海关管理下的灯塔仍占绝对多数。而日本的情况是，虽然递信省在灯塔管理格局中占有最重要的位置，单个机构管理灯塔的数量均远不及递信省，但由于其他机构数量众多，其数量总和也十分庞大。内务省、铁道省、海军省、陆军省、大藏省等多个中央部门以及各级地方政府均拥有部分灯塔的管理权限。以 1939 年的情况看（见表 1），将递信省之外各机构管理灯塔的数量相加，其总数远远超过递信省管理灯塔的规模。不过，递信省所管理的灯塔仍是最为关键的，毕竟作为灯塔体系中最重要组成部分的狭义灯塔超过一半仍由递信省管理。另外，私人管理下的灯塔在明治维新后的日本灯塔事业中占有重要地位，1884 年四国和本州均已有私设灯塔亮灯。[①] 不过，这些灯塔在 19 世纪末 20 世纪初出现变动，大部分被收归官方。

表 1　日本各机构管理灯塔情况（1939 年）

单位：个

机构	种类	灯塔	导灯	灯竿	灯标	挂灯浮标	总计
官设	递信省	218	7	5	31	35	296
	内务省	9	0	7	0	18	34
	铁道省	1	3	0	2	14	20
	海军省	3	0	4	0	5	12
	陆军省	0	0	1	0	1	2
	大藏省	0	0	0	0	1	1
内地公设	道府县立	107	7	56	14	43	227
	市町村立	71	17	101	8	15	212

资料来源：据《递信事业史》中 1939 年灯塔管理主体信息整理所得。

由此可见，日本灯塔建设在明治维新后起步，虽然较中国而言稍晚，但很快表现出作为一个海岛国家对灯塔建设的强烈需求，经过发展中的几次小

---

　① 水路局编『東洋燈台表（明治 41 年調査）』（上）、水路局、明治 41 年、80 ~ 81 頁。

波动之后，在 20 世纪 20 年代至 30 年代迎来发展的高潮，其灯塔数量甚至远远超过中国。在灯塔的管理上，尽管递信省占据着主导地位，但多个中央政府部门、多级地方政府以及私人主体都参与其中，这使日本灯塔管理呈现较为复杂的景象。

对灯塔空间格局的认识不仅关系到对灯塔发展脉络和空间差异的基本理解，更重要的是关系到理解以灯塔为节点的航运网络的形成、发展和基本结构。以 1938 年《东洋灯台表》中对日本本土灯塔的区域划分为基础，并参考其他年份的灯台表的区域划分，可将近代日本本土划分为 18 个灯塔区，由此可得各个灯塔区的灯塔分布数量（见表 2）。

表 2　日本灯塔区域分布（1938 年）

单位：个

区域	数量	区域	数量
本州南岸	162	四国	24
内海东部	135	九州岛北岸	22
本州北西岸	131	本州北岸	16
内海西部	105	南西诸岛	12
九州岛西岸	66	九州岛南岸	10
北海道南岸	64	北海道北岸	8
本州东岸	62	南方诸岛	7
北海道西岸	58	北海道东岸	4
九州岛东岸	40	千岛列岛	3

资料来源：水路局编『東洋燈台表（昭和 13 年 11 月 12 日調査）』（上卷）、水路局、昭和 13 年（1938）。

由于各个地区航行条件的复杂程度和航线的繁忙程度各不相同，从不同时期灯塔的分布和增长情况来看，日本灯塔的区域发展呈现明显的不均衡性。首先，以 1938 年的数据看，本州南岸的灯塔数量达到 162 座，为日本本土灯塔分布最多的区域；但若将内海东部和内海西部相加，则总数又远远超过本州南岸。实际上，本州南岸、内海东部和内海西部均位于本州南部一带，可见以此三个灯塔区为核心的区域是日本灯塔分布最为密集的地带。从东京湾到北九州的绵长地带，以海岸线曲折、优良港口众多而著称，是日本对外贸易最为繁荣的地区之一。其次是本州北西岸，该区域分布的灯塔数量虽远不及前述本州南部地带，但亦为数众多。再次，则是由北海道南岸和北海道西岸构成的北海道西南部区域，亦有大量灯塔分布。千岛列岛和南方诸岛等区域的灯塔分布稀少，最重要的原因则是这些区域并无重要港口分布，也非位于重要航运线路之上，对于灯塔的实际需求较小，故而灯塔建设较少。从日本本土灯塔的发展过程来看，数量增长集中在20年代世纪20年代至30年代，管理权则主要集中在递信省，而空间分布上则以东京湾到内海西部为最为密集的区域。

由此可见，经过数十年灯塔的建设和对航道的维护，日本海域航行条件得到了很大改善，加之航行技术的改进、船只质量的提升等其他因素的共同作用，即便各种人为因素引发的事故常常发生，各种不可控的自然因素等引发的事故也并不少见，但因航道条件造成的严重的触礁、搁浅等事故已经有明显减少。在航道条件复杂的日本海域，灯塔的建设对航道条件的改善、保障航行安全有着十分重要的意义。随着灯塔的建设和航道的改善，日本海域的航运事业获得了更好的发展条件。

三 日本航运崛起中灯塔体系的作用

在幕府末期，日本海域的贸易主要是通过以大阪、江户两个商业区域为中心的数条贸易线路进行的。[①] 随着对外条约的签订和明治维新的展开，日本海域的航运变得繁荣起来，许多日本港口间和日本与外国港口间的航运线路确定下来。[②] 但是，自19世纪中期开始，进入日本港口的欧美轮船大量增加，而晚至明治维新之后的很长一段时期内，日本本国从事航运业

①　R. G. Flershem, "Some Aspects of Japan Sea Shipping and Trade in the Tokugawa Period, 1603–1867," *Proceedings of the American Philosophical Society* 110(3)(1966): 182–226.

②　海上保安厅灯台部编『日本灯台史：100年の步み』灯光会、1969、8頁。

的船只仍然以帆船为主。从 1875 年至 1893 年的相关统计数据来看，日本不只是轮船数量不及英美等国，而且船舶吨位总量也明显小于这些国家。不同等级的灯塔拥有不同的建造成本、人员规模、灯光射程，适应不同吨位、不同动力类型船只的航行安全需求。英美等国在日本的航运以用蒸汽动力的大型船舶为主，这使英美在推动日本建设大型、远光灯塔方面不遗余力，既提供技术支持也输出管理人员，在日本最早建设的一批灯塔中，英国主导了观音埼等 7 座灯塔的建设，而美国主导了佐多岬等两座灯塔的建设。[①]

与热情高涨地鼓励日本建设灯塔的英美等国不同的是，在引进西方人员和技术建设灯塔十余年后，日本政府开始对灯塔建设的状况表现出忧虑。日本政府认为，本国各航运公司的船只数量远不及英美，且船只吨位较小，以帆船为主，英美等国大力支持建设的大型远光灯塔不仅难以被日本船只充分利用，反而成为英美扩张在日本航运规模的有利条件。[②] 与此同时，日本政府在 R. H. Brunton 等高级外国雇员任期结束后决定不再续聘，[③] 因为外国职员统筹灯塔选址、建设事务会主要考虑外国船只需求，这也是造成灯塔建设成果为外国船只所享有的原因之一。[④] 从 19 世纪 70 年代中后期至 80 年代，日本的灯塔事业均呈现缓慢增长的发展态势，由于政府有意识地调控灯塔建设数量和等级并鼓励私人建设灯塔，[⑤] 私设灯塔 19 世纪 80 年代末在日本灯塔总数的比重超过 50%。[⑥] 随着日本航运业规模的扩大和蒸汽动力船只的增加，日本政府开始改变灯塔建设的节奏，《灯台位置咨询会规则》于 1885 年颁布，[⑦] 标志着日本政府开始试图统筹灯塔建设。1885 年底之后，海路诸标

① 海军省『海軍制度沿革（卷 15）』海军大臣官房、1942、355 页。
② 《燈臺位置撰定委員ヲ設ク》（1884 年），日本国立公文书馆藏，档案号：A15111627100。
③ Kieran M. Rohan, "Lighthouses and the Yatoi Experience of R. H. Brunton," *Monumenta Nipponica* 20(1) (1965): 64–80.
④ 《燈臺位置撰定委員ヲ設ク》（1884 年），日本国立公文书馆藏，档案号：A15111627100。
⑤ 逓信省编『逓信事業史』第 6 卷、逓信協会昭和 15 年（1940）版、1303 页。
⑥ 逓信大臣官房文书課编『逓信省第四年報』（1889）逓信省、1891、92～93 页。
⑦ 《工部省燈臺位置諮詢会规则ヲ定ム》（1885 年），日本国立公文书馆藏，档案号：A15111064800。

位置调查委员会接管了原本属于灯台位置咨询会的灯塔选址工作。[①] 与英国将灯塔这项公共服务事业收归政府统一管理相同，日本在19世纪80年代末也有意识地将此前大量存在的私设灯塔纳入官设灯塔系统，[②] 以官设灯塔为主的大方针在《私设航路标识取缔条规》[③] 等相关法令中被确定下来。这一时期灯塔选址相关机构的设立、官设灯塔为主的制度建设都为此后日本灯塔等航行安全基础设施的完善和航运业的发展打下良好的基础。此后，日本颁布了一系列具有延续性的灯塔事业发展政策和灯塔建设计划，最终使航行安全条件在20世纪30年代得到根本改善，此时日本海域的船只触礁发生率已降至35年前的10%。

日本政府建设灯塔和改善航道的目的是服务航运业特别是本国航运业的发展，所以在保障灯塔事业顺利推进的同时，日本政府也通过先后颁布的《航海奖励法》《远洋航路补助法》等一系列文件推动和鼓励本国航运企业不断壮大，日本在本国航运格局中的绝对优势地位在和平时期得到保持，直到20世纪30年代后期。

总的来看，19世纪中后期至20世纪早期，随着灯塔建设和航道条件的完善，东亚区域内各国各地区间、东亚与世界各主要国家间的贸易迅速繁荣，由此，东亚渐渐深入地参与国际分工和全球贸易网络。在西方国家大力推动全球灯塔建设以促进航运发展的背景下，同处东亚的日本和中国面临着相似的外部环境。与发展模式受限于外籍税务司制度的近代中国灯塔事业不同，明治维新后的日本政府利用西方的人员、技术、制度等开始灯塔体系建设，并努力实现灯塔制造和建设的本土化。在建设灯塔体系过程中，日本逐渐摆脱欧美各国的干涉，不再基于西方的航运需求制定灯塔等基础设施建设计划，而是以本国航运业发展的阶段性需求进行灯塔建设和资源配置，将灯塔体系发展与本国航运事业发展同步进行，让作为航运公共基础设施的灯塔体系尽可能为本国航运企业所利用。明治维新后的日本政府通过同步推进本

---

① 通信省编『通信省第一年報』通信省総務局、1889、135頁。

② 海上保安庁灯台部編『日本灯台史：100年の歩み』灯光会、1969、32頁。

③ 《従来私設ノ航路標識取締条規ヲ定ム》（1889年），日本国立公文书馆藏，档案号：A15111847100。

国航运企业的发展和灯塔体系的完善，使灯塔发展和航道改善的成果最大限度地为本国航运企业所享有，由此这些企业在与西方竞争中逐渐占据主动，最终使日本航运企业在本国各港口航运格局中成为主导力量，在东亚航运格局中占据有利地位。

美国对菲武器运输与美西战争中清政府的中立地位
——以 1898 年亚卑号案为例

李爱丽*

摘　要：美西战争期间，清政府应两国之请宣布中立，禁运武器往菲律宾，但美军太平洋舰队司令和驻香港总领事指使美国军火商用亚卑号轮船从广州运武器至菲律宾，武装菲律宾起义者打击西班牙。两广总督谭钟麟和粤海关美籍税务司杜德维在军火商书面保证前往新加坡的情况下，批准亚卑号载武器出口，维护了清政府的中立地位。亚卑号实际去往菲律宾后，杜德维在美国领事法庭状告军火商兑现保证金并胜诉。本案揭示了美国方面对清政府中立地位的无视，以及中立声明下清政府地方官员利益驱使下的隐秘操作。

关键词：美西战争；亚卑号；粤海关税务司；两广总督；美国领事法庭

　　1899 年 5 月 21 日，《申报》第 1 版刊登了一篇标题为《班人索地》的短小新闻："广州中西报云，传闻近日西班牙国家致书中国，声请割地通商事由。去年西历十月美班交战之时，有美国轮船名亚卑者，由穗垣私运军火至小吕宋，接济乱民，驶抵班丹加士埠，被美提督杜威氏查悉，立即扣留。旋以船由粤至，地方官疏于查禁，有违万国公法，且失友邦交谊，故请中朝割界一地偿之，至能否遂其所求，刻尚未敢悬拟也。"①

　　这条短小的新闻，没有后续报道。众所周知，在 1898 年瓜分中国的狂潮中，西班牙没有获得租借地。细读内文，逻辑混乱，含混不清，西班牙的割地要求显然无理。美西战争期间，美国商船亚卑号（S. S. Abbey）② 从广州私运军火至菲律宾八打雁（班丹加士，Batangas）"接济乱民"，西班牙必是

---

　　*　李爱丽，中山大学历史学系副教授，研究方向为中美关系史、近代中国海关史。
　　①　《班人索地》，《申报》1899 年 5 月 21 日，第 1 版。
　　②　本文沿用《申报》之"亚卑"船名，有论文意译船名为"修道院号"，见钟远明《美国并吞菲律宾过程中在香港之部署——以美国领事活动为中心》，《东南亚研究》2016 年第 3 期。该文简要提及美国驻香港总领事与亚卑号运送军火的关系，是与本文相关的研究成果。

认为"乱民"与美国在同一边，才会称清政府未守中立，有违万国公法。但是，如果"乱民"与美国在同一边，美国军舰为何会扣留本国商船？

　　菲律宾独立战争和美西战争期间，应西班牙驻华公使和美国驻华公使的照会申请，总理衙门曾宣布禁运军火和保持中立，晓谕沿海官员和海关，禁止并严查军火从中国口岸运出。美国政府请清政府保持中立，美国商船亚卑号却从广州私运军火，无视清政府的中立地位。战争时期的运输军火和中立地位等问题，最易引发外交纠纷，亚卑号案是否影响到美西战争期间清政府的中立地位，值得探究。亚卑号是一艘什么船？为何从广州运武器？武器从何而来？是合法出口还是走私？武器的接收者是谁？清政府是否追究了亚卑号的行为？

　　寻诸史料，1899 年 4 ~ 6 月，美国驻上海总领事馆的领事法庭审理了一个案件，粤海关美籍税务司杜德维（Edward Bangs Drew）状告亚卑号船主西尔维斯特尔（W. F. Sylvester）（以下简称亚卑号案），要求被告支付 15000 两库平银保证金，因为亚卑号未按其书面保证载运武器驶往新加坡，而是前往菲律宾。美国驻上海总领事古纳（John Goodnow）作为法官，判决原告杜德维胜诉，亚卑号船主支付保证金及诉讼费用。① 可见，亚卑号运出军火至新加坡，得到了清政府粤海关的批准，但它去了菲律宾，于是粤海关税务司通过法律途径追究亚卑号的失信行为。

　　粤海关美籍税务司杜德维对亚卑号先批准再追责的行为，是否关涉清政府的中立地位？亚卑号的真正目的地是菲律宾，明显与美西战争相关，它背后的主使者是谁？它为何被美国军舰扣留？本文运用领事法庭的审判记录、上海中英文报纸、美国报纸和菲律宾独立运动领导人的回忆录，复原亚卑号运送武器的详情，揭示美国军政官员、军火商、清政府地方官之间的隐秘关系，以及中立声明之下清政府地方官员的隐秘操作。

---

① 此案的诉讼记录较为完整地刊登于《北华捷报》（*The North China Herald*）和《字林西报》（*The North China Daily News*）。笔者找到一个附有证据和报纸评论的单行本，杜德维赠予母校哈佛大学保存。本文使用单行本。

一 清政府宣布禁运武器和保持中立

1896 年，菲律宾独立战争爆发，西班牙殖民政府武力镇压。1896 年 12 月，西班牙驻华公使奉本国外交大臣电令，照会清政府总理衙门禁运武器，希望与"贵署商定办法，以免军器火器等类由中国海口海岸等处，运到吕宋海岛地方。本大臣敢请贵署速饬浙闽、两广总督、南北洋大臣、海关赫税务司，以便严禁军器等类运到吕宋海岛"。总理衙门表示，公使所请，"尚与公法相合，本衙门现已咨行闽浙、两广、南北洋大臣，并札饬总税务司出示严禁，以期吕宋乱萌早日安靖"。①

总理衙门答复西班牙公使的同时，立即要求海关总税务司赫德（Robert Hart）"出示严禁军火出口运往吕宋，并饬各海关严密稽查，如有贩运军火出口往吕宋者，即照约章认真办理，是为至要"。根据总理衙门的通知，1897 年 1 月，赫德发布通令，转发两国往来照会和总理衙门的通知，要求各关税务司结合当地情况认真执行。②

两广总督谭钟麟亦转发了总理衙门的通知，并补充说："贩运军火，向于例禁，至火药、大小弹子、炮位、鸟枪并一切军器等类，概不准贩运进出口，各国条约亦有明文。"总督还通知"雷琼道、惠潮嘉道、廉州府"等地地方官，各关税务司，广东布、按二司，"严密查拿"，"示谕军民人等一体遵照，倘敢故违，定即严拿，按律惩办，决不姑宽"。③

菲律宾人民反抗西班牙殖民统治，争取独立，非两国交战，因此清政府只是应西班牙公使所请，禁运武器军火，并无保持中立的声明。1898 年美西战争爆发，两国公使均照会总理衙门，要求清政府保持中立，以"局外之例自守"，"电饬各省海边官员不得……违背万国公法"。总理衙门照例通知各省督抚和海关总税务司，"明白出示声明……中国为局外之国，沿海商民

---

① Circular No. 759, 4th January 1897，中华人民共和国海关总署办公厅编《中国近代海关总税务司通令全编》第 1 编第 6 卷，中国海关出版社，2012，第 477、478 页。

② Circular No. 759, 4th January 1897，中华人民共和国海关总署办公厅编《中国近代海关总税务司通令全编》第 1 编第 6 卷，中国海关出版社，2012，第 476 页。

③ 《示禁军火》，《申报》1897 年 4 月 7 日，第 2 版。

勿私自接济美日（西）两国军需"。① 不仅如此，总理衙门还专门将"守局外公法各款"共六条专门抄出，交总税务司转发各地海关，与本文最相关的一条是："不准两造船只在局外之邦私购军装、火药、子弹。"② 此条意为，清政府宣布保持中立，就不能允许美西两国的船只在中国购买军火武器。那么，美船亚卑号的武器来自何处？

总理衙门提到的约章和两广总督谭钟麟告示中所指条约，系 1858 年清政府分别与英法美等国签订的《天津条约·通商章程善后条约》，中英、中美条约的第三款皆规定："凡有违禁货物，如火药、大小弹子、炮位、大小鸟枪、并一切军器等类……概属违禁，不准贩运进出口。"③ 条约明确禁止外国商人私运军火，但是，清政府本身一直大量进口欧美武器，因此，清政府批准的外国武器进出口属合法交易，海关应予以放行。史料显示，外国商船在中国口岸进出口军火，必须有清朝各级政府的可靠证明，再由海关验证放行。

同光年间浙海关监督（宁绍台道）致浙海关税务司的照会目录册表明，海关监督经常将清政府购置军火的事情用照会通知税务司，请税务司核验放行。同治二年（1863）正月的一份照会标题为："洋商贩运军器进口，即照善后条约第三款，以违禁论。如果各路军营实在需用外洋枪炮，由钦差大臣札知总税务司寄信购买，关道可准发照由。"当年十二月的一份照会标题为："台州府购买洋枪四十三枝及火药铜帽等件验放由。"平定太平天国后，这类军火购买逐渐减少，有关军火的照会通常是，海关拿获硝石等违禁品，由海关监督变价购买或没收充公。光绪四年（1878）四月的一份照会标题为："照送入官焰硝变价洋七百十六元一角，小洋枪药弹应即充公由。"④ 可见海关一直对非法军火贸易查禁甚严。虽然未见广东官员向粤海关税务司通报军

① Circular No. 825, 5th May 1898，中华人民共和国海关总署办公厅编《中国近代海关总税务司通令全编》第 1 编第 7 卷，中国海关出版社，2012，第 125 页。

② Circular No. 839, 24th June 1898，中华人民共和国海关总署办公厅编《中国近代海关总税务司通令全编》第 1 编第 7 卷，中国海关出版社，2012，第 152 页。

③ 王铁崖编《中外旧约章汇编》第 1 册，生活·读书·新知三联书店，1957，第 116、138 页。

④ 《监督来关照会》，Gale 数据库，China and the West，Part Ⅳ，policing of trade，174 卷，679 (2)-1443。该档案为照会目录，只列照会标题，无内文，无页码。

火进口的史料，但情况应大致相同。

清政府不断进口军火武器，势必有一些洋商成为相对固定的供应商，元丰顺洋行（Spitzel & Co.）即这样的军火商。1895 年，两江总督张之洞从元丰顺洋行购买前膛枪 2000 支，并试图通过元丰顺洋行商借英款。[①]1896 年的外商《行名录》显示，元丰顺洋行是中国政府的承包商（contractor），它看起来是一家合伙人公司，以斯璧士家族为主，包括路易斯·斯璧士（Louis Spitzel，德国姓氏）、阿道夫·斯璧士父子（Adolf Spitzel Sr. and Jr.，父子同名）、塞缪尔·斯璧士（Samuel Spitzel），也有一些单独的合伙人，如马克维克（R. Markwick）、哈里斯（F. A. Harris）等，[②]感觉是各做各的生意，都用元丰顺的名号。本案被告人、亚卑号船主西尔维斯特尔，也是元丰顺洋行的成员，意味着他与清朝官场多少有些接触。

简言之，严查外国商船私运武器是海关的职责，对于清政府批准的进出口武器，海关应遵照海关监督或其他官员发布的证照查验放行。元丰顺洋行是与清政府长期合作的军火供应商，与官场相熟。美西战争期间，清政府同意保持中立，严禁军火由中国口岸运往吕宋一带，海关根据总理衙门和总税务司的指令，特别严禁军火出口至菲律宾，凭证照合法运往其他目的地，则不受限制。西尔维斯特尔写保证书承诺，亚卑号运武器至新加坡，实际前往菲律宾，粤海关税务司杜德维将其告上领事法庭，意在维护清政府的中立地位。

二 亚卑号从广州载运武器至菲律宾始末

1899 年 4 月 29 日，杜德维状告西尔维斯特尔的案件在美国驻上海总领事馆的领事法庭开庭，裁决人（referee，相当于法官）是美国驻沪总领事古

---

① 中国社科院近代史所编《近代史所藏清代名人稿本抄本》第 2 辑第 46 册，大象出版社，2014，第 19 ~ 20、207、487 页。

② *The Chronicle & Directory for China, Corea, Japan, The Philippines, Indo-China, Straits Settlements, Siam, Borneo, Malay States, &. for the Year 1896*, Hong Kong: Printed and Published at the "DAILY PRESS" Office, 1896, p. 152.

纳，原告和被告均为美国公民，原告律师是英国人威金森，^① 被告律师是哈华托。^② 从单行本的庭审记录来看，领事法庭的开庭非常正式，先是原告律师宣读原告诉求，接着是问答环节，原告和被告先后回答两方律师的提问，第三阶段是提问证人、自由提问和辩护性发言。案件没有当庭宣判。6 月 2 日，经过一个月的准备，双方律师向法官提交庭审时提到的证据文件，三人有简短的交流。此时，法官亦完成了庭外调查，收到一些证明信。6 月 19 日，古纳完成了判决书，6 月 26 日，开庭宣布判决，并公开了证据。^③

律师提问和双方的回答拼凑出亚卑号载运军火的全部细节，庭审记录字里行间的一些幽微之处，才是揭示案件背后真实情况的关键。

1. 亚卑号之由来及其匆忙的广州之旅

在回答原告律师威金森的提问时，粤海关税务司杜德维叙述了亚卑号船的由来。"亚卑号在（1898 年）7 月中旬的某个周日（从香港）到达广州，大概是 16 日或 17 日，当时船名是帕西号（Pasig）。"^④ 这个船名引人注目。帕西是菲律宾一条重要河流的名称，马尼拉市即位于帕西河畔。资料显示，帕西号船 1867 年在英国格拉斯哥建成下水，被英国的克尔－波尔顿航运公司（Ker, Bolton & Co.）购入用于菲律宾的岛际运输。1886 年被香港的华商购入，一直执行香港—广州航线，其间有几次倒手。1898 年 6 月，元丰顺洋行在香港的代理人格莱姆斯（Joseph Henry Grimes）从华商手中买入该船。帕西号从香港到达广州不久，就被"卖"给了同属元丰顺洋行的西尔维斯特

---

① 威金森（Hiram Parkes Wilkinson，1866–1935），毕业于牛津大学，英国王室律师（专指在英国殖民地和治外法权地区担任政府检察官的人），1898 年前后任英国在华最高法院执行助理法官（Acting Assistant Judge），北洋政府时期任威海卫英国法院法官。其父威金森爵士（Sir. Hiram Shaw Wilkinson，1840–1926），英国贝尔法斯特女王大学法学博士，海关总税务司赫德的后辈校友，19 世纪后期亦长期在上海担任王室律师，20 世纪初成为英国在华最高法院法官。为与父亲区别，本案律师威金森在上海外国人社区以昵称哈里（Harrie）通行。

② 哈华托（Winfrid Alured Comyn Platt，生卒年不详），毕业于牛津大学和林肯律师学院，晚清民国时期上海著名的哈华托律师行主要合伙人，多次在中外讼案中任中方辩护人。

③ 庭审记录单行本第 20 页显示完成判决书的时间是 6 月 19 日。1899 年 6 月 28 日的《字林西报》显示公布证据的时间是 6 月 26 日。

④ DREW vs. SYLVESTER: Report and Judgment. United States Consular Court, Shanghai, p. 5. 此即亚卑号案庭审记录之单行本，无出版信息，有页码。

尔，改名为亚卑号，悬挂美国旗。① 最后这次购入和卖出的行为稍显诡异。

更加诡异的是，根据杜德维的表述，帕西号从香港到达广州时没有装载任何货物，只是装满了煤。到广州后，作为英国船，船牌文件交至英国领事馆。几天后，帕西号被卖给西尔维斯特尔，售出账单的日期是 7 月 20 日，售出见证人是广州的美国领事官璧洛（Edward Bedloe），璧洛在账单上签名的日期是 8 月 5 日。船主变更后，船牌文件即应保存于美国领事馆，如要离开广州，船只应获得海关发给的结关证明，方可至领事馆领回船牌，驶离口岸。

急事遇到慢人。璧洛签字注册、确认船主变更的当天下午，亚卑号就急着要离开广州。下午 3:55 前后，杜德维在海关公署二楼自己的办公室，几乎同时收到英国领事和美国领事的信，告知帕西号售出，更名亚卑号，改挂美国旗。此时，海关公署一楼的大公事房里，亚卑号的船长正急切等待杜德维给亚卑号颁发结关证明，允许亚卑号运武器往新加坡。② 他们认为可以通过正常手续立即获得结关证明，因为粤海关监督允许武器出口的中文护照已交给了杜德维。关键时刻，杜德维表示，下午 4 点，海关停止办公，他不能在 5 分钟之内仔细阅读完这份中文护照，明天上午再说。果然，8 月 6 日上午，杜德维表示，护照是允许亚卑号将一批武器重新出口（re-export）至香港，不是新加坡，于是拒绝发给结关证明。③ 可见，船长 5 日下午并未因事情紧急而上楼直接面见税务司，就是担心破绽被发现，护照是允许该船运武器往香港，结关申请中船只的目的地是新加坡。

2. 武器来自何处

杜德维回答自己的律师威金森的提问："（1898 年）7 月 17 ~ 24 日，一批军火由两艘英国轮船从香港运抵广州，分别是财生轮（Choysang，属怡和洋行）和保安轮（Powan，属省港澳轮船公司），一共是 6000 支毛瑟枪

---

① Howard Dick & Stephen Kentwell, *Canton River Steam Vessels to 1889, Illustrated List*, p. 19, https://www.oldchinaships.com/pearl-river，最后访问日期：2022 年 10 月 5 日。

② DREW *vs.* SYLVESTER: Report and Judgment, United States Consular Court, Shanghai, p. 6.

③ DREW *vs.* SYLVESTER: Report and Judgment, United States Consular Court, Shanghai, p. 6.

（Mauser rifles）和 50 万发毛瑟子弹，根据一份广东省官员发出的护照（*Hu-chow*），粤海关署理税务司允许这批枪弹卸货。"当然，它们是西尔维斯特尔卖给两广总督的，但是，"'中国当局'发现其中的一部分是他们不需要的，卖方很快表示在香港找到一个买家，于是当局允许这部分武器出口"。①

前述亚卑号买卖、更名和满载煤炭到广州，已属诡异，这批退回的武器可谓蹊跷。两广总督此次购买枪支子弹的目的何在，为何偏偏会多出一些来？而且卖方立即就在香港找到了买家。1899 年 6 月 23 日，《申报》转载了当月初的《京报》全文，其中一条为《粤督谭奏为添购军火折》。两广总督谭钟麟汇报，1898 年购买军火的目的是武装省内各地的团练："广东历办边防海防，购用外洋枪炮，均经照章告报在案……上年叠次钦奉谕旨，举办团练，各属纷纷来省请领枪械，亦有民间筹款请给护照自向香港购用者，流弊滋多。遂饬由善后局派员就香港□（择）要购存，其团练需用，饬令备价缴局，并于枪上刻某县团局字样，以免私藏……惟香港所购枪械，恐不精良，现已电商出使美国大臣伍廷芳代购新造响毛瑟枪万枝、码子五万颗运粤应用……"② 看起来总督谭钟麟只是如常奏报购买武器的原因和数量，但是，上奏和《申报》刊文的时间恰在领事法庭审判期间，时间颇为巧合；不让团练自行购买，由善后局统一赴港采购，又嫌弃"香港所购枪械，恐不精良"，这些话语，亦引人联想，此地无银三百两，是否暗指曾有"退货"的事。如前所述，清政府宣布中立，不得允许美西两国的船只在中国购买武器，"退货"一词恰好可规避此条。

被告人西尔维斯特尔所在的元丰顺洋行，与清政府长期合作，他如果有一批武器需要运往特殊地点，在清政府官员这里寻求通融和配合，完全有可能。为什么不能直接从香港运出呢？因为英国政府已宣布在美西战争中保持中立。本案法官、美国驻沪总领事古纳在判决书中写到，英国"已经采取严格措施阻止交战双方将香港用作军事基地，武器不得从香港直接运往吕宋。然而军火商可能会将武器从香港的仓库运至某个中国口岸，再尝试运往吕

---

① DREW *vs.* SYLVESTER: Report and Judgment, United States Consular Court, Shanghai, p. 6.
② 《粤督谭奏为添购军火折》，《申报》1899 年 6 月 23 日，第 1 版。

宋。因此中国政府负有责任，如果它希望享有中立国的权利"。①

谭钟麟当然知晓本国政府在美西战争中宣布中立，所以亚卑号才获得了装载退回的军火返回香港的护照，或许他认为，只要武器以合法的方式离开广州，不触及清政府的中立地位即可，最后去向何处就与他无关了。

3. 粤海关美籍税务司杜德维的应对

8月6日上午，杜德维发现，允许亚卑号运出武器的中文护照上写的是运往香港，不是亚卑号船长为船只办理结关申请时提到的新加坡，于是立即去拜访粤海关监督，②告知护照与结关申请中的目的地不同，武器去香港是安全的，但允许亚卑号载武器去新加坡，则属不谨慎。海关监督接受了杜德维的建议，确认这批退回的武器是否随亚卑号运往新加坡，如是，可以发给允许武器运往新加坡的护照。与监督达成一致后，杜德维立即写信给两广总督，说明情况，总督亦同意。③

为了显示杜德维的尽职与公允，威金森律师在法庭上专门提问："为了让被告运武器回香港，你是否提供了建议或办法？"回答当然是肯定的，杜德维曾建议被告："只要武器运往香港，可以用其他船只载运。一个选择是省港之间往来班轮（即运入武器的那种轮船），另一个选择是由中国政府出资将枪支和子弹运回香港。"④这显然是杜德维摸清亚卑号底牌的一种试探，被告果然都拒绝了。

与中国官员保持联络的同时，杜德维也访问了美国领事。他在法庭上特别指出，"我向领事说明情况"，"可以肯定的是，领事已经不止一次知道详情了"。⑤这意味着，被告人和中国官员都与美国领事保持着联系。杜德维还表示，"被告人来我的办公室谈了几次（显然是反复游说），但我的立场

---

① DREW *vs.* SYLVESTER: Report and Judgment, United States Consular Court, Shanghai, p. 19.
② 庭审记录中只用当时外国人常用的 Hoppo 一词称呼粤海关监督，未提及具体姓名。时任粤海关监督的是文佩。
③ DREW *vs.* SYLVESTER: Report and Judgment, United States Consular Court, Shanghai, p. 6.
④ DREW *vs.* SYLVESTER: Report and Judgment, United States Consular Court, Shanghai, p. 7.
⑤ DREW *vs.* SYLVESTER: Report and Judgment, United States Consular Court, Shanghai, p. 7.

就是如此，他完全理解"。①

武器没有新护照，甚至不能装上船，亚卑号自然无法结关。时间很快到了 8 月 12 日，美西和约在华盛顿草签，战争停火了。美国领事最先得到消息，随即同时询问税务司和两广总督："在当前环境下（8 月 12 日），是否仍无可能允许武器装上亚卑号，让亚卑号结关前往新加坡？"此处应注意，最先来询问的不是商人西尔维斯特尔，而是美国领事璧洛，他为何对亚卑号船的武器出口如此关心？

杜德维与两广总督商谈的结果是："根据总督的提议（着重号为引者所加）……我们认为可以允许亚卑号载运武器结关前往新加坡，但要商人提交一份有保证金的保证书。"杜德维表示："因为我要与香港方面（不知是谁，推测是打听各种消息）以及中国官员通信往来，此事又耽搁了几天。是总督的建议解决了这个难题，如果保证书交来，我就给亚卑号起运许可证（shipping permit）。"②

这段时间，杜德维多次与被告人和璧洛领事见面，陈述事实，讲明决定，被告人和领事也多次到海关面见杜德维，显然是表达尽快离开的意愿，最后结果是被告人和领事都不反对由被告人写一份保证书。③

4. 被告人签署前往新加坡的保证书

庭审记录单行本共附有 5 份佐证文件，第 1 份是两广总督谭钟麟发出的新护照的英译本，未见到中文原件，以下根据英文译出：

> 为答复海关税务司的报告，关于西尔维斯特尔先生申请由亚卑号轮船运出 50 万发子弹和 500 支毛瑟枪（总督收了 5500 支枪）。亦需说明，昨天收到美国领事公文，请我发给护照，准上述枪弹出口。考虑到美西两国敌对状态已停止的消息未能确认，如果西尔维斯特尔先生真的准备前往新加坡，这不违反中立法律；如果（武器）在内地停留时间过

---

① DREW *vs.* SYLVESTER: Report and Judgment, United States Consular Court, Shanghai, p. 7.

② DREW *vs.* SYLVESTER: Report and Judgment, United States Consular Court, Shanghai, p. 7.

③ DREW *vs.* SYLVESTER: Report and Judgment, United States Consular Court, Shanghai, p. 7.

长，也恐引起麻烦。海关税务司应询问西尔维斯特尔先生，能否提供可信保证，枪支弹药运往新加坡，绝非别处，并设法获得该地中国领事馆的证明文件，证明货物已抵港；如此，方可授予出口许可证。如果接下来的行程不能确保，或目的地口岸不能确定，则有违反中立法的风险。关于本案，最好令其运返香港，或允其暂留广州，直到美西敌对已结束的消息得到确认，那时即可准其重运。①

护照原件上用铅笔写着英文"1898年8月21日收到"，是杜德维的手迹。

根据这份护照，杜德维起草了保证书草稿，用信封装好送给在酒店居住的被告（未说亲自送还是派人送），并询问被告是否确是元丰顺洋行成员。被告在美国领事馆正式签署了保证书。杜德维表示当时事情太多，不记得是谁将正式保证书送至他手中。②

在庭审记录单行本中，被告签署的保证书是第2份证据，略去保证书法律语言的烦琐，节译如下：

> 在场众人皆知，我，西尔维斯特尔，元丰顺公司成员……向中国海关税务司杜德维阁下做出坚决保证，总数15000两库平银的足色合法银锭，将付给前述杜德维阁下……为使支付真实妥当地完成，这份盖有本人印章的文件，可约束我本人（及所有责任人）……签署于公元一千八百九十八年八月二十五日。
>
> ……责任人西尔维斯特尔，于同日申请海关许可证，由目前停泊在中国广州口岸的美国轮船亚卑号，运送500支毛瑟枪和50万发毛瑟子弹……毫不延迟地……直接运往新加坡港口，绝非他处。本人将在保证书日期之后的六个星期内，将从新加坡美国领事官处取得的官方证明出示给海关税务司，证明前述船只已运载前述武器运抵新加坡。有鉴于此，粤海关税务司杜德维将同意给西尔维斯特尔颁发……许可证。
>
> ……如果责任人西尔维斯特尔及其代理人在保证书日期后的六个星

---

① DREW *vs.* SYLVESTER: Report and Judgment, United States Consular Court, Shanghai, p. 20.

② DREW *vs.* SYLVESTER: Report and Judgment, United States Consular Court, Shanghai, p. 7.

期内，将新加坡美国领事官签字盖章的证明出示或提交给粤海关税务司杜德维……此项责任将免除，否则，此项责任将生效并全力以赴执行。

W. F. 西尔维斯特尔

（印章）

1898 年 8 月 25 日

（美国驻广州领事璧洛签字盖章）①

值得注意的是，总督护照中要求新加坡的中国领事签发抵港证明，保证书却写着由美国驻新加坡领事签发证明。杜德维在庭审中表示，这个变化是美国领事璧洛的建议，璧洛专门问他："换成那边的美国领事，你有异议吗？"杜回答："我不反对，我愿为这个变化承担责任。"② 后文将述及美国驻新加坡领事在事件中的作用。

5. 亚卑号载运武器驶往菲律宾

8 月 25 日，亚卑号驶离广州，比预期的 8 月 5 日晚了 20 天，西尔维斯特尔留在广州，没有随船离开。除了船员，船上只有一个旅客——美国人路易斯·埃策尔（Louis L. Etzel）。此人在开庭当天作为被告人一方的证人出庭做证，接受询问。埃策尔承认，自己是元丰顺洋行的"伙伴"（companion），也可视为朋友，并未受雇于该洋行。被告律师的询问意在让他证明，亚卑号的目的地是新加坡，但在回答法官的提问时，埃策尔破绽百出，自相矛盾，撒谎无疑。概述其证词：亚卑号离开广州时，他知道自己将随船前往新加坡，但船只离开广州 24 小时之后，他在船上得知亚卑号将驶往吕宋，船只下锚的时候，船长通知他下船去马尼拉。他没有想办法继续前往新加坡，而是在马尼拉停留了两个月。他称呼船长为埃利斯船长（Captain Ellis），但不能说出船长的名字（与船长不熟，为何如此听从船长的通知）。最关键的是，埃策尔承认，只有船主（被告人）才能决定亚卑号的目的地，但是，船主留在广州，并未随船出发。③ 显然，离开广州时，亚卑号的目的地就是吕

① DREW *vs.* SYLVESTER: Report and Judgment, United States Consular Court, Shanghai, p. 21.

② DREW *vs.* SYLVESTER: Report and Judgment, United States Consular Court, Shanghai, p. 7.

③ DREW *vs.* SYLVESTER: Report and Judgment, United States Consular Court, Shanghai, pp. 11–12.

宋，新加坡只是一个幌子。

休庭期间，法官收到了埃利斯船长的信，[①] 信件内容出现在最后的判决书中："货物（指武器）在船只抵达八打雁当天即上岸"，"亚卑号离开广州之前，船上的所有欧洲人都知道它将直接前往吕宋岛，并且埃策尔先生去指导叛乱分子（insurgents）使用作为货物一部分的马克西姆枪，而且他确实指导他们了"。[②] 可见埃策尔是运送武器的知情人和参与者。判决书还写道："众所周知（虽然与本案没有必要的联系），当亚卑号船和小部分武器被美国舰船麦克库洛克号（U. S. S. McCulloch）扣留时，大部分武器已经送给阿奎纳多（Aguinaldo）的部下。"[③] 古纳领事轻描淡写地说武器送给阿奎纳多与本案没有必要的联系，其实是非常相关。

元丰顺洋行成员格莱姆斯从香港致函法官，其内容亦出现在判决书中：格莱姆斯从华商手中购买帕西号，已经在香港尝试运送武器，并因此与港英当局产生纠葛，于是让帕西号船驶往广州，卖给被告西尔维斯特尔。[④]

综上，亚卑号船从广州运送武器到菲律宾，是军火商元丰顺洋行精心策划的一次行动。在帕西号船从香港直接运送武器至菲律宾未果的情况下，他们让帕西号满载煤炭燃料从香港到广州，紧急更改船主，并更改船名为亚卑号。同时，以两广总督购买军火的名义运送枪支子弹到广州，再以广东相关部门部分退货的名义将 500 支毛瑟枪和 50 万发子弹合法运出广州。他们以 15000 两白银的保证书获得了两广总督谭钟麟（由粤海关监督经手）和粤海关税务司杜德维颁发的运武器至新加坡的合法文件，这不是走私，未破坏清政府的中立地位，也实现了把武器运到菲律宾的目标，交给菲律宾独立运动组织（清政府应西班牙政府所请，禁运武器给菲律宾起义者），还派人指导起义军使用武器，事后被粤海关税务司告上领事法庭，追讨保证书承诺的15000 两白银，只是增加了整个交易的成本而已。

---

① DREW *vs.* SYLVESTER: Report and Judgment, United States Consular Court, Shanghai, p. 16.
② DREW *vs.* SYLVESTER: Report and Judgment, United States Consular Court, Shanghai, p. 20.
③ DREW *vs.* SYLVESTER: Report and Judgment, United States Consular Court, Shanghai, p. 18. 艾米利奥·阿奎纳多（Emilio Aguinaldo，1869–1964），菲律宾独立运动领导人。
④ DREW *vs.* SYLVESTER: Report and Judgment, United States Consular Court, Shanghai, p. 19.

三　两广总督与粤海关税务司在案件中的作用

亚卑号运送武器的过程中，两广总督谭钟麟的配合作用显而易见。他以举办团练为由添置枪支，并特别强调，为防止团练自行购置武器的弊端，由善后局派人赴香港统一购买，因武器不精，准备再委托驻美公使伍廷芳购买。广东省内有多支团练武装，谭钟麟进口武器不止一批，这就给亚卑号案提供了空间。仅就此案而言，广东当局进口 6000 支毛瑟枪和 50 万发子弹，却只留下 5500 支枪，子弹全部退回，显然有违常规。此其作用一。

其二，武器在 1898 年 7 月中旬运到广州，8 月 5 日，退回的武器重新出口至香港的护照已经在亚卑号船长的手中，核验武器、决定退回、发给护照的速度也令人瞠目。

其三，8 月 6 日，粤海关税务司向谭钟麟汇报，武器重新出口护照的目的地是香港，亚卑号船结关申请的目的地是新加坡，因此拒绝给亚卑号发放结关许可证。对此，美国领事璧洛很快与谭钟麟及粤海关监督取得联系，8 月 21 日，杜德维已经收到了谭钟麟为这批武器发放的运往新加坡的新护照（护照上有杜德维签写的收到日期）。总督还建议，让西尔维斯特尔提交有违约金的保证书，可见，总督急切地希望这些武器尽快合法出口，而且不要触碰清政府的中立地位。

第四点更加不寻常。1899 年 4 月底，此案在上海的美国领事法庭开庭，被告律师哈华托提出，仅有 1898 年 8 月 21 日的新护照，不足以成为杜德维获得清政府授权、要求被告兑现保证金的依据，需要有广东官员专门给杜德维的指令性文件。法官要求原告杜德维在下次开庭前准备这份文件，如不能提供文件，需写书面证明，法官将直接联系总督询问情况。果然，杜德维致函古纳法官，他就是依据 8 月 21 日的新护照行事，没有其他指令性文件。但是被告方提供了一份签署日期为 9 月 2 日的中文公函的译本，总督致海关的内容与 8 月 21 日护照相同，但具体时间是：总督接到 9 月 1 日美国领事璧洛的公函，申请准许亚卑号结关，9 月 2 日，总督致函海关，海关收到文件的日期为9月3日，此时，亚卑号已离开广州9天了。古纳法官认为这个文件在时间上与亚卑号离港时间矛盾。[①]一份9月份发出的总督公函，无疑是被告方希望证明，税务司杜德维在8月25日尚未被清政府授权，因此，他无权要求被告兑现保证书。总督与被告、与美国领事的关系可见一斑，总督如此配合美方的行动，利益是最大的可能。

粤海关美籍税务司杜德维，作为亚卑号案的原告，在整个事件中发挥了关键作用。杜德维毕业于哈佛大学，1865年入职清政府海关，此时已任职33年，对清政府官场、外交、通商、条约非常熟悉。杜德维最关键的行为是请求两广总督更改武器出口的护照，让武器的目的地和船只的目的地保持一致，令亚卑号船以完全合法的方式载着武器驶离广州，维护了清政府的中立地位和禁运武器往菲律宾的承诺。

庭审过程中，被告律师哈华托聚焦于质疑海关税务司的职责，税务司是否有权建议总督发放新的护照。他认为，条约规定，军火是外商不得贸易的违禁品，清政府自行决定是否允许武器进出口。"当中国官员已经给予出口许可的时候，税务司根本无权自行裁量是否给予起运许可。"杜德维认可这个说法，但他进一步表示，通常做法是，"税务司收到中国官员的正式文件，陈述武器可以出口，税务司就会颁发一个许可证"，"但不是必须签发，因为税务司需知晓文件的内容"，"仔细阅读护照是我的职责"。[②]原告律师威金森指出，海关是清政府的机构，税务司是清政府的官员，因此拥有与其他官员同等的自由裁量权。根据总税务司发布的通令，杜德维有责任严查武器非法出口。他向两广总督指出护照目的地与船只结关申请的目的地不同，因此拒绝给船只颁发结关许可证，正是在行使自由裁量权。[③]

杜德维在法庭上表示，是总督建议，让西尔维斯特尔写一份保证书，违约罚银。或许事情确实如此，也可能是杜德维的策略，将一切责任推到中国官员身上，不得罪同为美国人的被告人和美国领事。总之，保证书是护照之外的第二重保障，在合法的基础上强化了亚卑号载运武器驶往新加坡的真实

---

① DREW *vs.* SYLVESTER: Report and Judgment, United States Consular Court, Shanghai, p. 23.

② DREW *vs.* SYLVESTER: Report and Judgment, United States Consular Court, Shanghai, p. 9.

③ DREW *vs.* SYLVESTER: Report and Judgment, United States Consular Court, Shanghai, p. 15.

性，而杜德维正是预料它不真实！被告律师哈华托在法庭上一再强调，税务司绝对无权要求被告执行那个保证书，保证书无效，[①] 但上述关于税务司职责的讨论，以及保证书上的领事签名，保证书签署出于自愿，并无胁迫行为等证词，都令哈华托的主张毫无说服力。

因为签发新护照和撰写保证书，亚卑号离开广州的时间从 8 月 5 日推迟至 8 月 25 日，恰好横跨美西草签停战条约的 8 月 12 日，对清政府而言，这关乎中立地位，杜德维和两广总督都非常谨慎，护照上的用词就是证明。对美国方面而言，则关乎美国政府对菲律宾起义军的态度，由此引出的纠纷应是杜德维始料未及的。

四 亚卑号幕后的美国军政推手和事后纠纷

1. 美国远东军政官员对阿奎纳多的许诺和利用

元丰顺洋行和西尔维斯特尔作为军火商，拿钱办事、追求利益是他们的目标，亚卑号的一切行动，必有幕后主使。众所周知，美西战争中，美国起初利用菲律宾起义军打击西班牙军队，双方是合作与支持的关系，8 月 12 日美西草签和约后，美国即开始压制起义者。艾米利奥·阿奎纳多领导的队伍是起义军主力。亚卑号在美国压制起义军的时候才将武器运到，故被美国军舰拦截。此前，美国远东军政要员与阿奎纳多交往的细节，揭示了亚卑号案的原委。

1898 年 4 月 21 日，美国向西班牙宣战。阿奎纳多回忆，这一天，他恰好从香港辗转西贡秘密抵达新加坡，美国驻新加坡领事普拉特（E. Spencer Pratt）知晓了行踪，托中间人反复请求，两人在 22 日、23 日两次见面，普拉特表示了合作打击西班牙的意愿，他表示，美国太平洋舰队司令杜威（George Dewey）准将"获得麦金利总统赋予的充分权力"，保证"美国将至少承认菲律宾在海军保护下的独立，不过无须写成书面协议"，以美国政府的信誉担保。为了菲律宾的独立事业，阿奎纳多提出由美方提供武器支持，

---

① DREW *vs.* SYLVESTER: Report and Judgment, United States Consular Court, Shanghai, p. 15.

普拉特领事同意协助从香港运出军火。①

阿奎纳多在普拉特领事建议下迅速返回香港。由于英国宣布中立，停泊在中国香港的美国太平洋舰队在 4 月 25 日离开香港驶往马尼拉湾，阿奎纳多未能按计划与舰队司令杜威会合并乘美舰出发。虽然美国海军在马尼拉湾击败西班牙海军，但陆军的缺乏令杜威迫切需要阿奎纳多。滞留香港期间，阿奎纳多多次与美国驻香港领事怀尔德曼（Rounseville Wildman）见面，双方协商后，阿奎纳多出资购买了第一批枪支子弹（这批武器在 5 月 27 日运到已抵达菲律宾的阿奎纳多手中②）。5 月 16 日夜，阿奎纳多乘船到九龙外海，搭上了杜威派来接他的美国军舰麦克库洛克号（正是后来截获亚卑号的军舰），离开香港前，他交给怀尔德曼领事 67000 比索，"让他再负责运另一船军火来"，"但怀尔德曼先生没有履行委托给他的这最后的责任，他拒绝按照我的意见把这笔钱归还给我"。③ 此处未能实现的另一船军火，就是亚卑号上的那批枪支子弹。

抵达菲律宾后，阿奎纳多登上了杜威将军的军舰奥林匹亚号（Olympia）。杜威冠冕堂皇地表示，美国希望菲律宾人民"从西班牙的枷锁下解放出来"，美国"不需要殖民地"，"对美国承认菲律宾独立一事不用怀疑"。发表此番言论，都是希望阿奎纳多带领"菲律宾人民起来反抗西班牙人并开展一场速战速决的战役"。对于美国驻香港领事尚未实现的那批武器，杜威表示已督促怀尔德曼，"他还要派一艘轮船去加速运送上述军火"，阿奎纳多知道它们将从中国的港口运出。④

在武器不足的情况下，阿奎纳多率领部下仍然多次与西班牙军队激战，并取得胜利。1898 年 7 月底，美国陆军陆续抵达菲律宾，杜威对阿奎纳多的依赖迅速下降，加之美国在古巴战场取得优势，美西双方在 8 月 12 日草

---

① 《艾米里奥·阿奎那多关于菲律宾革命的简要结论》，周南京、梁英明选译《近代亚洲史料选辑》（下），商务印书馆，1985，第 35 页。
② 《艾米里奥·阿奎那多关于菲律宾革命的简要结论》，周南京、梁英明选译《近代亚洲史料选辑》（下），商务印书馆，1985，第 41 页。
③ 《艾米里奥·阿奎那多关于菲律宾革命的简要结论》，周南京、梁英明选译《近代亚洲史料选辑》（下），商务印书馆，1985，第 37 页。
④ 《艾米里奥·阿奎那多关于菲律宾革命的简要结论》，周南京、梁英明选译《近代亚洲史料选辑》（下），商务印书馆，1985，第 38 页。

签了停火协议，8 月 13 日，美国陆海军队在马尼拉与西班牙军队象征性地开战，美军占领马尼拉，却把阿奎纳多和其部下拦在城外。阿奎纳多只好率部离开，继续抗击西班牙军队。

事后，杜威准将拒不承认对阿奎纳多的承诺，对于两人在奥林匹亚号的会面，杜威表示："在当时以及任何其他时候，都没有同阿奎那多缔结任何种类的盟约，也没有向他作出任何关于独立的诺言"，"我从未把他当作一个盟友看待，除了限于利用他以及他的国人在我反对西班牙人的行动中来帮助我"。① 杜威的前后言论正体现了美国政府的态度变化。

由此可见，杜威将军和美国驻香港领事怀尔德曼是整个亚卑号运送军火案的策划者。购买亚卑号船（当时仍是帕西号）和所有武器的开支，都来自阿奎纳多给怀尔德曼领事的 67000 比索，他真诚地追求菲律宾独立，出资购买美国武器。美国政府利用他的队伍打击西班牙人，还售卖武器发财。根据前述美国领事法庭的判决书，阿奎纳多部下收到了大部分武器，美国海军去迟了，只扣下小部分武器和亚卑号船，这应是怀尔德曼拒绝向阿奎纳多退回款项的理由。美国驻广州领事璧洛无疑知晓一切，并配合行动，所以才提议保证书中的证明文件由美国驻新加坡领事提供。元丰顺洋行、西尔维斯特尔只是这项任务的执行者。因为武器在广州滞留，亚卑号在美国政府对起义军的态度改变后才将武器送到阿奎纳多手中。

2. 一年后旧事重提与尘埃落定

1899 年上半年，亚卑号案不但因保证金问题在上海美国领事法庭开庭，亦在香港法院有两桩诉讼。有学者研究指出："菲律宾香港委员会成员在香港法院提起告诉，指控美总领事怀尔德曼侵吞该组织独立经费墨西哥鹰洋 47000 元，总领事对控告予以否认并提出抗辩。上述款项所购武器则存放于一家在港德国公司……而曾经协助菲律宾革命党走私军火至菲律宾的英国人约瑟夫·格莱姆控告以阿吉纳尔多（即阿奎纳多）为首的菲律宾革命党未支付战争期间他为该组织积极奔走所应得的酬劳……两起官司均以菲律宾革命

---

① 《杜威抵赖诺言的狡辩》，蒋相泽主编《世界通史资料选辑》（近代部分·下册），商务印书馆，1983，第 208 页。

党人败诉告终，总领事在香港法庭可谓取得完胜。"①

香港法院的诉讼结果与前述阿奎纳多的自述吻合，美国领事怀尔德曼未归还购置武器的款项（数额不同，有待进一步考证）；所谓存放武器的德国公司，应该就是元丰顺洋行，因为行主的姓氏斯璧士为德国人姓氏；而索要酬劳的格莱姆（斯），如前所述，是元丰顺洋行的香港代理，正是他从华商手中购买了帕西号，因为从香港运出武器未成功，才在广州将帕西号"卖"给西尔维斯特尔。

亚卑号事件和上海与香港的三起诉讼，似乎未在美国本土引起反响（暂未见到报纸相关报道），直到1899年8月下旬，美国驻广州领事璧洛因为其他事情面临国务院的调查，亚卑号案才被顺带提及，此时，阿奎纳多领导的菲律宾第一共和国与美国处于战争状态，前述与亚卑号案相关的军政要员纷纷与之切割，避之不及。

1898年9月，璧洛领事凭借医生证明，称病申请休假，离开广州返美。② 实际是广东地方官员将其违反条约、苛待赴美华人的情形上报总理衙门，总理衙门照会通知了美国驻华公使田贝（Charles H. Denby）。③1899年8月，璧洛抵美，准备经旧金山返回故乡。25日，华盛顿和旧金山的主要报纸同时刊登了璧洛将赴华盛顿面对指控的消息。

《旧金山纪事报》报道称，驻广州的璧洛领事被停职，他被指控为一艘海盗船（filibuster ship）办理结关手续。"他将一艘轮船注册为美国船，该船曾将武器运给菲律宾叛军……领事在行动时意识到该船的可疑性质。""国务院已收到与这项指控相关的一些文件，美国驻香港领事怀尔德曼提供了大量证据。""亚卑号装载着枪支和子弹……（有人）希望它结关前往一个中国口岸，据说，怀尔德曼总领事拒绝（在香港）给它注册，不让它以美船身份结关，但该船还是以某种方式到了广州……璧洛领事被指控批准该船注册为美

---

① 钟远明：《美国并吞菲律宾过程中在香港之部署——以美国领事活动为中心》，《东南亚研究》2016年第3期。
② 广西师范大学出版社组织整理《美国驻中国广州领事馆领事报告（1790～1906）》第15册，广西师范大学出版社，2007，第393页。
③ 《总署致美使田贝照会》，光绪二十四年四月二十一日，黄嘉谟主编《中美关系史料》（光绪朝四），"中研院"近代史研究所编印，1989，第2391页。

国船，并允许它结关。"^① 显然，怀尔德曼已在国务院为自己开脱，撇清自己与亚卑号的关系，撇清自己在香港有违英国中立地位的行为。

璧洛领事聘请了律师为自己辩护。8月26日，旧金山另一份报纸声称："璧洛是某个阴谋的牺牲品……亚卑号仅装载着武器这一种货物驶往菲律宾，这些武器的销售，是在美国驻香港总领事怀尔德曼的办公室完成的，亚卑号挂美国旗则是在美国驻广州领事馆完成的，璧洛给菲律宾人提供帮助的说法是错误和恶意的……他给亚卑号发出文件时，美国并未与菲律宾人处在战争状态，而且他们实际上是盟友。"^②

这份报纸还进一步揭发了杜威准将与亚卑号的关系："海军部收到一份抗议，来自伦敦的 W. F. 西尔维斯特尔先生，亚卑号的船主之一，亚卑号被海军准将杜威抓住并被指控运送武器给菲律宾人……他打算前往华盛顿对这次扣押表示异议，理由是，这些武器起运的时候，菲律宾人还是美国的盟友……国务院通过驻上海总领事古纳，对这次武器运送进行了调查，报告已经送至国务院。基于这份报告，国务院正着手致函海军部，这将成为下一步程序的基础。"^③ 这份报纸显然是为璧洛发声，将杜威准将与驻港领事怀尔德曼与亚卑号案联系起来，特别强调亚卑号运送武器时，美国与菲律宾起义军事实上的盟友关系。报纸虚张声势，暗示事情将闹大，国务院与海军部将联手调查。

9月3日，疾病缠身的璧洛经芝加哥到达华盛顿，主要指控涉及他给华工发放赴美证件（违反了《排华法案》），报纸上不再谈论亚卑号案，但华盛顿的调查和辩论应该十分激烈。10月25日，《旧金山纪事报》不起眼地报道，驻港领事怀尔德曼将被召回，接替他的是璧洛。^④29日，该报又说，国务院否认了璧洛将接任驻港领事的消息。^⑤1900年1月17日，该报报道，默为德（Robert M. McWade）将接替璧洛担任驻广州领事，"这一任命结束了

① "Charges Against a Consul," *San Francisco Chronicle*, August 25, 1899, p. 16.

② "Bedloe Is Accused by Chinese," *The San Francisco Call*, August 26, 1899, p. 7.

③ "Bedloe Is Accused by Chinese," *The San Francisco Call*, August 26, 1899, p. 7.

④ "Wildman May Be Recalled," *San Francisco Chronicle*, October 25, 1899, p. 7.

⑤ "Story Denied at Washington," *San Francisco Chronicle*, October 29, 1899, p. 17.

璧洛案的事情……璧洛将以辞职的方式离开国务院"。① 华盛顿围绕璧洛本人和亚卑号的调查，就此告一段落。

目前尚未在美国官方史料中发现有关亚卑号的记录，报纸方面也是在报道璧洛被指控和接受调查时顺便提及，读者从报纸上了解的只是璧洛为亚卑号注册和亚卑号运武器给菲律宾起义军，杜威准将和驻港领事怀尔德曼与亚卑号的关联没有被深入追究，亚卑号从广州出发是否有违清政府的中立政策，更是丝毫没有被关注。

余　论

亚卑号案是美西战争期间美国政府利用菲律宾起义军打击西班牙的一个插曲。太平洋舰队司令杜威准将和美国驻香港总领事怀尔德曼等军政要员，口头支持菲律宾独立运动，实则策划售卖武器，利用起义军打击西班牙。在因港英政府的中立政策而武器运输受阻的情况下，他们无视本国公使请求下的清政府中立政策，处心积虑地指使军火商借道广州转运武器。与西班牙草签停战协议后，他们立即压制菲律宾起义者，不无讽刺的是，拦截亚卑号武器的军舰正是之前接载革命领袖阿奎纳多的军舰。

领事法庭庭审记录只是法庭实况，看起来都在讨论商人西尔维斯特尔用亚卑号运出武器是否合法，杜德维是否有权要求兑现保证金，完全没讨论亚卑号受谁指使，为谁运武器，谁在协助亚卑号。其实这些才是本案的要点，法庭上的所有人都清楚，只是大家心照不宣。判决书只在一处轻描淡写地提及阿奎纳多，正是暗示亚卑号的幕后原委。美国军政策划者被隐去了，美国政府新、港、穗三地外交网络的运作，广州当地中美官员的合作与交易被隐去了。因此，上海一家英文报纸在评价本案判决结果时含蓄地指出："判决将成为检查菲律宾人拥有的武器和战争物资的主要供应来源的手段。"②

美国海军杜威准将、美国驻香港总领事怀尔德曼、驻广州领事璧洛、两

---

① "To Succeed Consul Bedloe," *San Francisco Chronicle*, January 17, 1900, p. 3.

② "The Chinese Government and the Exportation of Arms," *Shanghai Mercury*, no date, in DREW *vs.* SYLVESTER: Report and Judgment, United States Consular Court, Shanghai, p. 25.

广总督谭钟麟、粤海关美籍税务司杜德维、美国商人西尔维斯特尔，这些人围绕亚卑号的一切行为表明，中立声明只是战争时期国家间冠冕堂皇的外交辞令，躲过外交辞令，真实的利益交易才是官员和商人惯常的行动出发点。

粤海关税务司杜德维作为清政府官员，有维护清政府中立地位的责任，他比谭钟麟细心一些，提醒后者注意武器转运护照与船只结关申请中目的地的差别，建议后者为出口武器开具新护照，目的地改为新加坡，令亚卑号武器出口的合法性更加无懈可击。开具新护照期间，谭钟麟增加了撰写保证书的要求，拖延了时日，才有美国军舰的拦截和领事法庭的开庭。杜德维的细小行动，使亚卑号运送武器的经过以庭审记录这样的文字保存下来。如果亚卑号在8月5日载着武器离开广州，12日之前将武器送至阿奎纳多手中，可能就像怀尔德曼领事给阿奎纳多的第一批武器一样，无声无息就完成了。《字林西报》敏感地捕捉到，杜德维的举动提升了海关在清政府防止武器走私中的权重，它评论说："本案有一个重点……海关自己做出决定，他们有责任防止……武器运输；不仅因为他们被（清政府）授权，而且他们有明确的责任这样做。"①

领事法庭上要求兑现保证金的是税务司杜德维，实际上得到款项的是两广总督。《字林西报》一条不起眼的一句话新闻写道："状告西尔维斯特尔先生的15000两保证金，总督（Canton Viceroy）获得了12349两，后者应向前者支付从他那里购买武器的款项。"② 这是指总督收下的5500支枪吗？具体情况有待进一步研究。

---

① "Shanghai 28th June, 1899. Drew v. Sylvester," *The North-China Daily News*, 28th June, 1899.

② *The North-China Daily News*, 30th June, 1899.

理雅各入华前夕教育事工：
南洋及粤港澳的传教士知识网络（1839~1843）*

李婉珺**

摘　要： 詹姆斯·理雅各入华前夕的教育事工主要围绕马六甲英华书院展开。这段经历令理雅各快速成长为一个新锐教会学校校长，但目前仍较少受到中外学界关注。本文试图梳理 1839 年到 1843 年，理雅各接任马六甲英华书院校长、出版《英马华闽粤词汇表》、主持英华书院迁址香港事宜三个阶段其主要教育事工及相关事件和人物，挖掘理雅各入华前教育事工，展示理雅各及其所代表的东来传教士群体在南洋及粤港澳所建立起来的知识网络。

关键词： 詹姆斯·理雅各；英华书院；伦敦会；《英马华闽粤词汇表》

詹姆斯·理雅各（James Legge, 1815-1897），伦敦会来华传教士，英国著名汉学家，近代新教来华传教士中汉学造诣最高的传教士之一。

理雅各的一生大致可以分为前后两段，前段是在马六甲和中国香港的 33 年伦敦会传教士生涯，后段是在牛津大学的 20 年汉学教授生涯。就如他晚年所著论文《儒教与基督教之关系》开篇所说："回望过去近四十年的人生，我对当初能成为一个向中国人宣教的传教士充满了感激。我的经历令我可以这么说，我是一个渴望成为传教士的人，一个渴望投身良善事业的人。"[1] 理雅各本人对自己的身份认同，主要还是传教士。

国内外理雅各研究的学术史已逾百年，但特色各异。西方学界起步较早，从 1905 年理雅各之女海伦·理雅各（Helen Edith Legge）的《理雅各：传教士与学者》[2] 开始，各类成果层出不穷，在生平考证、传教事工、教育

---

*　本文为广东省哲学社会科学"十三五"规划 2018 年度项目"19 世纪粤港澳及南洋的多语词典出版业研究"（GD18YWW03）成果。

**　李婉珺，广东外语外贸大学东方语言文化学院副教授，研究方向为东南亚史、马来文化史。

[1]　H. E. Legge, *James Legge: Missionary and Scholar* , London: The Religious Tract Society, 1905, pp. 9–10.

[2]　H. E. Legge, *James Legge: Missionary and Scholar* , London: The Religious Tract Society, 1905, p.1.

出版事工、译著、汉学研究、比较宗教研究等方面多有着墨，西文档案史料优势突出。20世纪90年代，西方理雅各研究步入成熟期，费乐仁（Lauren F. Pfister）、纪雅道（Norman Girardot）等著名理雅各研究专家有多部重要成果问世。[①] 中国理雅各研究起步较晚，大致从20世纪80年代开始，语言学界和文学界首先显露出对理雅各的中国经典英译及其意义的兴趣，并使用文学理论来辨析翻译策略。[②] 史学领域除华南基督教史[③]、马礼逊（Robert Morrison）和伦敦会印刷事工研究[④]、东学西渐[⑤]等成果会提及理雅各外，到2004年才出现第一部理雅各研究专著，[⑥] 近年则开始关注理雅各的中国观。[⑦]

与理雅各中国经典英译研究的"出圈"相比，理雅各的教育事工较少受到关注，尤其是入华前夕在马六甲的3年，鲜有专论。本文所讨论的理雅各，首先是一名校长传教士，其次才是一名青年汉学家。理雅各东来27年，其中18年在担任英华书院校长，前3年在马六甲，后15年在中国香港。理雅各入华前在马六甲的3年，是其作为一个中国区传教士快速成长的3年，是从一个踌躇满志的年轻传教士，成长为一个教育与汉学并举的新锐

---

① Lauren F. Pfister, "Clues to the Life and Academic Achievements of One of the Most Famous Nineteenth Century European Sinologists—James Legge (Ad 1815–1897)," *Journal of the Hong Kong Branch of the Royal Asiatic Society 30*(1990): 180–218; Lauren F. Pfister, *Striving for the "Whole Duty of Man": James Legge and the Scottish Protestant Encounter with China; Assessing Confluences in Scottish Nonconformism, Chinese Missionary Scholarship, Victorian Sinology, and Chinese Protestantism*, Frankfurt am Main and New York: Peter Lang, 2004, p.12; N. J. Girardot, *The Victorian Translation of China: James Legge's Oriental Pilgrimage*, Los Angles: University of California Press, 2002, p.58.

② 王辉：《理雅各与〈中国经典〉》，《中国翻译》2003年第2期；张西平：《传教士汉学家的中国经典外译研究》，《中国翻译》2015年第1期。

③ 吴义雄：《在宗教与世俗之间——基督教新教传教士在华南沿海的早期活动研究》，广东教育出版社，2000，第20页；顾长声：《传教士与近代中国》，上海人民出版社，2004，第10页；段怀清：《晚清英国新教传教士"适应"中国策略的三种形态及其评价》，《世界宗教研究》2006年第4期。

④ 苏精：《马礼逊与中文印刷出版》，学生书局，2000，第154页；苏精：《铸以代刻：十九世纪中文印刷变局》，中华书局，2018，第101页。

⑤ 王立群：《王韬与近代东学西渐》，《北京科技大学学报》（社会科学版）2004年第1期。

⑥ 岳峰：《架设东西方的桥梁——英国汉学家理雅各研究》，福建人民出版社，2004，第15页。

⑦ 胡译之：《理雅各眼中的中国及其中国观》，《社会科学》2019年第2期。

校长的 3 年。在理雅各的领导下，从英华书院走出来的中国早期基督徒，例如王韬、何进善、吴文秀、宋佛俭、李剑麟都成为 19 世纪中晚期伦敦会在香港和条约港埠宣教、翻译、兴学、办报等推动中西文化交流领域的重要人物。[1]

除了翻译中国经典，理雅各担任英华书院校长期间至少编纂出版了两项教研成果：1 部词汇表《英华马闽粤词汇表》（1841 年出版，下称《词汇表》）和 1 部教材《智环启蒙塾课初步》（1856 年初版，1864 年再版）。这两项成果反映了理雅各入华前后对教育事工理解和实践的演变，是 19 世纪南洋和粤港澳印刷出版史与教会教育史的珍贵史料。前者属本文讨论范围，后者另文再述。

本文旨在抛砖引玉，只求以小见大，不求高大全，挖掘理雅各入华前教育事工中较少引人注目的侧面，从理雅各及其所代表的东来传教士群体视角来认识 19 世纪中晚期的南洋港埠社会，还望方家不吝赐教。

一 一波三折的上任（1839 年 7 月 ~ 1840 年 11 月）

1839 年，23 周岁的理雅各接受伦敦传道会（London Missionary Society，简称 LMS、伦敦会）派遣，准备前往马六甲开启传教士生涯，他的第一个任务是学习闽方言和辅助伊云士。[2] 同年 7 月，他携新婚妻子启程从苏格兰前往英格兰，后登船东航，辗转好望角、巴达维亚、新加坡、苏门答腊等地，历经 5 个月的劳顿，理雅各夫妇最终在 1840 年 1 月 10 日抵达马六甲。[3] 但在登岸后长达 10 个月的时间里，理雅各仍然无法融入英华书院，直接原因应该是时任英华学院校长约翰·伊云士（John Evans, 1801–1840）与理雅各之间的不和。

---

[1] 段怀清：《晚清英国新教传教士"适应"中国策略的三种形态及其评价》，《世界宗教研究》2006 年第 4 期。

[2] L. O'Sullivan, "The Departure of the London Missionary Society from Malacca," *Malaysia in History* 23 (1980): 75–83.

[3] H. E. Legge, *James Legge: Missionary and Scholar*, London: The Religious Tract Society, 1905, p.8.

1. 新旧校长之间的不和

理雅各很快发现，伊云士管理下的英华书院运行方式几乎与一所普通教会小学无异。[①] 给伦敦会汇报的受洗人数远超前任，是因为除了部分是儿童外，受洗的大多是当地华人会党成员。[②] 如此现状，显然与书院和马礼逊创校时提出的"促进中西方学术交流，广传基督教福音"[③] 的目标背道而驰。

伊云士也很快发现这个接受过大学人文学科教育、汉语天赋高、完成了伦敦会最新传教士培训且受洗不过三年的传教士新人不是他想要的继任人。1840 年 11 月，伊云士在写给伦敦会理事会的信件中这样形容理雅各：

> 我对书院来了一个这样的新人感到伤心，他对本地人（指马六甲人）的规矩和习俗一无所知且缺乏工作经验，不仅试图提出和准备他的个人计划，甚至坚持要将其付诸实践……我和沃尔茨先生（Mr. Werth，伊云士助手）必须怀着悲伤的心情告知您，理雅各先生的上述行为，令我们感到必须和他保持距离。实际上，理雅各先生率先和我们划清了界线，他一直独来独往。我们无法团结一致，尽管如此，我们仍然会努力履行职责直至接替我们的人到来。[④]

可见，理雅各和伊云士等人的矛盾难以化解。理雅各在当时的英华书院内部处于被孤立状态。

姑且不论伊云士的说法有多少真实性，理雅各在写给伦敦会的信中，同样透露出对马六甲英华书院的选址和管理方式的诸多不满。他在 1840 年 10

---

① Legge to Secretary of LMS, 23 Oct. 1840, LMS, Malacca. GB 102 CWM/LMS/14/02/01/026, School of Oriental and African Studies (SOAS) Archives, University of London.

② L. O'Sullivan, "The Departure of the London Missionary Society from Malacca," *Malaysia in History* 23 (1980): 75–83.

③ E. A. Morrison, *Memoirs of the Life and Labours of Robert Morrison*, Vol. 1, London: Longman, Orme, Brown, and Longmans, 1839, pp.512–515.

④ Evans to Directors, 5 Nov. 1840, LMS, Eastern outgoing letters, China–Ultra Ganges, 1822–1854. GB 102 CWM/LMS/14/02/01/023, School of Oriental and African Studies (SOAS) Archives, University of London.

月 23 日的信函中写道："整体而言，它（英华书院）是不被需要的。它的建立是不明智和不合时宜的。马礼逊先生的本意是真诚的，但书院存在管理不善和隐瞒事实的现象，已经构成对公众的失责。真实情况因为管理者（指伊云士等人）缺乏道德上的勇气而没有上报给（伦敦会）理事会。马礼逊博士的教育项目在马六甲无法奏效，除非进入中国。难道真的不能迁到中国去吗？"① 接下来的三年，理雅各无时无刻不在寻找进入中国的时机和方法，直至英华书院迁到香港，这个疑问才算得到解答。

2. 不和的原因

伊云士和理雅各的不和，至少可以从三个方面来找原因。

第一，伊云士存在以权谋私行为，并被理雅各揭发。新近研究指出，伊云士任校长期间存在拖欠工资、挪用公款、中饱私囊等行为，导致英华书院账目混乱且入不敷出。② 其实早在 1836 年，马儒翰就曾致信伦敦会理事会，提议将英华书院并入新加坡莱佛士学院，以免其父创立的学院落入"危险的平庸之徒"之手。③ 理事会本因可节省开支而乐见其成，但伊云士明确反对该提议，表面上的理由是新加坡的商业气氛太浓，④ 实质上应是担忧有人插手他除了教育以外的宣教事工，例如他的中文布道站被撤、马六甲宣教团被解散等。然而，这种伎俩在理雅各身上并不奏效。目睹真相的理雅各多次致信伦敦会理事会要求彻查学院账目，最终理雅各获准使用海峡殖民地政府注

---

① Legge to Secretary of LMS, 23 Oct. 1840, LMS, Malacca, GB 102 CWM/LMS/14/02/01/026, School of Oriental and African Studies (SOAS) Archives, University of London.

② M. L. Bowman, "Psychological Research and the Roots of James Legge's Resilience," in Chow, Alexander, ed. , *Scottish Missions to China: Commemorating the Legacy of James Legge (1815-1897)*, Leiden: Brill, 2022, p.53.

③ B. Harrison, "The Anglo-Chinese College at Malacca," in C. D. Cowan & O. W. Wolters, eds. , *Southeast Asian History and Historiography*, Ithaca and London: Cornell University Press, 1976, p. 256; E. Wijeysingah, *History of Raffles Institution 1823-1963*, Singapore: University Education Press, 1963, pp. 50–52; J. Morrison to Directors, Malacca: Council for World Mission, 11 April 1836, 24 July 1837, GB 102 CWM/LMS/14/02/01/022, School of Oriental and African Studies (SOAS) Archives, University of London.

④ Evans to Foreign Secretary, Malacca: Council for World Mission, 14 Aug. 1837, GB 102 CWM/LMS/14/02/01/023, School of Oriental and African Studies (SOAS) Archives, University of London.

册官印鉴，以区分学院和个人资产。① 也有学者指出，马礼逊作为英华书院主席，实际上在1833年8月便已得知伊云士的所作所为，但马礼逊不足一年后便在广州与世长辞，伦敦会未能及时处分伊云士。②

英华书院《年报》显示，伊云士1835年确实兼任英华书院校长和司库，具备以权谋私的条件。而在1832年到1833年汤雅各·汤姆林（Jacob Tomlin）担任校长期间，还没有设置司库这一职位。③ 伊云士的行为显然有悖学院办学宗旨，但伦敦会不采取惩戒措施，理雅各也无可奈何。这就可以解释理雅各为何与他们划清界限，而伊云士等人又为何无法接受理雅各。

第二，两人对英华书院的定位截然不同。伊云士东来前，已经在英格兰一所教会学校工作10年，是一名老练的资深教师。他在申请入职伦敦会时30岁，且形容自己在学习上"没有特长"。④1832年12月14日，伊云士被伦敦会委任为恒河外传道团中国区传教士。1834年5月1日，伊云士接替汤雅各·汤姆林任英华学院校长。⑤ 当时英华书院下设教会小学（mission school）中，中国男童小学5所，学生200人，中国女童小学2所，学生60人。1835年至1836年，小学总数又增加了2所，男女生人数分别上升到220人和120人。⑥ 反观英华书院的核心中学部的入学人数，却因门槛高、需交费等，招生规模远远不及小学，即便是最高峰的1835年至1839年，也只有70人。⑦

① L. O'Sullivan, "The Departure of the London Missionary Society from Malacca," *Malaysia in History* 23 (1980): 75–83.

② M. L. Bowman, "Psychological Research and the Roots of James Legge's Resilience," in Chow, Alexander, ed. , *Scottish Missions to China: Commemorating the Legacy of James Legge (1815-1897)*, Leiden: Brill, 2022, p.53.

③ _____, *The Annual Report of the Anglo Chinese College for the Year 1835*, Malacca: Mission Press, 1836, p.2; _____, *The Annual Report of the Anglo Chinese College for the Year 1832-1833*, Malacca: Mission Press, 1834, p.2.

④ L. O'Sullivan, "The Departure of the London Missionary Society from Malacca," *Malaysia in History* 23 (1980): 75–83.

⑤ Alexander Wylie, *Memorials of Protestant Missionaries to the Chinese: Giving a List of Their Publications, and Obituary Notices of the Deceased*, Shanghai: American Presbyterian Mission Press, 1867, p.76.

⑥ 李志刚：《基督教早期在华传教史》，台湾商务印书馆股份有限公司，1985，第206页。

⑦ 谭树林：《马礼逊与中西文化交流》，中国美术学院出版社，2004，第209页。

1837 年，身为中国区传教士的伊云士在英华书院印刷所出版了一部马来语教材《马来语阅读》（*Malay Reading*）。同年，英华书院印刷所还出版了由谭信（Claudius Henry Thomsen）和阿卜杜拉 [1] 合编的《英马对照两千词汇表》。这部词汇表 1815 年至 1816 年便已完成初稿，是谭信开办的马来人教会小学教材，在海峡殖民地十分畅销。1820 年在马六甲发行初版，[2]1827 年、1833 年在新加坡发行第二、三版 [3]，到 1837 年的第四版，经过修订后在马六甲和槟榔屿同时印刷，发行量自是可观。这部词典直至 1860 年依然在新加坡被再版销售。售卖这部词典的收益，被伊云士用于筹措兴建英华书院新翼所需资金 400 西班牙银元，以便招收寄宿部学生。[4]

根据阿卜杜拉在《阿卜杜拉传奇》中的记载，伊云士曾请阿卜杜拉教其子爱德华·伊云士（Edward Evans）学习简单马来语。他在回忆这段经历时无奈地说："他们对马来语的需求也就这样了。"[5] 说明在阿卜杜拉眼中，这一时期英华书院的传教士学习马来语大部分是出于现实需要，而非真心对马来语言文化感兴趣。[6] 阿卜杜拉的记述侧证了伊云士和理雅各不和的原因。可

---

① 阿卜杜拉·阿卜杜勒·卡迪尔（Abdullah Abdul Kadir，1786–1954），又称门师阿卜杜拉（Munshi Abdullah），19 世纪英属马来亚著名马来文学家和语言学家，是英华书院首届学生，毕业后成为该校马来语教师。与海峡殖民地欧洲殖民官及传教士交往紧密，认为基督教圣经里面的上帝和伊斯兰教古兰经的真主为同一个神，故对基督教传教抱开放态度。阿卜杜拉对马来语现代印刷出版业、现代马来文学、现代马来语语言学发展贡献卓著，被称为"马来现代文学之父"。

② J. Noorduyn & C. H. Thomsen, "The Editor of 'A Code of Bugis Maritime Laws'," *Bijdragen tot de Taal-, Land- en Volkenkunde* 113 (3) (1957): 238–251.

③ I. Proudfoot, *Early Malay Printed Books: a Provisional Account of Materials Published in the Singapore-Malaysia Area Up to 1920, Noting Holdings in Major Public Collections*, Kuala Lumpur: Academy of Malay Studies and the Library, University of Malaya, 1993, p. 50.

④ S. L. Ching, *Printing Presses of the London Missionary Society among the Chinese*, Ph. D. diss. London: University College of London, 1996, pp. 127–128; B. Harrison, *Waiting for China: The Anglo-Chinese College at Malacca, 1818-1843, and Early Nineteenth-Century Missions*, Hong Kong: Hong Kong University Press, 1979, pp. 30–31.

⑤ Rosnani Hashim, *Reclaiming the Conversation: Islamic Intellectual Tradition in the Malay Archipelago*, Kuala Lumpur: The Other Press, 2010, pp. xxxvii.

⑥ M. C. Ricklefs et al. , *Indonesian Manuscripts in Great Britain: A Catalogue of Manuscripts in Indonesian Languages in British Public Collections*, Jakarta: Ecole francaise d'Extreme-Orient, Perpustakaan Nasional Republik Indonesia, Yayasan Pustaka Obor Indonesia, 2014, p. 292.

见，本应努力扩大中学部招生规模来培养华人牧师，推动中西学术交流传播基督教福音，但伊云士反而更热衷于通过运营附属教会小学，挖空心思获得资金，以迎合海峡殖民地马华糅杂的基础教育需求，从而获利，宣教反而更像是例行公事。

第三，《新遗诏书》出版纷争的副作用。1836年到1837年，伦敦会内部曾因向英国圣经会（British and Foreign Bible Society）申请资助出版一部新译的汉语官话文言文《新约》（题名为《新遗诏书》）而发生过龃龉。麦都思（Walter Henry Medhurst）和马儒翰（John Robert Morrison）一派，伊云士和戴尔（Samuel Dyer，又译为台约尔）一派。

《新遗诏书》由"四人小组"麦都思、郭士立（Karl Friedrich August Gutzlaff）、裨治文（Elijah Coleman Bridgman）和马儒翰分工完成。汉译工作由麦都思主导，是"四人小组"圣经英汉笔译水平的直接体现，也是在伦敦会第一代传教士马礼逊和米怜（William Milne）离世后，以麦都思为代表的第二代伦敦会传教士向中国宣教的重要成果。因该译本多由麦都思翻译，故又被称为"麦都思译本"。然而好事多磨，《新遗诏书》在申请英国圣经会资助这临门一脚上，踢到了铁板。

据学者考证，英国圣经会拒绝资助的原因，一方面是该会对马礼逊版本汉译《圣经》的推崇，另一方面则是伊云士、戴尔两人的强烈反对。两人反对，是因"四人小组"在刊印之前没有把《新遗诏书》书稿送去马六甲听取他们的意见，得罪了他们。① 两人因而在致函中极力贬低这一译本，说只是一种"释义"（paraphrase），根本不算是翻译。② 实际上，这两人并不具备评价这一译本水平高低的资格。伊云士精通粤语，戴尔精通闽南语，但两人都未曾系统学习过汉语官话，没有能力承担将《圣经》译成文言文这一任务，评价"麦都思译本"水平高低更是无从谈起。两人可能曾将译本给英华书院资深基督徒梁发（Leung Fa）读过，并从他那里得到了较为负面的评价。

---

① 刘立壹：《麦都思与圣经〈新诏遗书〉译本》，《东岳论丛》2012年第10期。

② Copy of a Letter from the Rev, Messrs. Evans and Dyer to the Rev. Joseph Jowett, 15 Nov. 1836, Documents Relating to the Proposed New Chinese Translation of the Holy Scriptures, Archive & Special Collection, CWML O18, SOAS Library, University of London.

但梁发自己也只是一个读过三年村塾的肇庆府高明县（今佛山市高明区）木板印刷厂学徒，长年在南洋生活，母语为粤语，官话停留在入门水平，同样不具备评价能力。经此纷争，两人对汉语官话水平高的新传教士更是充满戒心和抗拒感，从上文他们对理雅各的评价可见一斑。

最终在 1837 年，麦都思等人还是在荷属巴达维亚（Batavia，今雅加达）设法印刷出版了《新遗诏书》。[①]《新遗诏书》是首次正式使用"上帝""恩典""洗礼"等词的圣经汉译本，还出现了不少沿用至今的重要基督教教义术语和概念。[②] 1839 年抵达马六甲的理雅各，对麦都思等人的大名应早有耳闻，麦都思的名字也出现在《词汇表》的前言中，应非偶然，下文再述。[③]

3. 转机的出现

在受到排挤的 10 个月期间，理雅各并没有放弃努力，他试图用其他方式来拯救英华书院。首先，他继续精进自己的汉语官话水平，每天学习文言文和闽方言 8 个小时。他甚至从妻子玛丽开设的女童学校那里请来马来语教师阿卜杜拉，每天给自己加一小时马来语课。[④] 理雅各还在一年内重新获得华人父母的信任，为 40 名学生制定三年学制的正规主流课程大纲，将有语言天赋的高年级学生何进善（Ho Tsun-sheen）雇为助理传教士，并向何进善学习粤语。[⑤]

理雅各和伊云士的不和，表面上是对英华书院管理方式的分歧，但实质上折射出了伦敦会理事会内部已经出现了和 19 世纪 20 年代不同的决策风向，更趋向于商业逻辑，看重成本效益。以理事艾力思（Mr. Ellis）为代表

---

① 尚德者纂《新遗诏书》，Batavia: n. p. , 1837, American Baptist Society Archive, Oxford University Library.

② 赵晓阳：《深文言圣经译本的过渡与探索：麦都思译本和郭士立译本》，《兰州学刊》2020 第 12 期。

③ 在后来的"译名之争"时期，理雅各曾撰长文支持使用米怜、麦都思、郭士立所选用的"上帝"一词。麦都思主编的《遐迩贯珍》的最后一任编辑正是理雅各。

④ L. O'Sullivan, "The Departure of the London Missionary Society from Malacca," *Malaysia in History* 23 (1980): 75–83.

⑤ M. L. Bowman, "Psychological Research and the Roots of James Legge's Resilience," in Alexander Chow, ed. , *Scottish Missions to China: Commemorating the Legacy of James Legge (1815-1897)*, Leiden: Brill, 2022, p.54.

的伦敦会理事，认为即便伊云士以权谋私，但其工作成果与恒河外传教团宗旨并无明显冲突，既能增加信徒人数，还能降低伦敦会的财政压力，因此采取放任态度。在这样的背景下，恒河外方传教会向南洋华人传教的目标虽未改变，但英华书院建立的初衷已被"降格"，进入中国似乎已变得不再急迫。这显然和理雅各尽早入华宣教的抱负是南辕北辙的。

然而，世事难料，理雅各原本开局不利的传教士生涯，随着鸦片战争的一声炮响，迎来了转机。

1840 年 6 月，英国发动鸦片战争，清军节节败退，7 月定海失陷。1840 年 11 月至 1841 年 2 月，道光皇帝派出琦善与英国对华全权代表义律（Charles Elliot）谈判，态度由主战转为主和。此间，义律多次提出割让香港岛的无理要求，都被琦善拒绝。①

与此同时，1840 年末，马六甲暴发大规模霍乱疫情。1840 年 11 月 28 日，伊云士在探望感染霍乱的伦敦会马六甲宣教站马来语区传教士约书亚·希尔斯（Josiah Hughes）时染疾，数小时后便去世，希尔斯也在不久后病逝。②

至此，英华书院新旧校长之间的角力落下帷幕，理雅各紧急接任英华书院校长。

二 战火中的入华之路：校长理雅各的亮相
（1840 年 12 月～1842 年 3 月）

接任后的前几个月，理雅各除了每天完成教学任务，清点资产，整理账目，还一直在思考英华书院的出路。1840 年 12 月到 1841 年 8 月，理雅各写给伦敦会马六甲理事和司库的三封信中都表达了尽快将英华书院迁到中国的愿望："要想实现英华书院创立者的夙愿，迁到新加坡或者任何一个其他宣教站都不是好办法，因为那里也有建立一所优秀学院的需要，只有迁到中

---

① 刘存宽：《英国强占香港岛与所谓"穿鼻条约"》，《世界历史》1997 年第 2 期。

② B. Harrison, *Waiting for China: The Anglo-Chinese College at Malacca, 1818-1843, and Early Nineteenth-Century Missions*, Hong Kong: Hong Kong University Press, p. 106.

国境内或在中国边境上才能解决问题。"①

1841 年 1 月 7 日，英军悍然对虎门沙角、大脚两座炮台发动进攻，清军死伤官兵数百名，史称"穿鼻战役"。议和过程中，英方则采取边谈边打策略，以战局要挟中方割让香港岛，依然被拒。琦善采取拖延、迂回和瞒奏策略，在英方威逼讹诈下口头应允，留下了条约谈判畏战失据的恶例，但始终未在条约上签字或加盖关防。道光皇帝闻讯震怒，1 月 30 日对琦善革职抄家。1 月 26 日，失去耐心的英军动用武力侵占香港。同年 2 月 1 日，英方向香港岛连发 4 个公告，制造了"穿鼻草约"签订的假象，制造舆论，欺诈外界。②

当时正在马六甲过着相对平静生活的理雅各，可能以为香港被英国殖民统治了。在给兄弟的信中他写道："我有意识地在教学上投入大量精力，因为比起其他事工，教育是我能为中国人做的主要工作。这所学院可能会长期由我负责，但不是在这里（马六甲），而是在香港。"③

身在澳门的马儒翰可能比理雅各更早得到香港被英军占领的消息。他得知消息后在 1841 年 1 月底向马礼逊教育学会提议，将马礼逊纪念学校从澳门迁往香港。1842 年 3 月又向伦敦会华南教区理事会建议，将英华书院从马六甲迁往香港。马儒翰的设想，是两所学校迁往香港后，马礼逊纪念学校提供基础教育，英华书院提供中等教育，前者毕业生可以被后者录取升学。④

面对多种迁址建议，伦敦会持谨慎乐观态度，且试图和发动战争的本国政府撇清关系。1841 年 3 月 30 日伦敦会理事会在回复美魏茶（W. C. Milne）、雒魏林（W. Lockhart）、合信（B. Hobson）时用政治和商业需要来包装英国发动鸦片战争的动机，同时也试图撇清教会和侵略行为的关系："作为一个宗教组织，我们与本国政府和中国之间的冲突之间没有直接利益

---

① Legge to Rev. A. Tidman, 26 Dec. 1840, Legge to Trustees, 19 Jan. and 17 Aug. 1841, LMS, Malacca, GB 102 CWM/LMS/14/02/01/027, School of Oriental and African Studies (SOAS) Archives, University of London.

② 刘存宽：《英国强占香港岛与所谓"穿鼻条约"》，《世界历史》1997 年第 2 期。

③ H. E. Legge, *James Legge: Missionary and Scholar*, London: The Religious Tract Society, 1905, p.17.

④ J. R. Morrison to Hankey, 25 Jan. 1841, J. R. Morrison to Directors, 30 Apr. 1842, LMS, S. China, GB 102 CWM/LMS/14/02/01/028, School of Oriental and African Studies (SOAS) Archives, University of London.

关系。"① 同时也难掩看到入华宣教希望的喜悦："一条将福音之光照进这个广袤帝国的新道路正在徐徐展开。"② 言下之意，是传教士即将可以入华宣教了。1839 年 7 月，理雅各和美魏茶、合信同乘一艘船东来，早已相识。这封回信的内容，作为伦敦会马六甲宣教团的成员，理雅各应该是知道的。

1841 年 11 月，伦敦会下达停办马六甲英华书院的决议，③ 一个月后告知马儒翰，他之前提出的英华书院迁入中国的建议是很有可能会被采纳的。④1842 年 2 月，伦敦会明确告知理雅各开始处置关闭事宜。1842 年 3 月，理雅各已经想象英华书院能够在香港以北更接近中国权力中心的地方办学："我更希望看到（英华）学院能够在比香港更北的地方建成。"⑤

校长理雅各上任初期就出版的这项早期教育事工成果《英马华闽粤词汇表》，应该就是 1841 年底伦敦会下达停办决议之前，理雅各在考虑英华书院可能会迁至香港的时候编纂出版的。

三 《英马华闽粤词汇表》（1841）探析

1841 年，《英马华闽粤词汇表》（*A Lexilogus of the English, Malaya and Chinese Languages: Comprehending the Vernacular Idioms of the last Hok-keen and Canton Dialects*）由马六甲英华书院印刷所出版。这部《词汇表》是理雅各接任校长后的第一项教研成果。

① LMS to W.C. Milne, Lockhart and Hobson, 30 Mar. 1841, LMS, Eastern Outgoing Letters, GB 102 CWM/LMS/14/02/01/028, School of Oriental and African Studies (SOAS) Archives, University of London.

② LMS to W.C. Milne, Lockhart and Hobson, 30 Mar. 1841, LMS, Eastern Outgoing Letters, GB 102 CWM/LMS/14/02/01/028, School of Oriental and African Studies (SOAS) Archives, University of London.

③ LMS to Legge, 4 Nov. 1841, LMS to Morrison, 30 Dec. 1841, LMS, Eastern Outgoing Letters, GB 102 CWM/LMS/14/02/01/028, School of Oriental and African Studies (SOAS) Archives, University of London.

④ LMS to Morrison, 30 Dec. 1841, LMS to Morrison, 30 Dec. 1841, LMS, Eastern Outgoing Letters, GB 102 CWM/LMS/14/02/01/028, School of Oriental and African Studies (SOAS) Archives, University of London.

⑤ Legge to Rev. A. Tidman, 12 Mar. 1842, LMS, Malacca, GB 102 CWM/LMS/14/02/01/029, School of Oriental and African Studies (SOAS) Archives, University of London.

2008 年，该词汇表已被联合国教科文组织列入世界文献档案电子化保护项目，已知存世善本有 3 个，分别藏于大英图书馆、牛津博德利图书馆和美国加州大学图书馆。笔者使用的是美国加州大学图书馆藏上海傅兰雅汉学阅览室善本。

严格来说，这部词汇表的编者并没有留下姓名，而是在前言中以"编者"（editor）自称。之所以可以确认这个编者是理雅各，是由《词汇表》的前言所提到的众多南洋和粤港澳传教士来推定的。

1.《词汇表》的排版印刷特色及词条特征

《词汇表》全书共 134 页，包含前言 1 页、马来语和粤语元音及辅音注音符号体例 2 页、正文 111 页等。词条 2458 个，分为 5 栏，由左至右分别是英语、马来语、汉语（官话）、闽方言、粤方言。大部分词条包含例词例句，涉及英语、马来语、汉语 3 种语言和闽、粤 2 种方言，使用罗马字母和汉字 2 种文字印刷，闽、粤方言使用罗马字母转译和汉字[①]对照。词条按短句到长句排列，皆为日常生活用语，句子排列似无明显规律，排版整洁，方便携带。

《词汇表》的排版印刷特色大致可以总结为以下几点：

（1）使用罗马字母与汉字金属字模混合排版；

（2）采用纵向分三栏或两栏方式排版，每栏左对齐；

（3）两页为一组，每组大约 20 个词条，英、马、汉语官话（汉字）一页，闽、粤方言（部分有汉字）一页。

《词汇表》词条具有以下特征：

（1）马来语词条翻译准确度超过汉语官话；

（2）粤方言对照汉字应为硬笔手写体，且不完整；

（3）闽方言、粤方言注音符号体系的编纂方式适合西方读者在日常生活、课堂教学、经贸活动等交际场景中应急，但不适合系统学习；

（4）句子按由短到长排列，但场景、字母顺序、关键词索引不便于快速查找。

---

① 官话部分汉字为印刷体，从开头到第 7 页第 4 句的粤语对照汉字为钢笔手写体，有可能是后人所写，故暂不纳入词条研究范围。

图1 《词汇表》第50页英、马、汉语官话词条

图2 《词汇表》第51页闽方言、粤方言词条

2.《词汇表》前言：入华前夕的南洋和粤港澳新教传教士网络

这篇前言虽然只有短短一页，但内容满满当当，涉及多名当时在南洋和粤港澳的传教士，信息量较大。之所以只有一页，很可能是为了节约纸张，控制印刷成本。但编者又想在前言中感谢所有为这部《词汇表》提供过帮助的人们，所以用相对小的字号和行距，在一页里面塞进了 10 个自然段，合约 900 字。

以下按原文次序，逐一分析理雅各在这篇前言中所提到的人和事，以梳理在其入华前夕的 1841 年，南洋和粤港澳新教传教士以理雅各为中心所结成的人际和学术网络。

前言开篇前两句，编者便承认，这本《词汇表》是以"1840 年底完成的新加坡美部会诺斯（Alfred North）先生的《英马短语集》为底本的。得到这部短语集后，编者发现如果加上一到两种中国方言，这部短语集会更加有用"。① 这便是理雅各编纂这部《词汇表》的初衷。经笔者考证，《英马短语集》② 的正式出版年份应该是 1841 年，所以理雅各得到的，很可能是已完稿但未装订的半成品。

诺斯 1836 年抵达新加坡的美部会（American Board of Commissioners for Foreign Missions，ABCFM）印工。这个宣教站是经谭信安排由伦敦会转入美部会的，所以他很可能认识谭信。1835 年，谭信因故返回英格兰，原来的马来语合作者阿卜杜拉随之转到新加坡美部会担任马来语老师和印刷顾问。诺斯在此期间曾向阿卜杜拉学习过马来语，两人建立起了合作关系。③ 正是诺斯，在 1838 年鼓励和帮助阿卜杜拉将《阿卜杜拉吉兰丹游记》（*Kisah Pelayaran Abdullah ke Kelantan*）用爪威文 ④ 和拉丁语铅模排版印刷成书。这

---

① ＿＿＿＿＿: *A Lexilogus of the English, Malay and Chinese Languages: Comprehending the Vernacular Idioms of the Last Hok-keen and Canton Dialects*, Malacca: The Anglo-Chinese College Press, 1841, Preface.

② A. North, Idiomatic Phrases to Assist Malay Boys in Learning English in Roman Letters, Singapore, 1841, Catalogue of the Library of the Philsophical Society of the U.S., Vol. 4, p. 960.

③ J. v. d. Putten, "Abdullah Munsyi and the Missionaries," *Bijdragen tot de taal-, land- en volkenkunde* 162(4)(2006): 408–440.

④ 爪威文是古代马来语所使用的的书写符号，由阿拉伯语根据马来语发音转译而成，属阿拉伯语书写系统变体的一种。

部纪实性游记成为马来文学史上第一部商业出版的文学文本，标志着现代马来文学的开端。

理雅各如何获得诺斯的这部《英马短语集》尚不可知，但通过阿卜杜拉获得的可能性是比较大的，毕竟当时阿卜杜拉正处在自由身状态，经常以半年为单位往返于新加坡和马六甲之间。他将自己和美国人诺斯合作印成的书稿带回母校英华书院，请新任校长理雅各指正，是完全合理的。至此，可以确定，理雅各《词汇表》的一部分英语短语由诺斯选编，马来语翻译则出自阿卜杜拉之手。

《词汇表》前言接着讲道："编者将其中相当一部分词条译成粤语的时候，在马礼逊教育会（the Morrison Education Society）的布朗先生的引导和帮助下，再次将编纂计划扩大到质量更高的汉语官话和罗马字母拼写的闽粤方言。"① 这里所谓"引导和帮助"，下文再详。这句话已经说明，当时理雅各和正在澳门宣教的美部会传教士布朗有着不错的交情。

"布朗先生"即萨缪尔·罗宾斯·布朗（Samuel Robbins Brown，又译为鲍留云），美部会传教士，毕业于马萨诸塞州门松学院（Monson Academy），后在耶鲁大学修读硕士，1836年进入南卡罗来纳州哥伦比亚神学院学习，后加入纽约联合教会。1838年，布朗接受美部会委任东来宣教，并加入马礼逊教育会。1839年，马礼逊教育会在澳门开办马礼逊纪念学校（Morrison Memorial School），布朗参与筹建，并在建校后担任校长。②

前言第二段第一句说："编者相信这些汉语官话翻译是忠实于原文的，因为这是一位对中英两种语言都有一定水平的中国男士完成的。"第三段首句也提到："粤方言（词条的注音符号）也是同一位中国男士的作品。这些句子是这位男士根据自己听到的布朗先生所读英语句子之后，翻译成粤方

---

① ＿＿＿＿: *A Lexilogus of the English, Malay and Chinese Languages: Comprehending the Vernacular Idioms of the Last Hok-keen and Canton Dialects*, Malacca: The Anglo–Chinese College Press, 1841, Preface.

② Edward R. Beauchamp, "Brown, Samuel Robbins," *Encyclopedia of Japan*, Tokyo: Kodansha, 1983, p.25; Richard H. Drummond, *A History of Christianity in Japan*, Grand Rapids, Michigan: William B. Eerdmans Publishing Co.1971, p. 151; W. E. Griffis, *A Maker of the New Orient, Samuel Robbins Brown*, London & Edinburgh: Fleming H. Revell Company, 1902, pp. 25–28.

言，然后用《裨治文先生佳作集》的注音符号系统转录而成的。"①

所以，这位"中国男士"应该是澳门马礼逊纪念学校的学生。"一部分粤方言词条的读起来可能（和标准粤方言）有一定差别，因为这位中国男士说过他不是来自广州城，而是来一个距离广州城大约 50 'le'（里②）的内陆村庄。"③ 这里的内陆村庄应是指香山县（今珠海市、广州市番禺区、佛山市、澳门特别行政区一带）。1841 年马礼逊纪念学校母语为粤语的粤籍学生有：黄胜（亚胜，Ashing）、黄宽（亚宽，Afan）、容闳（亚闳，Awing）和唐廷桂（亚植，Achik）。④ 这四人都是香山县人，皆是近代中国早期重要的基督徒。《词汇表》粤语词条编纂者应在这四人之中，光凭现有史料尚难以确定具体是谁。作为新校长上任编纂的第一本教材，《词汇表》的前期版本可能还有助理传教士何进善的功劳，但遗憾的是理雅各在前言中未有提及。

"在准备闽方言词条时，编者得到了美部会雅裨理（David Abeel）牧师以及他的中国老师的不小帮助。这位中国老师是一位有 Sew-Tsae（应为'秀才'）头衔的中国男士。"⑤ 雅裨理，荷裔美国归正会传教士，有丰富的东方传教经验。1829 年他与裨治文同船出发，1830 年抵达广州，在当地宣教并学习闽南语、马来语和泰语，1831 年曾到巴达维亚宣教，并得到麦都思的帮助，学习汉语和闽方言。其间他和汤雅各曾在新加坡、马六甲、曼谷等地向华人宣教。1833 年曾因身体原因离开，到英国后健康转好遂改为在欧洲宣教。1838 年，雅裨理二度来华，同船还有履新的马礼逊纪念学校校长

---

① _____: *A Lexilogus of the English, Malay and Chinese Languages: Comprehending the Vernacular Idioms of the Last Hok-keen and Canton Dialects*, Malacca: The Anglo–Chinese College Press, 1841, Preface.

② 应为理雅各按粤语"lei"（里）之读音转译，清代 1 里相当于 500 米，50 里即 25000 米。香山县所辖范围较大，这里是否确为"里"，待考。

③ _____: *A Lexilogus of the English, Malay and Chinese Languages: Comprehending the Vernacular Idioms of the Last Hok-keen and Canton Dialects*, Malacca: The Anglo–Chinese College Press, 1841, Preface.

④ 其他学生还包括周运（亚运，Awan）、亚焯（Atseuk）。

⑤ _____: *A Lexilogus of the English, Malay and Chinese Languages: Comprehending the Vernacular Idioms of the Last Hok-keen and Canton Dialects*, Malacca: The Anglo–Chinese College Press, 1841, Preface.

布朗，1839 年 2 月 20 日抵达澳门。由于当时林则徐正在广州禁烟，外国人无法进入广州，雅裨理和同为美国传教士的裨治文、伯驾（Peter Parker）、卫三畏（Samuel Wells Williams）只能暂居澳门，等候入华时机。鸦片战争爆发后，1841 年 4 月到 12 月，雅裨理转往新加坡、婆罗洲三发（Sambas）和坤甸（Pontianak）考察当地荷兰归正会宣教情况，其间很可能曾在马六甲停留。①

《词汇表》的闽方言词条很可能就是理雅各在此期间求教于雅裨理而编成的。1844 年，徐继畬在《瀛寰志略》中这样介绍雅裨理："西国多闻之士也，能作闽语。"② 说明雅裨理的闽方言水平是可以和中国官员进行学术交流的，编词汇表是绰绰有余的。

"编者本来计划闽方言也采用和粤方言同一套注音符号系统，但很快便放弃了，因为需要增加数个单元音和双元音，这样的话，注音符号就变得过于复杂了。所以最后使用的是与戴尔先生《闽方言词汇表》注音符号非常接近的一套注音符号。"理雅各小心翼翼地提出了自己对麦都思和戴尔在他们自己词汇表注音符号的改良："编者认为麦都思先生所使用的双元音符号 ch'h 和 ch 以及戴尔先生使用的 c'h 和 tsh 可以改为本词汇表所使用的 ch 和 tsh。"③ 对汉语注音符号的改良，是理雅各这部《词汇表》在伦敦会汉语语言学研究上的主要贡献。

在前言的结尾，理雅各提出学者应该选择比他自己沉浸度更高的方法学习汉语，不要像编者（即理雅各）那样，在工作中屡屡犯错才发现错了。他也指出了《词汇表》存在注音符号错误，近三分之一篇幅将 Tshid-ây 误印为 Chid-ây，将 chěy 印成 tshǎyh，将 böëyh 印成 böěyh。"这部《词汇表》可以用作学校教材，也对正在提升水平的人，和那些开始使用汉语来表达他们想法的人有用。"④

① 李亚丁：《福音与文化的使者——雅裨理》，《大使命》2014 年第 111 期。

② 徐继畬：《瀛寰志略》，上海书店出版社，2001，"自序"，第 6 页。

③ ＿＿＿＿: *A Lexilogus of the English, Malay and Chinese Languages: Comprehending the Vernacular Idioms of the Last Hok-keen and Canton Dialects*, Malacca: The Anglo-Chinese College Press, 1841, Preface.

④ ＿＿＿＿: *A Lexilogus of the English, Malay and Chinese Languages: Comprehending the Vernacular Idioms of the Last Hok-keen and Canton Dialects*, Malacca: The Anglo-Chinese College Press, 1841, Preface.

从时人对《词汇表》的评价来看，理雅各虽然是英国新教传教士，但作为伦敦会第三代传教士中的佼佼者，其教会学校校长的学术素养和能力至少已经获得了美国主流新教教会认可。1842年7月23日，理雅各被授予纽约大学神学荣誉博士学位。上一位获此荣誉的是《中国丛报》编辑裨治文。纽约大学评价理雅各拥有"杰出的文学成就和过人的虔诚"。理雅各和裨治文的提名人应该就是雅裨理。[①]

至此，除了理雅各本人，前言所提到的南洋和粤港澳人际网络有两种人群：第一种，教会传教士或印工，包括伦敦会的麦都思、戴尔，美部会的诺斯、布朗、裨治文、雅裨理；第二种，中国师生和马来教师，负责汉语官话、闽方言、粤方言词条的编纂和修订的，是英华书院和马礼逊纪念学校的中国教师和师生，马来语词条则由阿卜杜拉包办。《词汇表》中，理雅各把不地道的官话词条比喻为"穿了中国裙子的英语"，可见他对追求地道和流畅表达的要求是很高的。理雅各把帮忙润色官话词条的汉语雇员称为"Seen-Shang"（先生），把雅裨理的汉语老师称为"teacher"（老师），应是有意为之，可能是一种他表达亲疏或尊重的用词习惯。

《词汇表》前言所展示出来的以理雅各为中心的1841年南洋和粤港澳新教传教士网络，说明英美新教差会之间已经形成相对稳定有效的人际和学术交流机制，在入华前夕俨然形成了一个宣教利益和汉学研究的传教士共同体。《词汇表》成为这个共同体在1841年所进行知识生产的缩影。

应该说，《词汇表》的出版，标志着理雅各从一个被排挤的年轻传教士，正式成长为一个有所作为的南洋基督教教会学校校长。理雅各的汉学知识和人际交往能力也获得了认可，他也成为南洋和粤港澳传教士知识生产共同体的一分子。

四　定址香港（1842年8月~1843年8月）

1842年2月，伦敦会正式通知理雅各启动停办马六甲英华书院的工作，

[①]　M. L. Bowman, *James Legge and the Chinese Classics: A Brilliant Scot in the Turmoil of Colonial Hong Kong*, Vancouver: Friesen Press, 2015, p.230.

做好善后计划。① 1842 年 8 月 29 日，中国近代史第一个不平等条约《南京条约》签订，香港被割让给英国，五口通商时代开始。② 到了 10 月，戴尔说出了所有入华传教士的心声："中国的门户开放了……我们该怎么做呢？中国教区传教士驻留群岛地区（指海洋东南亚）的理由已经不再存在了，所有人都感受到入华的时间到了。"③

1842 年 12 月，伦敦会理事会致信马儒翰，决定让东亚布道站的传教士在香港集合，讨论日后如何在中国开展宣教的具体提案。英华书院的用地应该向港英政府申请，若失败，则用变卖伦敦会在马六甲的资产所得款项购地。④ 所以，英华书院至此已确定迁往香港。

1843 年 8 月，港英政府首任总督璞鼎查（Sir Henry Pottinger）在给伦敦会的回信中直接回绝了申请，且用词毫不客气。他给出的理由是既然马礼逊教育会将接管英华书院，所以上一年已经将一片面积足够大且价值不菲的香港岛土地批给了马礼逊教育会。璞鼎查用的字眼是"supersede"，有"用新的、更佳者替代旧的、过时的"之义，足见他对伦敦会传教士印象不佳。更致命的是，原本英华书院每年 1200 西班牙银元的津贴已经转给马礼逊教育会。璞鼎查甚至宣布，英国伦敦政府已经不会再向港英政府增加拨款，⑤ 言下之意，就是不要期待后续会有补发。哈里森认为，璞鼎查粗暴回绝英华书院的要求，是因为 1842 年鸦片战争尾声时他曾向海峡殖民地三城征召汉语译员，但无人响应，令其陷入被动，所以被他记恨。⑥

至于为何会如此爽快地批给马礼逊教育会，应与马儒翰的双重身份有关。1839 年之后，马儒翰就拥有了双重身份：第一，伦敦会创办人罗伯特·

---

① B. Harrison, *Waiting for China: The Anglo-Chinese College at Malacca, 1818-1843, and Early Nineteenth-Century Missions*, Hong Kong: Hong Kong University Press, 1979, pp. 109-110.

② 郭廷以：《近代中国史纲》，格致出版社、上海人民出版社，2012，第 12 页。

③ Dyer to Tidman, 15 Oct. 1842, LMS, Singapore, GB 102 CWM/LMS/14/02/01/029, School of Oriental and African Studies (SOAS) Archives, University of London.

④ LMS to J. R. Morrison, n.d., LMS, Eastern Outgoing Letters, GB 102 CWM/LMS/14/02/01/029, School of Oriental and African Studies (SOAS) Archives, University of London.

⑤ Governor's Reply to LMS Missionaries to Government of Hong Kong, 21 Aug. 1843, GB 102 CWM/LMS/14/02/01/030, School of Oriental and African Studies (SOAS) Archives, University of London.

⑥ B. Harrison, *Waiting for China: The Anglo-Chinese College at Malacca, 1818-1843, and Early Nineteenth-Century Missions*, Hong Kong University Press, p. 111.

马礼逊之子；第二，港英殖民政府首任总督、驻华商务总监及英方全权代表璞鼎查的首席翻译兼秘书。马儒翰在义律担任英国对华全权代表时就已经担任其首席翻译，到 1843 年 8 月璞鼎查接替义律后，马儒翰再次作为首席翻译参与了《南京条约》的谈判，为英方侵华提供帮助。① 因此，关于 1842 年 3 月马儒翰提出的马礼逊纪念学校迁往香港并接管英华书院的提案，璞鼎查会优先批准也不足为奇。② 吴义雄教授指出，"传教士在鸦片战争前后的具体历史条件下，在一定意义上，传教士在宗教上的利益与英国的侵略利益是一致的，这是传教士支持鸦片战争的基本动力"。③

1843 年 8 月 26 日，为适应新形势，香港中华区传教士会议通过决议，英华书院将改制为一所神学院，专门为信徒和未来牧师提供神学培训，名称变更为伦敦会中国宣教团神学院（The Theological Seminary of the London Missionary Society's Mission to China）。④ 1843 年 12 月，理雅各在给伦敦会的信中无奈地接受了现实："璞鼎查先生对学院给出了负面评价已经是不争的事实。……我不怪他停止发放津贴，只是对事前毫无预警和通知略有不满。"⑤

至此，理雅各的马六甲英华书院校长生涯正式告一段落。虽然英华书院最终成功入华，但终究与马礼逊和米怜建校时的初衷相去甚远。

结　语

理雅各作为伦敦会第三代来华传教士中的佼佼者，其入华前夕的教育事工基本围绕马六甲英华书院展开。理雅各对该书院教育事工和入华宣教理想

---

① 谭树林：《英华书院与晚清翻译人才之培养——以袁德辉、马儒翰为中心的考察》，《安徽史学》2014 年第 2 期。

② 胡其柱、贾永梅：《翻译的政治：马儒翰与第一次鸦片战争》，《浙江社会科学》2010 年第 4 期。

③ 吴义雄：《在宗教与世俗之间——基督教新教传教士在华南沿海的早期活动研究》，广东教育出版社，2000，第 301 页。

④ Conference Resolutions, 26 Aug. 1843, LMS, S. China, GB 102 CWM/LMS/14/02/01/030, School of Oriental and African Studies (SOAS) Archives, University of London.

⑤ Leege to Tidman, 14 Dec. 1843, LMS, S. China, GB 102 CWM/LMS/14/02/01/030, School of Oriental and African Studies (SOAS) Archives, University of London.

之间的关系，经历了等待入华到正式入华这一重大转折，以传教士、校长、汉学家等身份，目睹了中国的大变局，心境经历了最初的憧憬，然后失望，再到挽救，然后整顿，最后接受，逐渐成长为一个成熟的入华传教士。

1841 年在英华书院印刷所出版的《英马华闽粤词汇表》，是理雅各接任英华书院校长之后的第一项主要教研成果，是其入华前夕教育事工业务水平的缩影。《词汇表》的前言反映出理雅各已经成为当时南洋和粤港澳英美新教传教士网络的一分子。这个网络因宣教利益和汉学研究结成了一个共同体，《词汇表》便是这个共同体进行知识生产的产物。理雅各也因这项成果，获得了美国同行的认可。

此外，就本文而言，与理雅各及伦敦会和美部会传教士同道长期交往的中国人和马来人，如何进善和阿卜杜拉，扮演了不可或缺的桥梁角色。理雅各等人的西式东方研究话语体系，充当了中国人和马来人对自身文化体系原有秩序的反思、改良和创新的导火索。最终，这些接触过西学和西人，有才能、毅力和远见的东方人，扮演了揭开中国文化和马来文化现代化进程序幕的历史角色。

日本帝国陆军军用电信队的设置、边缘化与落幕
——兼论 19 世纪 80 年代日本军事思想变迁

胡哲源　陈博翼*

　　摘　要： 1880 年设立的日本帝国陆军军用电信队，作为参谋本部的下设机构负责平时、战时日本陆军内部的通信事宜。这一军用电信的专设机关，却因制度设计、人员配置、业务结构上的诸多缺陷于短短 8 年后的 1887 年为帝国陆军所裁撤。虽然存续时间有限，但作为 19 世纪 80 年代初参谋本部体系下的重要建制之一，军用电信队的兴衰与这一时期明治政府军政分离、平战时体系完善及战时大本营建设的军事思想均存在联系，因而在近代日本军制史研究上有着特别的意义。

　　关键词： 明治日本；军用电信队；参谋本部

导　言

　　明治 11 年（1878）11 月，由陆军省奏请、太政官通过的《参谋本部条例》以及随之而诞生的参谋本部体制，作为日本近代军事制度中跨时代的一笔，在近代日本军制史研究中多为学者所言及。

　　迄今对 1878 年《参谋本部条例》与参谋本部的主流研究，多集中于对其在明治日本内外军事、政治思想中的实际位置及作用、影响的探讨与分析上。而放大至具体的主题，则基本可归类为平战时体系建设与兵政分离两点。

　　平战时体系建设与兵政分离作为 1877 年西南战争后直至 1895 年甲午战争前日本军队建设的难以分割的两条主线，往往被学者合而述之。最早较为系统、学术性地讨论参谋本部体制在其中的地位以及其所发挥影响的，应为藤田嗣雄于战后进行的系列研究。[1] 其从日本参谋本部体系的理论基础着

---

　　* 胡哲源，厦门大学历史学系 2022 届本科生，研究方向为日本史；陈博翼，厦门大学历史学系副教授、博士生导师，研究方向为社会经济史。

[1] 藤田嗣雄『明治軍政』信山社、1992。

手，比对日本 19 世纪 70 年代末至 90 年代初所施行的参谋本部体制与普鲁士于拿破仑战争后基于军制改革建设的参谋制度，分析二者间的继承与创制，并转至日本明治初期与普鲁士三次王朝战争期间社会对于军事力量的期许的异同，提出日本除建立完善的战时征召、作战体系以巩固国防、争夺利益外，在这一时期还存在文官集团与武官集团间围绕军队统率（即日文语境下的专门用语统帅）权（管理、指挥权）的一系列博弈，而 1878 年的《参谋本部条例》则将兵政分离这一隐线推向制度化，并间接导致了日本文官优位（civilian control）体系的崩坏。相比于藤田嗣雄，大江志乃夫的研究[①] 进一步放大了参谋本部的政治、社会属性。他将 1878 年《参谋本部条例》与同年颁布的《军人训诫》、《陆军职制》和《陆军省职务章程》归纳为一个相互嵌套的完整军政体系，认为其产生的主要推力一为西南战争后陆军职责由对内向对外的转换，二为文武官集团间的权力争夺以及社会与政府内部自由民权运动和国会开设运动的压力。《参谋本部条例》通过将军令事项（统率权）从内阁的控制中独立化，从而将文官集团排除出军队统率事务；同时通过将统率权直隶于天皇，淡化了少数精英政治的色彩，以缓解社会对当下政局的攻击情绪。在这种情形下，参谋本部只成为天皇的辅佐机关，不承担任何直接的政治责任，也不具备任何的决策与执行权。远藤芳信的研究[②] 则更突出了参谋本部在平时、战时军制建设中的意义。他一方面总结了 1878 年参谋本部设置的原因（德意志军制的影响，军队"中立化、非政治化"的需要，西南战争中情报、规划不足的教训）及其在军令、政令两者分离上的制度性特征；另一方面则集中于《参谋本部条例》中平时、战时一体化军令行使机关建设的意图，将其归结为 19 世纪 90 年代初期大本营条例前日本陆军平时、战时一体化军事制度建设中的一环。

进入 21 世纪后，除对于以上平战时体系建设与兵政分离两条主线的论述，军事史学者开始着眼于参谋本部在具体战争、战役中扮演的对外情报组

---

① 大江志乃夫『日本の参謀本部』中央公論社、1985。
② 遠藤芳信「日露戦争前における戦時編制と陸軍動員計画思想（4）平時戦時混然一体化の参謀本部体制の成立」『北海道教育大学紀要』第 56 巻第 2 号、2006 年。

织与战略规划组织的角色。关诚的研究[①] 分别列举了自 1878 年至 1893 年各时期参谋本部针对清、俄两国开展的各类情报活动，并将其与上层政治阶层中流行的"对清强硬论"与"俄国威胁论"相结合，揭示了这一时期参谋本部作为情报机关的活动方针及其影响。佐藤守男[②] 也同样重点关注了参谋本部的情报功能，但相比于关诚的研究，其更集中于日俄两国间情报与战略的博弈，并突出了参谋本部事前战略制定、战术规划的功能。此外，关于参谋本部相关资料的收集、整理，广濑顺皓对明治 35 年部分整理的《参谋本部历史草案》进行了重新编辑、复刻、出版，共集成《正史编》11 册（明治四年至 21 年）和《编辑材料》26 册（明治 11 年至 36 年）共 37 册资料集，包括条例、编制、日记以及人事、军事、内政、外交等相关的各类原始资料，对于参谋本部的相关研究颇有裨益。

然而，经历西南战争后，诞生未久的明治政府处于既耽于内忧又恐于外患的时代背景下，1878 年参谋本部的设置必然不可能是步步为营、历经长线运营的结果。纵使此前历经兵部省参谋科、陆军省第六局与参谋局的铺垫，其对于变革不断的帝国陆军而言，仍然属于新事物。要让其发挥出在制度设计初被期许的情报谍报、战略规划乃至巩固政局、增强军备上的作用，一套与之配套的、发挥具体职能的执行系统显然必不可少。而在这之中，除了参谋本部自身的决策系统外，至关重要的便是联通军中各个环节的信报传递系统，即 1880 年诞生的军用电信队体制。

如前所述，在近代日本军事史研究中，关于参谋本部的成果已经相当丰富，但多数研究都集中于参谋本部自身的意义及作用，而很少言及与之并行的配套组织的具体形态，更遑论其实际的运作模式。自从 1858 年萨摩藩的电报通信试验，近代日本开始逐步迈入电信实用化的阶段，而明治初年的电信业务因其成本的高昂，很大程度上仅服务于政府内部军事、外交的主题。但与之相对，学界关于军用电信的研究却鲜少可见，针对仅在 1880 年

---

① 関誠「日清戦争以前の日本陸軍参謀本部の情報活動と軍事的対外認識」日本国際政治学会編『国際政治』第 154 号、2008 年。
② 佐藤守男「情報戦争としての日露戦争：参謀本部における対ロシア戦略の決定体制一九〇二—一九〇四年」『史学雑誌』第 108 号第 12 期、1999 年。

至 1887 年八年时间内设置的军用电信队，相关研究更是屈指可数。本文即旨在通过比对、分析当时日本陆军内部流通与外部发布的各类文书，考察军用电信队的实际运作模式，并从中得出其对于参谋本部体制，乃至日本近代整体军制变迁的影响和意义。

一　军用电信队运作模式

本节中，将主要从隶属关系—管理方式、平时业务、战时业务三个方面论述军用电信队的运作模式。

1. 隶属关系—管理方式

要厘清军用电信队整体的运行逻辑，就必须对其上下隶属关系以及管理方式有一个基本的认识。

1880 年军用电信队设置的背后，很大程度上有新设参谋本部体制的推力。基于这一动机，《概则》中将参谋本部规定为军用电信队的直接上级机关。[①] 参谋本部于军用电信队设置的同年新设电信课作为附属诸课之一，作为管理平时、战时军用电信队人员编制、器械储存、经费拨给、制度制定等相关事务的机构，[②] 课长由管东局局员兼任，军衔是少佐。[③]

需要注意的是，电信课虽为应军用电信队事务处理之需所设，但并不隶属于军用电信队，而是直接隶属于参谋本部长。如此便出现电信课课长与军用电信队提理间的关系问题：根据明治 13 年至 19 年参谋本部大日记中保留的内部文书，[④] 可以整理出军用电信队副提理与电信课课长间的职务关系。鉴于二者间基本不存在直接申请、许可等公文往来，可判断二者不属于从属

---

① 参考 1865 年 6 月 9 日陆军省布第 169 号附录『六管鎮台表』。
② 明治 13 年 11 月『参謀本部条例中改正追加』第十九条「電信課ハ平戦両時電信隊ノ編制及ヒ其人員ヲ調査シ又豫備ノ機械車輌ヲ収蔵シ之ヲ修理費配与シ或ハ本部長ノ命ニ因リ電信隊ニ関スル諸則ノ調査ニ従事スルアルヘシ」。
③ 明治 13 年 10 月至 12 月，進退原簿「参謀本部管東局員 陸軍歩兵少佐大島貞恭 右参謀本部電信課々長兼勤被仰付度」。
④ 参謀本部『大日記部内申牒参水』。

关系。其职责分工大致为：军用电信队副提理主要负责人事相关事务（人员出仕、人员除名、人员卒业等），电信课课长主要负责器械（器械储存、器械统计、器械修理、器械买取等）与金钱相关事务（费用支给、在库被盗等）。该分工界限并不绝对，也存在少数二者联署或一方附署，以及代行职责的情况。①

　　但无论军用电信队副提理还是电信课课长，其直接上级机关都为参谋本部。一切电信队相关事务或情况，都需经副提理、电信课课长向上申请、汇报，参谋本部长、本部长代理、次长审理通过后才得以实行、记录，几乎不存在军用电信队自行决策实行的情况。另外，在向下的事务执行与管理上，针对平时事务，虽有第一、第二电信队队长及其下小队长等下级军官的设置，但各类事务的管理与决策，基本都与最高长官直接关联，鲜见下级军官的身影。虽不能由此就完全否定下级军官在基层命令传达、事务执行中的作用，但也可看出，军用电信队于平时的事务处理中，采取的是一套较为原始的点对点而非多层的管理体系。平时具体人事的变动、物资的调拨、设施的增撤等，都由副提理或电信课课长亲自决策并负责实施。这种单线管理方式能够有效实行，一方面是由于军用电信队队员数有限，不需运用多层结构也能得到较为有序的管理；另一方面也从侧面反映出，就平时而言，参谋本部统辖下的军用电信队事务有限，并非活跃程度较高的机关。

---

① 军用电信队副提理及电信课课长职责分工的可参考：参谋本部『大日记部内申牒 5 参水明治 14 年 9 月 10 月』参水第一七五八号電甲第六十一号（人员出仕）；参谋本部『大日记部内申牒 5 参水明治 15 年 9 月 10 月』第一七九八号電甲第百四十二号（人员除名）；参谋本部『大日记部内申牒 5 参水明治 14 年 9 月 10 月』参水第一六六〇号電甲第万四十八号（人员卒业）；参谋本部『大日记部内申牒 5 参水明治 14 年 9 月 10 月』参水第一六七六号電甲第七十六号（器械储存）；参谋本部『大日记部内申牒 6 参水明治 14 年 11 月 12 月』参水第二〇五三号電甲第百〇五号（器械统计）；参谋本部『大日记部内申牒 6 参水明治 14 年 11 月 12 月』参水第二二六二号電甲第百十八号（器械修理）；参谋本部『大日记部内申牒 2 参水明治 15 年 3 月 4 月』参水第四五五号電乙第七号（器械买取）；参谋本部『大日记部内申牒 4 参水明治 18 年 10 月至 12 月』参水第一六二八号受丙第三七三六号（费用支给）；参谋本部『大日记部内申牒 1 参水明治 15 年 1 月 2 月』参水第四一五号（在库被盗）；参谋本部『大日记部内申牒 5 参水明治 14 年 9 月 10 月』参水第一七五五号（联署）；参谋本部『大日记部内申牒参水明治 17 年 9 月 10 月』参水第一五七五号電甲第百二十七号（附署）；参谋本部『大日记部内申牒 4 参水明治 18 年 10 月至 12 月』参水第一六九七号（职务交替）。

明治 14 年《战时编制总纲》与明治 19 年《战时编制总纲改正》将军用电信队规定为军团本营的下设部门，军用电信队提理直接隶属于军团长。[①]依据《概则》第一条规定，军用电信队隶属于参谋本部，这一原则在平时、战时均生效。如此，战时的军用电信队便拥有两个直接上级机关，一为军团本部，二为参谋本部。在明确的职责范围规定上，明治 18 年《战时军用电信队服务规则》第四条规定："依据军团长命令进行电线的架设撤收、通信所的开闭与转移。"[②]对这一制度设计可推定，在军用电信队相关的事务中，战时相关的各类通信事项应当属于军团本部的优先管辖范围，而此外与平时相同的人事、后勤等事项则仍优先由参谋本部管辖。此外，战时军用电信队在制度设计中长期被置于单军团编制下，该设计并不符合日本陆军多军团联合作战的实际需求。假设军团长的统辖仅针对本军团下所属的军用电信队，而非军用电信队整体，此矛盾也可得以解决。

此处以陆军省总务局《明治十五年四月大日记局部水》参木第一一七号，东京镇台习志野原演习中军用电信队营地建设与通信施行照会记录为例：

> 近日因东京镇台各队将于习志野地进行演习，需抽调军用电信队内一小队赴现场进行建设与通信等作业。该小队受东京镇台司令官指挥。[③]

此处可以得到的信息有：参与演习的小队为电信队原有的一小队编制，该编制由参谋本部决定，而非其所在部队的司令官；现场的军用电信小队指挥权在部队司令官处，而与参谋本部无直接关联。基于演习本身还原战事的性质，基本可以验证以下的猜想：参谋本部拥有战时军用电信队的人事管辖权，部

---

① 参考明治 13 年 11 月『参谋本部条例中改正追加』第十九条。

② 『戦時軍用電信隊服務規則』第四条「電線ノ架設撤収通信所ノ開閉及ヒハ軍団長ノ命令ニ従ヒ施行スヘキモノトス」。

③ 原文为「今般東京鎮台諸隊習志野原ニ於而演習施行之際当本部軍用電信隊ノ内一小隊実地建築并通信等之業施行之為〆同地ヘ出張可為致ニ付出張中ハ東京鎮台司令官之指揮ヲ可受旨同隊ヘ被相達候間右之趣東京鎮台ヘ御達相成候様致度此段及御照会候也」。

队司令官则负责对其麾下电信队下达具体命令，以达成战时通信的目的。

由此可窥见战时军用电信队多层级统辖、管理体系的一角。在基于制度设计的人事事项受到参谋本部统一管理的同时，分辖于战时各级统率、指挥机关的各部则直接接受所属部队司令官的指挥。在这样的隶属关系下，军用电信队各级、各部被不同层级的现地作战机关分割，自然不可能再沿用平时点对点的单层级管理体系，为完成自身所属司令官的命令，军用电信队的下级军官不得不承担起一定的决策、管理、执行职责，从而构架起战时军用电信队多层级的管理体系。

2. 平时业务

如前所述，在军用电信队存续的1880年至1887年，日本并未发生实质性的战事，因此在某种意义上，此期间军用电信队实行的一切业务，除少数演习及非常规外交事务外，基本都可被归为平时业务。鉴于军用电信队在平战时编制上的兵种设置并无大差（关于其具体情形及判断标准，前文已有论述），可认定其在平时、战时的基本业务种类也大体一致，即基于建筑兵的电报线铺设、维护、修理以及基于军用电信技手的电报发送、接收。因而，其于平时与战时的业务差别更多来自服务的范围。然而，面向占军用电信队实际业务绝大多数的平时业务，其成文制度却极少。如果说，战时军用电信队的服务范围理应更多集中于战事相关情报及军令的传递，那么其在平时的服务范围则仅有《概则》中"陆军内部事务"这一不甚明晰的规划。故此，要厘清军用电信队于平时的业务范围及其细节，就必须依靠对其业务实例的分析。而明治15年东京府内陆军各官厅内通信所设置、改制的事件，便可作为军用电信队平时业务执行的一个极好例子。

首先，关于通信所设置的动因，在由参谋本部发向陆军省的照会文书中说明如下：

> 军用电信技手结业后就任电信技手，但于平时并无正式职务，没有活用自身技能的途径，而东京府内陆军各官厅于日常事务中常需进行电信通信，因此于府内各官厅中合适处设置数处通信所，以锻炼电信技手

之技能，并减少陆军内电信通信费用及步骤。^①

　　其一，军用电信技手学徒毕业后就任军用电信技手，但其于平时缺少能活用其所学技能的本职工作；其二，府内陆军诸官厅在日常事务中常需使用电信通信，因而产生较高通信费用。于府内陆军诸官厅设置通信所，一是让军用电信技手在平时有职可务，使其知识技能不至于生疏；二是满足陆军诸部于平时的通信需求，减少陆军内部通信产生的手续费。

　　且先不论陆军官厅通信所设置的具体事项，从其设置理由中就已可看出军用电信队平时业务执行中存在的部分问题。首先，军用电信技手于平时无固定本职，处于闲置状态。其次，陆军诸官厅的电信通信，或者说陆军平时事务的电信通信并不依靠军用电信队，而是通过另一套电信系统代为传递。换而言之，起码直至该时间点，军用电信队并未在实际上发挥其于平时陆军内部通信上的作用。

　　而关于陆军内诸官厅中通信所设置、运营的细节，以东京府内各宪兵屯所为例，其规定如下：

　　　　一　电信用各器械铜线等均由电信队所存战备品中调拨，至于战时不得已时进行撤收。

　　　　一　陆军省内电信事务所此前由工部省抽调的电信技手进行运营，今后改由军用电信队技手负责。另外，陆军省与筑地中央电信局间所连电线送至陆军省，此后由陆军省负责架设……

　　　　一　电信柱材料……运输由东京镇台辎重队负责，建设由电信队建筑兵负责……

　　　　一　电信设施保养费……划拨至军用电信队。

　　　　一　为保证昼夜通信，除日间通信由电信队技手负责外，另设置陆军省宪兵本部通信所技手两名，市谷芝本所、下谷宪兵屯所技手各一名

---

^①　陆军省总务局「大日記局部水明治 14 年 11 月」收录、参谋本部送達参木第四四九号陆军省受領貳第二八三一号。

负责夜间通信，每人每日补贴3钱5厘作为夜间餐费。①

在通信所建设的事项中，通信所设置所需电线、器械等由军用电信队所存战时备用品中抽调，具体分工上，电线柱等材料的购入由工兵第一方面②负责，运输由东京镇台辎重队负责，建设则由军用电信队建筑兵负责。可以观察到，除所属建筑兵在电信线路铺设与电信设施建设上的职责外，军用电信队还于平时承担战时军用电信备品的存储、保管功能，且与工兵和地方镇台形成一定的协作关系。

而关于通信所运营的事项，引文中主要提到了以下三点：（1）陆军省内电信事务所中通信手由工部省电信技手替换为军用电信技手；（2）各宪兵屯所所在通信所中通信事务，由军用电信队技手与陆军省宪兵本部通信所所雇用技手共同承担；（3）通信所所需场地及其消耗品（炭油杂物等）所需费用，由其所在官厅提供。

据此，军用电信技手的平时业务职责被明确为陆军省内电信事务所及陆军内部各官厅内通信所中的电信通信。同时，作为被替换的对象，此前在陆军内部长期通用且区别于军用电信队的电信系统的正体也得到了揭示，即工部省下设，基于筑地中央电信局与各地方分局构成的工部电信局系统。较之军用电信队，工部电信局的设置时间点更早，功能与业务范围更加完备，制度设计也相对偏向于平时公私电报的传递。故可以认为，在平时通信的背景下，这一对陆军内部电信通信业务承担主体替换的形式意义大于功能意义——其主要目的为挽回军用电信技手在平时成为闲职的制度失误，而非出于军用电信通信系统独立化或平时、战时电信通信系统一体化等合理性的考虑。

另外，需要注意的是，这一基于陆军官厅内部通信的军用电信队平时业务，其范围仅局限于东京府内，即陆军省及参谋本部所在地，抑或说是帝

① 「明治十五年从七月至十二月工兵各方面」收录、第三千五百九十五号。
② 根据1874年11月《工兵方面条例》，日本全国工兵被分为第一方面（东京）、第二方面（仙台）、第三方面（名古屋）、第四方面（大阪）、第五方面（广岛）、第六方面（熊本）共六方面，每方面设置提理1名进行管理。

国陆军的核心区。与工部电信局依靠各电信分局张开的电信通信网不同，军用电信队的平时电信通信系统始终未延展至地方。至于其在各镇台及其管下府、县所开展的平时业务，不仅数量较少，且大都具有较强的临时性，而非基于制度设计的长期业务。如明治 14 年初炮兵于越中岛进行的克虏伯炮[1]火药试验，即抽调军用电信队部分成员前往现场进行电线架设工作。[2]

可见，平时业务虽占军用电信队实际业务的绝大多数乃至全部内容，但针对其的初期制度设计却极其缺乏，中后期的补救性措施又多带有"不得已而为之"的形式主义性质。鉴于这一原因，军用电信队虽在设置之初带有陆军内部平时通信的职责，但该设计并未能在其存续期间顺利发挥作用。这一现状也使军用电信队实际职能大幅弱化，从而成为其在存续中后期被逐步边缘化，乃至被撤销的重要原因。

3. 战时业务

对比于寥寥的平时业务制度，围绕军用电信队战时业务的制度设计要完备得多。在其设置之初，第一、第二电信队的分工即服务于战时师、旅团及大本营与兵站等构成的分级指挥、统率系统。[3] 而此后的相关制度更新，也多集中于军用电信队战时业务的具体实施。故此，在军用电信队存续晚期——明治 18 年制定的《战时军用电信队服务规则》中，关于军用电信队的战时业务设计已基本形成一个较为完整的框架。

《战时军用电信队服务规则》主要对战时军中通信所的设置及其运营规则（配置、信报分类及处置规则）与军用电信队各人员的战时具体职务细则进行了规定，一军团下置八通信所，用于战时军团各部通信事务，其中军团本营下置一所，二师团本营下各置一所，交通线中共置三所，剩余两所

---

[1] 克虏伯 75mm 野战炮，由德国克虏伯公司设计生产，于 19 世纪末 20 世纪初广泛使用。

[2] 参照参谋本部「大日記監軍部鎮台各局各官廨及他局送達ニ参金明治 14 年自 1 月至 6 月」金第六十五号。

[3] 明治 13 年『軍用電信隊概則』第三条「戰時ニハ第一電信隊ヲ以テ師団及ヒ旅団ニ分賦シ第二電信隊ヲシテ大本營及ヒ兵站間ニ要スル通信ノ事ヲ掌ヲシム時トシテハ第三電信隊ヲ編制シ之ヲ豫備隊ト為スコトアリ」。

作为备用，根据临时需求进行设置。① 在业务范围上，通信所仅服务于军事用途，不传递、接收任何私人电讯。② 电报分为官报（战事相关一切公用通信）及队报（军用电信队内部通信），其下又各分常报、急报、飞报三级，优先程度依次升高，递送方式也有所区别；③ 另外，根据其内容省略程度，信报又分为寻常、报知依赖与书留三类，愈靠后者信息愈全，所记事务也愈重要。在人员分工上，除提理（副提理）总理职务未变外，其余人员的战时职务也进一步得到明确。其中，队长与小队长负责其所辖区域内电线架设及通信事务的总管；④ 输送长及输送系下属本部、中队书记，以及器械挂、输送挂，前者负责队内的文书记录及庶务，后者则负责后方—战地电信物资的贮存、运输事宜。⑤ 此外，关于核心的电报收发与电线铺设业务，在原有通信手（电信技手担任）及建筑手（建筑兵担任）的基础上，又明确了技监、通信所长与建筑长、建筑师的职责，⑥ 使军用电信队于战时的基础业务进一步立体化。

1882 年 7 月 23 日，汉城爆发壬午兵变，朝鲜京城军人武卫营及壮御营发动聚众哗变，与平民共同攻击王宫、政府官衙、官员私宅。在对兵变中日方使馆遭袭，部分日方驻朝文职、军职人员遇害等事件的处理中，明治政府采取强硬态度，除派遣事件发生时借英国测量舰紧急回国的花房义质驻朝公使赴朝提出赔偿及道歉要求外，还于熊本镇台下属步兵第 14 连队（小仓营所所属）中抽调 240 人编成一中队作为随行部队，由西部监军代理高岛鞆之助陆军少将带队。与此同时，为应对可能发生的战事，经内阁通过，决定分别召集第一军管至第五军管管下的预备兵（因事件后续发展而未真正召集），并于 8 月初开始实行旅团编成与行军演习。

至此，陆军内部已接近战时状态。在非常备战的背景下，作为军令发布

① 参考明治 14 年『戦時編制概則』第二章第十二条；明治 19 年『戦時編制概則』第二章第十二条。
② 明治 18 年 1 月『戦時軍用電信隊服務規則』第一章第五条。
③ 明治 18 年 1 月『戦時軍用電信隊服務規則』第一章第七条。
④ 明治 18 年 1 月『戦時軍用電信隊服務規則』第二章第六条、第十条。
⑤ 明治 18 年 1 月『戦時軍用電信隊服務規則』第二章第三条、第四条、第五条、第七条、第八条、第九条。
⑥ 明治 18 年 1 月『戦時軍用電信隊服務規則』第二章第十一条、第十二条、第十三条。

者的陆军卿与作为军令执行者的镇台司令官间所进行的电信通信，也基本与战时陆军内部的电信通信无异。而上述二者间电信通信所依赖的电报传递系统，一定意义上代表该时期陆军于战时实际采用的电信军令传递系统。

在卿官房下关于壬午兵变的文书集中，收录了时任陆军卿的大山岩与时任熊本镇台司令官的国思顺正少将间的电报通信记录，[①] 以其中八月十三日午八时二十五分发午九时四十五分着陆军省着报为例，表记复原如表1。

表1 地方镇台与陆军省电报一例

明治十五年着局纸										
	着局				发局					
技術 玄島	午九時四五分	八月十三日	陸軍省電信事務局	第●●号	字数五五〇	午八時二五分	八月十三日	福島分局	第十三号	官報
正文内容（假名 省略）									届 陸軍卿 大山巌	
									出 福岡国 司少将	

注：●处为原表字迹不清处

该报分类为官报，由熊本镇台国思顺正陆军少将发出，陆军卿大山岩接收；发局为福冈分局，着局为陆军省电信事务局。正如前述，军用电信队于平时在除东京府外的地方镇台、府县并无分队或通信所设置，此处的电报发局福冈分局显然为工部省所属电信局的福冈地方分局。根据该报的收发信时间点，此时陆军省内所设电信事务局依然由工部省电信技手负责运营，而不属于军用电信队的管辖范围。即可认为，在针对壬午兵变的备战、动员等陆

① 卿官房「明治15年7月30日起朝鲜事件密事编册」。

军内部联络事项中，所采用的电报传递系统依旧为用于平时官、民两方电报传递的工部电信局系统，而非为陆军事务通信专设的军用电信队。

虽然上述通信并非正式战地通信，但也可看出，未有地方分结构设置、人员配置长期不足的军用电信队，并不足以应对临时、突发的军用通信。相反，在无总体战或大规模远征的情况下，已经拥有较为成熟的信报处理机制及各地分局的工部电信局则完全可以取代军用电信队，发挥临时的军用通信功能。

结合军用电信队平时、战时业务实行的实际情形，其远未达成设计初"负责平时、战时陆军内部通信"的目标。除却"陆军内部"这一专用性、独立性特征外，其平时具有的一切业务功能都可被工部电信局代行，加之人员不足、缺乏地方分机构的弊病，也使其难以在突发的战争、临战状况下发挥军用通信的作用。在制度设计上，其重视战时而忽视平时；而在实际业务上，平时业务却远多于战时业务。可以说，正是平战时制度设计与实际业务上的不平衡，使军用电信队无法超越工部电信局，从而在非战时近乎处于半闲置的状态，这种闲置状态则因编制、人员招募及业务范围等平时体系下的积弊进一步延伸至战时，最终扼杀了军用电信队于平时、战时存在的必要性。

在制度缺陷、人员缺乏、业务失衡及工部电信局挤压等多方不利条件下，军用电信队的边缘化似乎是一个必然的过程。然而，在这一逐步恶化的过程中，最初编制及平战时业务制度上的缺陷为何会产生，而制度及人员上的缺漏又为何长期得不到修正，究其根本原因，则又需回望其设置的重要动因——参谋本部体制本身的设置与发展。

二 参谋本部体制变迁下的军用电信队

如前所述，1878年参谋本部体制设立时面对的两个主要课题，一为平时、战时体系的规划与改进，二为军令权（兵权）与政令权（军行政权）的分离。前一年由鹿儿岛士族叛乱引发的西南战争中，1873年后随征兵令与六管镇台制度初步建立的战时体系暴露了其不成熟性，镇台、营所（军管、师管）管理下的平时编制未能及时转换为军、师、旅团的层级战时编制，而多以旅团、连队作为编成单位，基于后备军与国民军的战时兵员补充制度也基本未生效，政府不得不将壮兵（原藩兵）作为补充兵力投入战场，继而引发了一系列兵员管理困难、战争成本过高的衍生问题。另外，1875年后发展壮大的自由民权运动及政党、政治结社活动逐步将影响力渗透进军队，而1878年8月爆发的近卫兵反叛事件（竹桥事件）更使明治政府不得不正视军事政变的可能性。在这种背景下，尽快改良平时、战时体系转化的可操作性，同时推进军队的中立化、去政治化便成为制度设计上的首要目标。

围绕以上目标，日本陆军所做出的一个重要决策，即1878年《参谋本部条例》的颁布。首先，针对最为紧要的军队去政治化、中立化，其设立了直隶于天皇、与陆军省无上下管辖关系的军令机关，由此使军令机关（参谋本部）从军政机关（陆军省）中独立出来，形成军政、军令的二元并置结构。[1] 其与同年颁布的《军人训诫》一道，对内保证军队只属于天皇而不为任何政治主张所影响，防止军事政变爆发的可能；对外通过回应民众及政府内部呼声中限制少数专权的部分主张，以缓和社会矛盾，排除武装起义的潜在风险。[2] 其次，关于平时、战时体系完善这一课题，《参谋本部条例》将军令的概念在过去战时的战斗命令及战地规则的基础上，增加了平时战术研究、制定、战场调查、规划的内容，使军令的范畴由战时扩大到了平战两时，参谋本部因此跃升为平战时军令行使的一体化机关。[3] 通过平时、战时军令与军令机关的一体化，平时体系能够更顺利地过渡至战时体系，也就成为参谋本部设立初期背后隐含的平战时体系建制主流思想。

1878年的《参谋本部条例》，虽于形式上使军令权从军行政权中分离出来，并设置参谋本部作为独立的军令机关，但从参谋本部的职务范围到其具体结构，这一时期的建制都与普鲁士参谋本部体制有着高度的重合性。当参

---

① 遠藤芳信「日露戦争前における戦時編制と陸軍動員計画思想（4）平時戦時混然一体化の参謀本部体制の成立」『北海道教育大学紀要』第56巻第2号、2006年。
② 大江志乃夫『日本の参謀本部』中央公論社、1985、32頁。
③ 遠藤芳信「日露戦争前における戦時編制と陸軍動員計画思想（4）平時戦時混然一体化の参謀本部体制の成立」『北海道教育大学紀要』第56巻第2号、2006年。

谋本部制度进入明治政府视野时，其核心动机仅为使军令权成为天皇的直辖权力，从而与陆军省（政府）所辖的军行政权相分离。此处军令权与军行政权分割的意识，并非原生于幕末或明治初年军事、政治上的实践，更多来自对民间立宪、国会开设呼吁运动与军事政变的危机意识及对普鲁士军政制度中概念的照搬。在日本中世、近世以来军事、政治实践中长期军政一体的实际背景下，军令、政令的概念划分具体是什么，直辖天皇的军令机关如何在独立于政府的前提下组织并运行，绝非一个能在短期内妥善解决的问题。不妨认为，初设时的参谋本部，更近似将外来军事制度直接代入明治维新后王政复古思想的临时产物，对于明治政府而言，其作为独立军令机关的象征意义大于在军事系统运行中的实际意义。作为结果，这一时期几乎未经本土化适配的参谋本部，自然也难以作为独立的军令机关发挥其职能，更不可能促成陆军内部行政、军令的真正分权与分工，实际的军事决策、统率权，依然掌握于陆军省的武官精英集团手中。参谋本部长一职由陆军内部的老牌强权人物担任，典例如1878年至1885年山县有朋与大山岩的轮流任职。

在旧有武官权力集团的实际控制下，军令权的独立性显然难以得到保障。帝国陆军高层无法在短时间内建立一套完全脱离陆军省的军令行使系统。而针对参谋本部与陆军省的职责分工问题，1879年颁布的《陆军职制》做出了以下规定：

第三条　陆军省为管理陆军所属军人军属，负责职位升降、录用退职、会计薪饷一切事务的机构。

第五条　帷幄中设置一名参谋长，以负责战术的规划谋略，筹划布置边防、征讨事宜，参谋长须时刻保证与陆军省的联络。

第六条　参谋本部长统辖一般参谋将校，并负责兵略相关图志的总理。

第七条　凡与军令相关事务均须上报参谋本部长，经本部长亲裁后由陆军卿负责执行。

第八条　战时军令由师团、军团长或特命司令官直接发布，并通报帷幕，其间不得中断联系。①

相较于《参谋本部条例》仿照普鲁士参谋本部体系，给予参谋本部长总揽战地"机务战略"，统辖军队进退驻发、战地补给等战时指挥事项的所谓"军令权"，②《陆军职制》中明确划拨给参谋本部长的独立职权仅为兵略考订、图志编成、情报收集等辅助性工作的管理。而更贴近军队指挥、统率的军令事项，虽要求须由参谋本部长亲裁，但于陆军省与参谋本部高层高度重合的情况下并无太大意义。在战时战地参谋将校直接向所属司令官及陆军省负责的规定下，较之于其上级机关参谋本部，军令的发布及执行与陆军卿及战时本营间的联系反倒更紧密。作为参谋本部体系本土化的一环，相比于完善独立军令机关的建制，《陆军职制》更倾向于使制度设计贴近事实上陆军内部的权力运行结构——其结果就是参谋本部职权范围的萎缩，以及对军令权行使独立性的破坏。

而在这种基调下，军用电信队首次作为参谋本部的下设机关出现在了《陆军职制》的制度设计中：

> 第十条 ……军用电信队下属于参谋本部，于有事之日分派至师旅团各部，设置中少佐提理一名以总理其事务。

此处的"有事之日"基本可视为与战时等同。显然 1879 年陆军对于军用电信队的职责规划并不包括平时通信，编制与业务都仅限于战时体系。区别于服务平时、战时的陆军内部通信机关，其更类似于服务于战时本营及各级指挥系统间的临时通信机关。这一性质上的差距，以及二者间所隔时间的有限性，可为其设置之初，军用电信队平时业务设计的薄弱提供线索。结合同文书中对战时军令发布、执行权的规定，此时的军用电信队在制度构思上应与

---

① "帷幄"与"帷幕"均指前近代战事以主君为中心，由各谋臣、武将组成的前线本营，后为明治军制所沿用，用于描述天皇针对战事特设的全权指挥、统率机关。

② 明治 11 年『参謀本部条例』第五条「凡ソ軍中ノ機務戦略上ノ動静進軍駐軍転軍ノ令行軍路程ノ規運輸ノ方法軍隊ノ発差等其軍令ニ関スル者ハ専ラ本部長ノ管知スル所ニシテ参画シ親裁ノ後直ニ之ヲ陸軍卿ニ下シテ施行セシム」。

战时参谋将校相似，虽直辖于参谋本部，但作为现地部队服务于战时本营及陆军省——其设计重点实为对战时指挥、统率系统的完善，而非加强参谋本部作为独立军令机关的职权或影响力。

基于该认识，1880 年平战时军用电信队设置在制度上的补正意义可被一分为二。除去平时、战时一体化的趋势，其平时通信的功能指向对参谋本部作为独立军令机关权能的补充，战时功能的设计则重在以初现雏形的战时本营为核心的战时指挥、统率系统的强化。而军用电信队平时、战时属性于此后 1880 ～ 1887 年的兴衰沉浮，也在一定程度上成为上述两条线索在这一时期内军制探索中景况的映射。

根据 1878 年《参谋本部条例》中的设置，东、西、中部监军部分属于参谋本部下设的管东、管西二局，而监军本部与各监军部长具有其管辖范围内镇台、军管的审查、军令权，[①] 以作为参谋本部行使军令权的具体形式。1885 年监军本部条例改正中，除根据军备扩展方针，对东、西、中部监军部长的战时职位做出调整外，也对监军军令权的行使方法进行了改动：

> 第四条　凡与军令相关，需经裁定的事项，均由监军汇报至陆军卿处，经陆军卿亲裁后向监军传达，再由监军发布至所属管下。

监军于平时对其管下军令权的行使，必须经过陆军卿的审理通过方能实行。不同于此前陆军省在军令发布、实行环节上的部分介入，该规定使陆军省、陆军卿从制度上直接参与进军令权的行使，从而在根本上破坏了 1878 年构筑的军令、政令二元组织体系。[②]

借助 1885 年参谋本部条例改正的铺垫，于 1886 年颁布的《参谋本部条例》进一步推动了参谋本部内部的全面改组。参谋本部长一职与皇族的直接关联，[③] 保证了参谋本部于战时转换而成的大本营指挥、统率权的正统性与

---

① 参照明治 11 年 12 月『監軍本部条例』第一条、第二条、第三条。
② 松下芳男『明治軍政史論』下卷、有斐閣、1956、55 頁。
③ 明治 19 年『参謀本部条例』第二条「本部長ハ皇族ノ一人勅ニ依テ之ニ任ス部事ヲ統轄シ帷幄ノ機務ニ参画スルヲ司トル」。1886 年至 1888 年，参谋本部长由有栖川宫炽仁亲王担任。

合法性，但其皇族而非军队内部人员限定的身份特征（多存在双重身份的情况），也使其在很大程度上与实际的军事决策相分离，而更多作为此后明治宪法中天皇对军队统率权的象征。与此同时，参谋本部的功能在加入海军相关事务后，也愈发偏向负责编制、制度、策略的考量与规划的辅佐机关，而与实际的决定、执行权渐行渐远。

伴随参谋本部作为独立军令机关性质的减弱，及其辅佐机关性质的增强，于平时设置、实际业务极其有限的军用电信队的重要性自然也无从保证——这也能说明为何军用电信队始终未能获得一套针对平时的完整建制。相比之下，一套与形态渐定的战时大本营制度相匹配的战时军用电信系统更符合需求，而以明治 18 年《战时军用电信队服务规则》为代表的一系列军用电信队战时业务规则应运而生。疲软的平时业务难以得到加强，反随参谋本部独立军令机关性质的弱化而不断被工部电信局挤压；被陆军重视的战时业务也因需顾全平时业务的实施而无法满足战时大本营下军用电信的需求。在如此兼顾两难的窘境下，囊括平时、战时通信业务的军用电信队的退场，也就成为一个难以逆转的过程。

明治 20 年 5 月 23 日，时任陆军大臣的大山岩下达了军用电信队废止的命令。[1] 自此，从属参谋本部、服务于平战两时陆军内部通信的军用电信队成为历史。代替其功能的，是由战时工兵队中人员抽调组成的野战电信队与兵站电信队。以上两队虽保留了军用电信队通信手与建筑兵的基本人员构成，以及相应军用通信与电线架设、维护的职责，但并不于平时设置；其编制也直接隶属于战时工兵队，而不再属于参谋本部下辖范围。另外，新设的野战与兵站电信队取消了过去本队 – 分队 – 小队的三级结构，而直接根据职责范围编成两个互无统属关系、仅具单层结构的电信队，以便于配布至军、师、旅团及各兵站间。

结　语

可以说，军用电信队的诞生，来自日本军对独立军令机关建设的尝试，

---

[1]　明治 20 年『公文類聚』第十一卷收录、陆達第六十四号。

以及对战时军用通信系统的需求。这两条动机，前者自其设置初时起便趋向于面向文官集团及外界的形式分权，并随着参谋本部性质的调整而不断弱化；后者则产生于明治政府建立后一系列内部战争的实际需求，且随着战时大本营制度的建设而进一步增强——这也令本就缺乏制度保障的军用电信队平时业务愈发边缘化，从而成为其战时业务实行的限制，并使其最终为专行战时军用通信的野战电信队与兵站电信队所取代。另外，虽然电信技术已在西南战争中得到使用并取得了一定的成效，但军用电信队仍为使军用电信制度化的首个战时军用电信专设机关。围绕战时军用电信队进行的一系列通信规范与业务设计，也多为此后的野战、兵站电信队等各种战时军用电信通信系统所继承，从而构筑起近代日本战时部队指挥、统率体系的中间联络环节。

如果从以下19世纪80年代日本军事思想的几个主题出发，军用电信队的发展历程足以提供参考。在军令、政令分离的角度上，军用电信队实际业务的贫乏，显然体现着其上级机关参谋本部作为独立军令机关这一设计的淡化；在平时、战时体系建设的角度上，其平时、战时业务制度设计上的失衡，乃至最终专务于战时而取消平时、战时功能设计的发展趋势，更反映出这一时期平战时转换策略由平战一体化向更为成熟的平战区分建制转化的倾向；在战时指挥、统率权的归属上，军用电信队作为首个专设于军用电信通信的陆军内部机关，虽未在实际战事中发挥作用，但其战时业务的不断强化与规范，无疑也成为战时大本营制度完善中必不可少的一环。

作为近代日本军用电信制度化的开端，军用电信队在业务实行的角度固然是个不成功的尝试，但正如此前所言及，其本身的发展趋势，就能在一定程度上成为参谋本部体系乃至19世纪80年代日本军制建设景况的映射：军用电信队失败的原因、失败的方式，无疑都能为近代日本军制史上参谋本部体系建立这一重要转折时期的军事思想研究提供参考，而不应在明治军制史研究中被忽视。

新加坡左翼政治的兴衰 *

王　元 **

摘　要： 二战后，英国殖民体系濒临瓦解，新加坡的左翼运动开始兴起。以林清祥为代表的左翼工会亲共派与以李光耀为代表的民主社会主义海归派结盟建立了人民行动党。但两派很快分裂，林清祥一派又建立了新政党社会主义阵线，与人民行动党在争夺党员和群众基础、新马合并等议题上展开了长期斗争。但由于出现了内部分裂，其在领导人更替制度、政党学习能力和转型能力建设方面明显落后于人民行动党，社会主义阵线逐渐衰落。人民行动党在巩固了执政地位后，确立了国家合作主义体制，把一切社会活动纳入统辖。在此过程中，社会主义阵线却主动退出议会，导致长期被隔绝在国家治理体系形成的进程之外，最终黯然退出历史舞台。

关键词： 新加坡；社会主义阵线；人民行动党；左翼政治；华人社群

以社会主义阵线为代表的左翼 ① 政党及其下属的工会和各种社会组织曾经是新加坡一支举足轻重的政治力量，但新加坡左翼经过内部分裂、新加坡与马来亚联合邦合并后又分离、路线斗争变换等事件后逐渐衰落。新加坡左翼政治的兴衰同时交织着东南亚地缘政治的大变动、华人身份认同变化和各种意识形态政党在新加坡的本土化探索，在世界社会主义运动史上具有独特研究价值。本文以社会主义阵线为主线，对这段历史进行梳理总结，以期能对相关研究有所增益。

---

* 本文系南开大学文科发展基金青年项目"新冠肺炎疫情爆发后世界左翼力量及其思潮的动态研究"（ZB22BZ0337）的阶段性成果。

** 王元，南开大学马克思主义学院副教授，研究方向为东南亚共产主义运动。

① 资本主义国家的政治光谱中通常存在左右翼的划分，左翼政党多数代表社会中下层利益，既包括各国共产党也包括主张在资本主义制度下进行改良的民主社会主义或社会民主主义政党；右翼政党则多数代表资产阶级和社会上层人士的利益，比如英国保守党、美国共和党等，还有部分右翼政党只代表某一特定种族和宗教的利益。

一　新加坡左翼政治的兴起与分裂

1. 新加坡左翼政治的兴起与人民行动党的成立

二战后由于世界社会主义运动的兴起，马来亚共产党及其外围组织在新加坡的地下活动 [1] 推动了反殖独立和阶级平等等进步思潮的传播，加上新中国的成立极大地振奋了新加坡华人的民族自信心，华人社群，尤其是劳工阶层的政治立场普遍左倾，林清祥等左翼工会领袖乘势而起，新加坡的工人和学生运动此起彼伏，达到历史高潮。[2] 二战后国力被极大削弱的英国自感无力再维持原有的殖民体系而提前布局新加坡政治格局，一方面扶持亲英政党进步党，[3] 继续维护英国利益；另一方面则镇压新加坡的左翼组织，避免产生亲华亲共的政权。这是新加坡政治格局大洗牌的时期，传统的英殖民势力即将退场，右翼亲英的政党很难得到华人社群的支持，所以，既拥有合法身份又能得到华人社群支持的左翼政党将会成为未来的主宰。但新加坡的两股左翼势力都面临着各自的难题。林清祥等左翼工会亲共派 [4] 拥有强大的社会动员能力，但是缺乏合法身份，而且英殖民政府绝对不会放任其夺取政权。而以李光耀为代表的民主社会主义海归派由于刚回国，群众基础薄弱，但是和当时英国执政党工党具有相同的民主社会主义意识形态，可以同时获得英殖民政府和华人左翼的支持。所以，新加坡左翼两大派别的结盟成为形势所需。于是李光耀与林清祥达成协议，联合建党。[5]

---

[1]　马来亚共产党在反法西斯战争期间曾与英殖民政府结成抗日盟友，在二战后短暂地获得过合法地位，一度成为新加坡最大的左翼力量。但冷战开始后，英国殖民当局加大了对马共等左翼力量的打击力度，最终于 1948 年 7 月 23 日宣布取缔马来亚共产党及其外围组织，从此马共转向地下活动，影响力逐渐降低。详见王元《马来亚共产党在新加坡的地下活动》，《南亚东南亚研究》2020 年第 3 期。

[2]　Alex Tossey, *Lee Kuan Yew, Fighting for Singapore*, Sydney: Angel's and Robertson Ltd., 1974, pp.40–41.

[3]　1947 年 8 月 25 日，新加坡进步党成立，这是一个由英籍民和英国保护民组成的右翼政党，75% 的成员来自中上阶级，职业以律师和教师为主。

[4]　林清祥曾经参加马来亚共产党的外围组织——抗英同盟，而且在反殖独立和争取工人权益上与马共形成了统一战线，但没有证据表明其参加过马共。

[5]　李光耀：《风雨独立路——李光耀回忆录》，外文出版社，1998，第 184 页。

1954 年 11 月 21 日，人民行动党成立。在意识形态上，人民行动党是一个"非共"的民主社会主义政党，[①] "非共"可以打消英殖民政府的戒心，与处于地下状态的马来亚共产党划清界限，而"社会主义"则可以争取华人左翼的支持，所以这是一个能获取最大支持和减少最小阻力的意识形态定位，显示出了李光耀等创始人高超的政治技巧。在党员的族群构成上，华人占据绝大多数。在社会影响力上，既有李光耀等能走上层路线的海归派，也有林清祥等能走中下层劳工路线的本土派，[②] 这使人民行动党成立后实力快速壮大，因为"新政党已经有了受英文教育者以及马来蓝领和白领工人，现在又有华族会馆、同业工会和蓝领工人"。[③]

同一时期，新加坡的政党如雨后春笋般涌现。在左翼阵营里，1957 年，代表工人和小市民利益的工人党成立。1959 年，工人党部分党员独立出来成立了公民党。此外，1955 年在马来亚成立了一个自称农民社会主义政党的马来亚人民党，该党在新加坡设立了分部，以人民党的名称参选。在右翼阵营里，除了英国扶持的进步党之外，1955 年还成立了代表华人商人利益的民主党。[④] 但这两个政党影响力较小，为集中力量竞选，两党于 1956 年合并为自由社会党，但之后又不断分裂，最终消亡。此外，代表马来人利益的马来民族统一机构（简称巫统，巫人即马来人）和代表华人利益的马华公会也联合组建了新加坡华巫联盟参加选举。但这些政党实力都较弱小，难以和拥有广泛华人群众基础的人民行动党竞争。最终，人民行动党于 1959 年胜选，上台执政。

2. 人民行动党内部矛盾的产生与扩大

建党之后，人民行动党内两派的矛盾就开始暴露。李光耀与林清祥之所以联合，一是有共同的反殖独立目标，二是海归派要利用亲共派的群众基础，李光耀曾毫不掩饰地表示："塘里的鱼（群众基础）由共产党人喂养大

---

① 《建党十年——1954 ~ 1964》，新加坡政府印务所，1964，第 282 页。

② Yeo Kim Wah, *Political and Development in Singapore1945-1955*, Singapore: Singapore University Press, 1973, p.129.

③ 李光耀:《风雨独立路——李光耀回忆录》，外文出版社，1998，第 184 页。

④ 康斯坦丝·玛丽·藤布尔:《新加坡史》，欧阳敏译，东方出版中心，2013，第 348 页。

了，我要偷捕，要尽可能钓取。"① 而亲共派也要利用民主社会主义派取得合法身份，二者相互需要，所以结盟建党。但建党以后，两派就在斗争方式上发生了分歧。林清祥一派虽然为争取合法身份而认同以非暴力的宪制议会路线为主要斗争手段，但主张通过发动工人和学生运动进行斗争，李光耀一派却认为这是一种激进和蛮干的方法，并且在公开场合宣称反对"共产主义"和暴力。② 1955 年 6 月 3 日召开的行动党第一届年会上，李光耀以防止人民行动党被视为共产主义政党而遭到取缔为理由让林清祥、方水双等亲共派退出中央执行委员会的选举。③ 从这里可以反映出，两派的矛盾已经开始，且无法控制对方。从此人民行动党形成了两个势力中心：李光耀派系控制了中央，而林清祥派系则控制了基层支部和工会、群众组织。④

1956 年 4 月 23 日，李光耀和林清祥随新加坡代表团在伦敦举行新加坡宪法问题会议。李光耀意识到自己缺乏群众基础，一旦和左翼关系破裂，将很容易被夺权，所以，李光耀想利用英国和马来亚联合邦不愿意看到一个亲共的华人政权的心理，通过与马来亚联合邦合并防止政权落入左翼手中。李光耀在回忆录中也承认当时要确保"该宪法不会为共产党接管政权打开大门，但会给我们留下足够的空间来建立一个非共的政府"。⑤ 于是，李光耀在出发前往伦敦前夕发表一份声明，修订人民行动党的政策，主张新加坡在实现自治之前就同马来亚合并。但林清祥等其他左翼代表都不同意，批评李光耀违背建党时争取实现新加坡独立的诺言。

1957 年 3 月，李光耀再次随新加坡各党派代表团前往伦敦进行新宪制谈判，谈判内容包含将可以随时对左翼进行镇压的内部安全委员会（简称内安会）交给英国人。3 月 24 日，新加坡左翼工会代表团与人民行动党内亲共派要求拍电报给李光耀让他退出会谈，但留在新加坡的杜进才等民主社会

---

① 康斯坦丝·玛丽·藤布尔：《新加坡史》，欧阳敏译，东方出版中心，2013，第 348 页。

② Keesing's Ltd., *Keesing's Contemporary Archives*, April 10–17, 1954, London: Keesing's Publications Ltd. , p.14324.

③ Michael Leifer, Thomas J. Bellow, *The People's Action Party of Singapore: Emergence of a Dominant Party System,* New Haven, Conn : Yale University Southeast Asia Studies, 1970, p.22.

④ 《马来西亚历史的另一面》编辑委员会：《林清祥与他的时代·上》，社会分析学会、朝花企业出版社，2002，第 130 页。

⑤ 李光耀：《新加坡的故事：李光耀回忆录》，政府印务所，1998，第 238 页。

主义派人士则号召全党支持李光耀。最终，代表团与英国达成协议，内部安全权力掌握在英国人手中，这使华人左翼处于随时被抓捕的阴影之下。在此形势下，亲共派与民主社会主义派的斗争越发激化。

1959 年 6 月 4 日，林清祥评估了一下形势，认为："人民行动党取得政权后的革命热情开始消退，渐渐放弃建党宣言的革命立场，李光耀开始右倾，并决定与左翼决裂。"[①] 此时人民行动党内的裂痕已经很难再修复，李光耀也私下表达对亲共派的不满："我们宁可失败，不要左翼（指林清祥一派）支持。左翼要利用行动党反掉殖民主义者，然后踢掉行动党。"[②] 1961 年 5 月 1 日，在五一劳动节大会上，李光耀表示人民行动党在 1963 年与英国的宪制谈判将不会要求废除内部安全委员会，言下之意将继续保留英国人随意抓捕左翼的权力，而且恐吓左翼如果接下来的选举失败，他将放弃政权，让英国人来扫荡左翼。这一表态加深了林清祥一派对李光耀的警惕，党内矛盾走向不可调和。

3. 人民行动党的分裂与社会主义阵线的成立

宪制谈判只是导致左翼矛盾扩大的催化剂，真正使新加坡左翼走向分裂的是两派在新加坡与马来亚联合邦合并议题上的分歧。英国和马来亚联合邦一直担忧左翼夺取政权，不但会影响英国的利益，也会影响反共且马来人占主要人口的马来亚联合邦的利益。所以，新加坡、英国和马来亚联合邦加快了策划新马合并的步伐，这样就能通过三方组成的内部安全委员会随时把左翼力量置于监控之下。同时，三方还计划将砂拉越、文莱、北婆罗洲也列入合并计划，成立马来西亚联邦，因为"种族问题政治化和新加坡中国化的危险有可能因为马来亚、砂拉越、文莱、北婆罗洲的合并而减弱，因为合并后华人将不占大多数人口。而且内部安全法令下的严格社会管控将由联邦中央来实现"。[③] 1961 年 5 月 27 日，马来亚联合邦首相东姑·拉赫曼正式提出了将五邦合并成马来西亚的计划。[④] 李光耀立即表示赞同，宣称只有新马合

---

① 林清如：《我的黑白青春》，脊顶出版社，2014，第 373 ~ 423 页。
② 林清如：《我的黑白青春》，脊顶出版社，2014，第 373 ~ 423 页。
③ C. Paul Bradley, "Leftist Fissures in Singapore Politics," *The Western Political Quarterly* 2 (1965): 292–308.
④ 《我们要的是进步的统一和联合》，《火焰报》1961 年第 12 期。

并形成共同市场，才能促进新加坡的投资增长和工业发展，才能解决新加坡的经济萎靡、失业率高、福利低等难题。

1961 年 6 月 2 日，林清祥等左翼领袖发表声明反对合并计划，因为"新加坡目前实行的所谓内部自治是有名无实的。新加坡还是英国的殖民地，所以，人民当前最巨大、最迫切的任务就是反殖民主义"。声明还要求取消内部安全委员会。此时由于安顺选区的议员病逝，需要进行补选，候选人竞争在工人党马绍尔与人民行动党阿旺之间展开，新马合并的议题成为各方角逐的焦点。马绍尔提出了代表左翼的竞选纲领："重新掀起反对殖民主义的斗争"，实现"最好在内部，或者独立于联合邦的完全独立"。马绍尔还要求废除内部安全委员会，释放政治犯，实行"一个没有军事基地的完全独立的新加坡"。① 林清祥一派选择支持马绍尔，并继续发表声明："废除内部安全委员会比新马合并重要，而且是合并的必要前提。"② 林清祥等左翼选择支持工人党，这进一步加深了与李光耀的矛盾。

7 月 2 日，林清祥等左翼领袖决定和李光耀做最后的摊牌，辞去政治秘书的职务。7 月 15 日选举结果公布，马绍尔战胜阿旺，当选安顺选区议员，这让李光耀、英国和马来亚联合邦感觉到如果再不采取行动，左翼将会夺取当前政权。于是在 7 月 21 日，李光耀宣布开除林清祥等党内的亲共派。随后，林清祥发表声明，指责李光耀背叛左翼进行清党，声称："党内斗争已是社会主义者及代表普通党员的进步势力对不只背叛人民的信托而且公开对人民采取敌视的反动分子及右翼集团之间的斗争。"③9 月 17 日，林清祥等成立了新政党社会主义阵线（简称社阵），④ 这标志着新加坡左翼阵营的彻底分裂，整个新加坡政治格局面临着重新洗牌。

---

① Chan Heng Chee, *A Sensation of lndependence:a Political Biography of David Marshall*, Oxford: Oxford University Press, 1984, p.220.

② Fong Sip Chee, *The Pap Story-The Pioneerine Years,(November 1954–April 1968) : A Diary of Events of the People's Action Party : Reminiscences of an Old Cadre*, Singapore: Times Peviodicals Pte. Ltd. , 1979, p.89.

③ 《马来西亚历史的另一面》编辑委员会：《林清祥与他的时代·下》，社会分析学会、朝花企业出版社，2002，第 71 页。

④ 马来亚劳工党党史工委会：《马来亚劳工党斗争史（1952 年～1972 年）》，马来亚劳工党史工委会，2001，第 221 页。

二 社会主义阵线与人民行动党的斗争

1. 双方争夺党员和群众基础的斗争

社会主义阵线独立后与人民行动党形成公开对峙之势，两党各有特点和支持者（见表1），原来的左翼阵营面临着站队的问题。人民行动党51个支部有35个被社阵带走，23位专职秘书有19位脱党投入社阵，[①] 在议会里，社阵拥有14名议员，仅次于人民行动党的25名，[②] 成为人民行动党最大的政治对手。

表1 社会主义阵线与人民行动党的区别

区别	社会主义阵线	人民行动党
意识形态	民主社会主义，但被视为亲共产主义	民主社会主义，但已经具有新加坡特色
政党类型	革命型、群众型政党	建设型、干部型政党
政治纲领	对执政党的批判为主	以国家治理层面的建制为主
领导层	多为受中文教育的工运和学运领袖，擅长社会动员	多为受英语教育的知识精英，擅长制度和经济建设
支持者	华人社群中的中下阶层，尤其是工人和中学生	中产阶层、受英语教育的专业技术阶层、部分马来人大学生

社阵成立后通过自己拉过来的支部积极吸引新党员，并于1962年4月发动2000多名党员干部展开了声势浩大的逐户访问运动，揭穿人民行动党"名左实右"的本质，向他们解释社阵的主张。[③] 除了组织工作外，社阵很重视宣传教育。到1962年，社阵一共出版了《阵线报》（中文）、《大众报》（英文）和《人民报》（马来文）3份报纸，还出版了《当前宪制斗争的任务》《合并、假合并与联邦》《工运论文集》等中文小丛书，用以宣传社阵的政见。社阵用一年的时间在每一个支部都设立了宣教股，以吸收和教育党

[①] Fong Sip Chee,*The Pap Story-The Pioneerine Years,(November 1954–April 1968): A Diary of Events of the People's Action Party : Reminiscences of an Old Cadre*, p.106.

[②] 原有26名，但之后有一名议员病逝。

[③] 《马来西亚历史的另一面》编辑委员会：《林清祥与他的时代·下》，社会分析学会、朝花企业出版社，2002，第155页。

员，并通过宣教活动使支部成为该区民众社会生活的一部分。支部的宣教活动包括政治座谈会、文化班、缝纫班及其他文化活动。通过宣教活动，社阵团结和教育了许多党员和支持者。在社阵中央的指导下，宣教组开办了第一届党干部训练班，超过 200 名党员参加了训练课程。社阵宣教的目标是要所有的党员做到不但在政治上成熟，而且在思想上也通达和正确。[①] 为在群众中宣传，社阵还开办了很多夜校，在教工人、农民学习文化的同时也批评英国的殖民主义、人民行动党的右倾，同时也宣传自己的思想。社阵在华人社群，尤其在华人工会里势力强大，人民行动党很难插足。[②]

为挽回颓势，人民行动党于 1961 年 8 月 27 日召开全党代表大会，大会重新选举了领导层，李光耀为秘书长，杜进才为主席，吴庆瑞为副主席。随后，人民行动党也学习社阵派出干部遍访各个支部，发展新党员和劝说退党的人返党，在 1962 年吸收和劝返了 730 名党员。在走访选区时，人民行动党议员召集了各个村镇、社团和俱乐部的活跃分子，组成本地区的“亲善委员会”来与人民行动党讨论改善道路、安装街灯和水龙头、疏浚沟渠等事务。人民行动党还在基层社区成立了居民委员会，每个委员会服务六到十座住屋，使基层领袖和居民之间可以更密切地交流。为了同社阵开办的夜校竞争，人民行动党成立了人民协会，把基层宗乡会馆、商会与各种社团收编为协会会员，让人民协会在人民行动党设立的 100 多个民众联络所里提供职业教育与就业帮扶等服务。[③] 人民行动党还拨款在社区成立了联络所管委会、公民咨询委员会之类的半官方组织，通过它们改善地方公共设施，为穷人提供福利，举办休闲、教育活动。这些基层组织形成的严密的组织网络，最后同李光耀的总理公署相联结，有效地抵制了社阵对基层的渗透。[④]

从这段时期的竞争来看，虽然社阵具有传统的基层群众优势，但人民行动党更加擅长创新，还具有执政优势，利用政权来建立各种基层组织，合法地把基层控制在人民行动党手中，优势天平逐渐向人民行动党倾斜。

---

① 《马来西亚历史的另一面》编辑委员会：《林清祥与他的时代·下》，社会分析学会、朝花企业出版社，2002，第 156 页。
② 李光耀：《风雨独立路——李光耀回忆录》，外文出版社，1998，第 278 页。
③ 李光耀：《经济腾飞路——李光耀回忆录》，外文出版社，2001，第 119 页。
④ 李光耀：《经济腾飞路——李光耀回忆录》，外文出版社，2001，第 121 页。

2. 双方在新马合并议题上的斗争

人民行动党成立之时就提出要争取建立一个包括新加坡在内的、民主的、社会主义的马来亚，林清祥等当时没有预料到李光耀会计划通过合并，借用英国和马来亚联合邦的力量来镇压左翼，所以在人民行动党建党时也支持这一目标，导致社阵在这一议题上极为被动，只要反对合并就会被指责出尔反尔，为本党私利而置新加坡整体利益于不顾。所以，社阵的策略是在支持合并的大前提下提出有利于左翼的条件。1961 年 7 月，人民行动党急于应对社阵的挑战，接受了马来亚联合邦苛刻的合并方案。该方案要求：新加坡公民的选举权、被选举权以及其他民主权利只能在新加坡行使，不能享有全国性的公民权；在中央国会的代表权上，新加坡只能选派 15 名代表；联合邦拥有国防、外交和内部治安权力，新加坡保留教育和劳工的自治权；英国保留在新加坡的军事基地。① 社阵认为该方案使新加坡的公民权和政治权矮化，是"假合并"。② 随后，社阵发表文告提出两个方案：一是完全合并，新加坡作为一个州加入联合邦；二是作为自治政体参与合并，所有新加坡公民自动成为联合邦公民，国会议员人数按人口比例进行选举，而不是只给予 15 名的配额。③

为宣传各自的方案，双方展开了宣传大战。李光耀把社阵指控为共产党，要搞"华人沙文主义"，希望激起马来亚联合邦的戒心，加快合并。④ 社阵则指责人民行动党勾结外部反对势力签订"秘密协议"，出卖新加坡，背叛了反殖民主义的承诺。除了日常的宣传外，李光耀还首次使用广播连续12 次发表演说宣传新马合并的意义。⑤ 社阵不具备执政党控制公共传媒的优势，只能发动党员进行入户宣传，揭发人民行动党控制的电台和报章的宣传

① 林清祥等：《当前宪制斗争的任务》，社会主义阵线印刷物，1961，第 3 ~ 6 页。

② Chan Heng Chee, *A Sensation of Independence: a Political Biography of David Marshall*, Oxford: Oxford University Press, 1984, pp.223–224.

③ 林清祥等：《当前宪制斗争的任务》，社会主义阵线印刷物，1961，第 7 ~ 10 页。

④ 亚历克斯·乔西：《李光耀》，安徽大学外语系译，上海人民出版社，1976，第 160 ~ 161 页。

⑤ 李光耀：《风雨独立路——李光耀回忆录》，外文出版社，1998，第 276 页。

是骗局和谎言，同时，每周出版 2 次《阵线报》进行专题宣传。社阵还用各种语言编印和分发了 30 万份传单，解释社阵对合并问题的立场。此外，社阵还发挥群众动员的优势，举行了 200 多次街头会议和群众大会。林清祥还于 1961 年 10 月 26 日发表演讲，批评人民行动党的方案是要使新加坡人成为"三等公民"，在公民权问题上有意出卖人民的利益并企图用欺骗手段使人民上当。① 社阵还团结了左翼阵营的工人党、人民统一党和人民党等一致反对人民行动党的"假合并"方案。1962 年 1 月 22 日至 28 日，社阵在吉隆坡召开的五邦社会主义政党大会② 上成功地促使大会取消了人民行动党的参会资格，将其定性为"假左翼"与"右翼分子"，阻止其争取华人左翼对合并计划的支持。③ 但从整体宣传效果看，人民行动党掌控着公共媒体，隔断了社阵的公共宣传渠道，覆盖面比社阵的人工走访和集会宣传面更广，效果更胜一等。

经过一系列的宣传，人民行动党觉得有了优势和信心，决定采用全民公投的方式选择合并方案。1962 年 7 月 6 日新加坡议会通过法案，提出三种合并方案进行全民公投。三种方案分别是：人民行动党的方案、社阵的方案以及人民联盟的方案（以和北婆罗洲一样的条件合并，但当时北婆罗洲的条件还未知）。社阵批评人民行动党只提供如何合并的方案，但没有给人民选择是否要合并的机会，于是号召人民投空白票抗议。但人民行动党随即规定空白票和废票等同为赞成票。1962 年 9 月 1 日，投票完成，结果是人民行动党的方案得到 71% 的投票支持，社阵落败。新马合并的斗争是人民行动党利用执政优势转化宣传优势、规则制定优势和民意优势的一次成功，新马合并后意味着社阵等左翼力量将置于随时被抓捕的威胁之下。

3. "冷藏行动"对左翼的镇压

早在 1956 年，李光耀就开始谋划能压制左翼的办法，所以利用 1956 年

---

① 《马来西亚历史的另一面》编辑委员会：《林清祥与他的时代·下》，社会分析学会、朝花企业出版社，2002，第 118 ~ 121 页。

② 马来亚、新加坡、砂拉越、文莱、北婆罗洲等五邦社会主义政党召开的讨论五邦合并的大会。

③ 马来亚劳工党党史工委会：《马来亚劳工党斗争史（1952 年 ~ 1972 年）》，马来亚劳工党史工委会，2001，第 247 ~ 248 页。

和 1957 年两次伦敦宪制会谈，促成了由英国驻新加坡最高专员担任内部安全委员会主席，控制新加坡的安全权。1961 年 6 月 28 日，李光耀提呈内安会一份秘密文件，指控林清祥已经"于 1955 ~ 1956 年被马来亚共产党培养成公开阵线的领袖"。[①] 但李光耀希望英国和马来亚联合邦执行逮捕计划，而自己却不愿背负镇压昔日同志的骂名。英国驻新加坡最高专员薛尔克对此有所察觉："马来人要逮捕 25 人，是以安全为理由；李光耀则要逮捕 250 人，是以安全与政治为理由。其实我相信他们双方是要我们逮捕有实力的政治反对派，然后把一切归咎我们。"[②] 由于英国不愿意担责任，镇压行动一直没有实行。

社阵在反对合并失败后已经预感到被镇压的威胁，林清祥在社阵党代表大会上重申了社阵将坚持宪制和民主道路，避免卷入暴力斗争，制造被镇压的借口。1962 年 7 月 8 日，林清祥在社阵会议上发表演讲，对实现社会主义表示乐观："只有社会主义的思想和方案，才是唯一能够解决人类生活及改变人类生活的最好方案，甚至一些右派份子，也不得不面对这个事实，这也就是行动党到死还不愿意放掉'社会主义'招牌的原因。"[③] 但此时，无论社阵坚持什么道路和意识形态都会被当作政治威胁进行打击。

1962 年 10 月 9 日，李光耀在内安会上要求查封左翼刊物，以便限制社阵的宣传。马来亚联合邦代表拉萨也要求新加坡先采取行动抓捕左翼，否则联合邦不会跟新加坡合并，但被薛尔克以尚未具备正当性理由予以否决。但很快形势发生了变化，1962 年 12 月 7 日，文莱爆发了反对加入马来西亚的武装起义。社阵、人民党等左翼马上声援支持，形容文莱的起义是"要求摆脱英国殖民统治，争取民族独立和自由的一场人民民族主义运动"。[④] 李光

---

① 陈国防、陈慧娴编《清水长流 祥光永晖》（林清祥纪念文集），八号功能有限公司，2016，第 9 ~ 15 页。

② 秘密书信，《薛尔克致森迪斯》（1962 年 7 月 27 日），《新加坡内部安全委员会 1962》，第 161 ~ 162 页，英国国家档案馆藏，档案号：殖民地事务部 CO 1030/1158。

③ 陈国防、陈慧娴编《清水长流 祥光永晖》（林清祥纪念文集），八号功能有限公司，2016，第 161 ~ 169 页。

④ 电报（第 569 号），英驻新加坡专员发给殖民地事务大臣（1962 年 12 月 10 日），《新加坡内部安全委员会 1960 ~ 1962》，第 135 页，英国国家档案馆藏，档案号：殖民地事务部 CO 1030/1160。

耀借机指称社阵正在策划类似的起义以鼓动英马联合采取行动，东姑也宣称如果新加坡的左翼没有被抓捕，就不接受合并。由于担心其他地区出现多米诺现象，12月中旬，英国政府下令薛尔克利用社阵支持文莱的借口镇压左翼。[①]

1963年1月，新英马三方协商通过了一份169人的抓捕名单，除了林清祥等社阵领袖之外还将工人党、人民党等其他左翼政党和工会成员也加了进去，行动命名为"冷藏行动"。1963年2月2日凌晨，警察实施抓捕行动，此次行动共抓捕107人（实为130人），新加坡的左翼力量遭到致命打击，尤其是社阵及其领导下的工会、学生组织领导阶层几乎全军覆没，左翼刊物也大量被查封。[②]经过这次打击，新加坡左翼元气大伤，再无法对人民行动党构成威胁。

在做了一系列的准备之后，李光耀决定趁左翼元气尚未恢复而人民行动党实力大增的时机在年内进行大选。在1963年的大选中，人民行动党作为执政党不再提出带有明显阶级倾向的政治纲领，而是整合了各左右翼政党的政见，除了从左翼阵营争取了不少选民之外，还得到了大部分右翼选民的支持。最终，人民行动党大获全胜。这次大选也是新加坡左翼政治的一次分水岭，从此以后，左翼不再占据优势，右翼也彻底衰落，政治舞台被中性化的人民行动党占据。而且与之前相比，政党之间实力快速两极分化，一些实力小的政党，比如右翼政党和种族型政党逐渐退出政治舞台。

三　社会主义阵线的路线转变与最终衰落

1. 左翼内部的路线斗争

冷藏行动后，林清祥等左翼领袖被捕，使左翼群龙无首，出现了争夺左翼领导权的斗争。马来西亚成立以后，吉隆坡政府通过法案要求全国18～25岁的青年都必须向政府登记后服兵役。关于如何抵制兵役法案在社

---

① 绝密电报（第546号），《森迪斯致薛尔克》（1962年12月12日），《新加坡内部安全委员会1960～1962》，第113页，英国国家档案馆藏，档案号：殖民地事务部CO 1030/1160。

② 《采取保安行动逮捕107人》，《海峡时报》1963年2月4日。

阵内部出现了分歧。时任社阵主席的李绍祖号召直接不去向政府登记以抵制这项法案，曾福华①则主张先去向政府登记，等政府正式征召时再抵制兵役。②1964 年 4 月 29 日，社阵召开党员代表大会做表决，结果绝大多数支部支持曾福华方案。但作为社阵主席的李绍祖表示无法接受，指责社阵其他领导是"帮助帝国主义进一步奴役人民"，③并于 5 月 4 日带领其他 7 位支持者宣布退出社阵。社阵随即开始动员人民抵制征兵，但不断被政府镇压，民众也反应平平，此事不得不草草结束。在此期间，社阵领导层因为一直难以找到恰当的人选接任主席，一直在说服李绍祖重返社阵。经过努力，1965 年 3 月 7 日，李绍祖和 7 名离党成员正式归党，条件是先前那些反对自己的人承认错误。④

返党后，李绍祖开始清除林清祥在党内的影响力。当时党内绝大多数干部仍然在执行林清祥的和平宪制路线，⑤为此李绍祖不断批判林清祥在 1962 年全民就新马合并投票时号召投空白票的决策"违反原则立场"，是"右倾机会主义路线"，⑥通过对林清祥的直接否定而树立李绍祖的个人权威。在党外，李绍祖也加快了对拥护林清祥的工会领导权的争夺。1965 年初，当时最大的左翼工会新加坡厂商工友联合会的主席陈辛提出"脱离马来西亚"的口号，主张新加坡从马来西亚独立出来成为一个国家。李绍祖则提出要"粉碎马来西亚"，主张原马来亚联合邦和新加坡联合成为一个国家，而婆罗洲成为另一个国家。⑦随后，社阵与左翼工会进行了公开论战，社阵通过先将

---

① 马共地下党员，负责与新加坡各左翼组织建立统一战线。

② Lee Ting Hui, *The Ope United Front: The Communist Struggle in Singapore, 1954–1966*, Singapore: South Seas Society, 1996, p.281.

③ Lee Ting Hui, T*he Open United Front: The Communist Struggle in Singapore, 1954–1966*, Singapore: South Seas Society, 1996, p.282.

④ 曾福华 1964 年被马共调离新加坡。

⑤ Lee Ting Hui, *The Open United Front: The Communist Struggle in Singapore, 1954–1966*, Singapore: South Seas Society, 1996, p.212.

⑥ 马来亚劳工党党史工委会：《马来亚劳工党斗争史（1952 年 ~ 1972 年）》，马来亚劳工党党史工委会，2001，第 388 页。

⑦ Lee Ting Hui, *The Open United Front: The Communist Struggle in Singapore, 1954–1966*, Singapore: South Seas Society, 1996, p.291.

陈辛等人定性为"敌人代理人""冒牌左翼"，[1] 再扶持心腹参选工会领导人的办法夺权。

1965 年 8 月 9 日，新加坡与马来西亚分离，成为独立国家，[2] 引发了左翼内部关于"真独立"与"假独立"的论战。社阵和人民党发表联合声明称新加坡的独立是骗人的，是英国"分而治之"的阴谋。[3] 但以陈辛为代表的 30 个左翼工会发表联合声明，承认了新加坡的独立，认为这是英国新殖民统治的挫折。[4] 李绍祖为此批评陈辛违反"原则立场"。林清祥在狱中知道消息后向社阵中央写信表示，拒绝承认新加坡的独立是错的，新加坡现在的新地位适合左翼的斗争。[5] 但社阵中央否决了林清祥的意见，并于 1966 年 7 月 30 日开除陈辛等四人，李绍祖最终掌握了工会领导权。[6]

不断的分裂内斗使社阵变得涣散，支持者感到茫然无从，凝聚力下降。社阵能有效运转的支部从 1963 年的 36 个减少到 1966 年的 20 个，[7] 党报每月发行量也从 11000 份锐减到 6000 份。[8]

2. 社会主义阵线对议会民主路线的放弃

冷藏行动后，社阵内部就在争论要不要放弃和平宪制的议会斗争路线。首先，从新加坡的政治环境来看，李光耀一直在逼迫和诱使左翼放弃议会斗争路线。早在 1962 年 4 月，李光耀就制定了对付左翼的行动纲领："第一阶段，警方将骚扰社阵，以便激怒他们采取非宪制的行动。然后政府再进行扣

---

[1] 庄明湖：《新加坡左派工运遭遇问题探索》，新加坡文献馆（网络版），http://www.sginsight.com/xjp/index.php?id=9306。

[2] 马来西亚成立后，新马双方在华人与马来人的族群矛盾、财政与税收分配矛盾、人民行动党与马来西亚政党之间的政治矛盾上一直无法调和，愈演愈烈，最终导致新马分离。

[3] 《新加坡社会主义阵线和人民党发表联合声明》，《南洋商报》1965 年 8 月 10 日。

[4] 《"星退出马来西亚"是英帝统治受挫折被迫采取新欺骗》，《厂商工联会讯》1965 年第 15 期。

[5] Lee Ting Hui, *The Open United Front: The Communist Struggle in Singapore, 1954–1966*, Singapore: South Seas Society，1996，p.294.

[6] 《关于开除陈辛党籍的文告》，《阵线报》1966 年 7 月 30 日。

[7] Lee Ting Hui, *The Open United Front: The Communist Struggle in Singapore, 1954–1966*, Singapore: South Seas Society，1996，p.306.

[8] Lee Ting Hui, *The Open United Front: The Communist Struggle in Singapore, 1954–1966*, Singapore: South Seas Society，1996，p.302.

留反对派领袖、对社阵施加限制等第二阶段的行动。"① 冷藏行动后，社阵主要干部被抓捕，难以推出合适的候选人。② 李光耀乘机宣布进行大选，结果是人民行动党大获全胜，获得 37 个议席，社阵只获得 13 席。这促使左翼意识到人民行动党可以利用政权施行各种手段让左翼难以通过选举夺取政权，左翼应该抛弃对民主选举的幻想。在议会中，人民行动党也处处限制反对党的政治参与。新加坡议会从 1964 年 11 月到 1965 年 12 月只举行过一次会议，而且在重大问题上，人民行动党可以凭借在议会中的人数优势来通过各种议案，使反对党对政府决策无能为力。人民行动党还修改了议会的议程制度，规定反对党议员小组会议发言不得超过 15 分钟，口头质询的议题每次不超过三个，极大地限制了反对党的作用。这更加诱使社阵认为留在议会的意义不大，需要寻找新的斗争方式。

其次，从社阵内权力斗争的需要来看，李绍祖要树立个人权威，就需要清除林清祥议会民主路线的影响。此时，经过新马合并全民公投失败、冷藏行动、1963 年大选失败的左翼普遍存在悲观失望的情绪。李绍祖早在退出社阵时就曾表示，他如果返党可能就不再搞公开合法斗争，要转向地下秘密斗争。③ 但当李绍祖提出退出议会的建议时在社阵内部遭到了反对。李绍祖解释道："在现在的环境之下，党成为无效的反对党，甚至不允许在自己的选区内集会。现在党严重缺乏人才，无法再像上一次那样凑齐 51 个候选人参选。即使下一次大选我们能侥幸获胜，新加坡的英国驻军会随时镇压我们，所以宪制议会斗争失去了作用。另外，抵制选举可以告诉公众宪制议会是无用的、虚伪的，此举还将把国内的注意力再次引导到对虚假独立的关注上来。"④ 但李绍祖的建议还是没有得到绝大多数人的同意。1965 年 10 月 18日，社阵 12 个支部的主席召开会议，讨论防止李绍祖擅自决定退出议会的

① T. N. Harper:《林清祥与新加坡的故事》，北方译，策略资讯研究中心、朝花企业出版社，2004，第 72～73 页。

② Hussin Mutalib, *Parties and Politics: A Study of Opposition Parties and the PAP in Singapore*, Singapore: Eastern Universities Press, 2003, p.99.

③ Lee Ting Hui, *The Open United Front: The Communist Struggle in Singapore, 1954–1966*, Singapore: South Seas Society, 1996, p.294.

④ Lee Ting Hui, *The Open United Front: The Communist Struggle in Singapore, 1954–1966*, Singapore: South Seas Society, 1996, p.296.

问题。但李绍祖发动中央委员会将上述 12 个支部的领导全部更换，并派工作组入驻，接管支部工作，还解散了剩下的不肯屈服的支部委员会。⑤

1965 年 12 月 7 日社阵宣布抵制新加坡议会开幕仪式，而人民行动党则发动宣传机器向公众宣传社阵议员打着抵制议会的口号，在议会里消极怠工。紧接着，新加坡法院判处两名社阵议员煽动罪，因为他们到处散布人民行动党要在监狱里谋害林清祥的不实消息。这两件事使社阵在议会中的影响力大减，最终，社阵议员于 1966 年 10 月 8 日全部退出议会。随后，李绍祖向社阵中央做报告声称左翼应该避免参与今后的任何选举，号召左翼用"罢工、罢课、游行和抗议"等方式反对政府。⑥ 社阵退出议会使人民行动党独占国家政权，更加方便利用政府机器打压异己力量，这次决策失误，直接导致了整个左翼的衰落。

3. 新加坡左翼的最终衰落

1967 年 3 月 14 日，社阵召开第二届代表大会，形成了以李绍祖为核心的新的中央委员会，并且将反帝反殖、支持工运学运、开展群众斗争等作为斗争方向。社阵希望不断地发起街头斗争来打击政府，在极左思潮泛滥下，往往会破坏街头的公共设施，引起市民的不便和反感。在新加坡独立成为事实的形势下，社阵却不顾现实进行否认，而且拒绝新的国家认同，陷入了为反对而反对的极端，凡是人民行动党政府主张的，不管有没有利于人民，都要反对，不断发起骚扰式的街头运动，偏离了国家独立之初需要稳定的社会环境的需求，逐渐丧失了群众支持。新加坡政府于 1967 ～ 1969 年陆续特赦了林清祥等左翼领袖，而李绍祖担心这批领袖回归后威胁自己的地位，所以不但不接收，反而继续批判林清祥的"右倾机会主义"路线。这使这批最有影响力和斗争经验的干部被迫移居海外，社阵再一次失去了重振声势的机会。⑦

---

⑤ Lee Ting Hui, *The Open United Front: The Communist Struggle in Singapore, 1954–1966*, Singapore: South Seas Society, 1996, p.298.

⑥ Lee Ting Hui, *The Open United Front: The Communist Struggle in Singapore, 1954–1966*, Singapore: South Seas Society, 1996, p.304.

⑦ 康斯坦丝·玛丽·藤布尔:《新加坡史》，欧阳敏译，东方出版中心，2013，第 358 页。

而此时的人民行动党在议会一党独大，牢牢掌握国家政权，并且利用暴力机器不断地借机抓捕社阵仅存的有影响力的干部，于 1966 年以社阵组织援越抗美示威游行行为借口，分两次抓捕社阵干部 41 名，使社阵再一次承受重大人员损失。人民行动党政府还不断查抄社阵的办公地点和宣传设备，干扰社阵宣传，不断地查封左翼工会，同时建立政府领导的工会，挤压社阵的活动空间。人民行动党政府还先后建立了人民协会、公民协商委员会和居民委员会三大基层组织，与社阵争夺群众基础。1969 年以后，由于人民行动党的良好治理，新加坡经济和民生得到明显改善，政府廉洁程度和法制化水平提高，新加坡政府得到了国内外社会的普遍承认，左翼彻底丧失了动员群众反对政府的号召力。

到了 1970 年，曾经强大的社阵几乎不能组织起来活动，新党员补充困难，大量的支部处于瘫痪的状态。1971 年，李绍祖及其追随者发现无论是抵制议会还是打倒"右倾机会主义"都已经失去了意义，决定重新参加议会选举。但此时的社阵已经失去了原有的群众基础。李光耀回忆道："在 60 年代上半期大概有三分之一的新加坡华人支持左翼，现在（1970 年）则大概有 15%。"[①] 1972 年议会选举时，社阵得票率只有 4.5%，1984 年社阵只能派出 4 人参选，得票率下滑到 2.47%。到 1988 年大选时，社阵彻底失去了信心，李绍祖宣布解散社阵与工人党合并，社阵就此结束了 27 年的历史。其他左翼政党如人民党、人民统一党等也先后解散，工人党长期边缘化，而人民行动党也因为镇压左翼而被社会党国际开除，人民行动党也从此放弃了民主社会主义意识形态。人民行动党作为执政党放弃了左翼立场，而其他左翼政党被镇压后一蹶不振，盛极一时的新加坡左翼政治就此衰落。

四　新加坡左翼衰落的原因分析

1. 政党功能的失效与左翼的衰落

政党是政治斗争的工具，新加坡左翼政党则是凝聚华人社群和反殖独立

---

① 李光耀：《李光耀回忆录 1965 ~ 2000》，世界书局，2000，第 492 页。

的工具。这二者间本是相辅相成的，但当新加坡实现独立后这两种功能却双双失效，导致了新加坡左翼的方向迷失与进退失据。

从凝聚社群这一功能来看，新加坡华人社群一直存在凝聚社群以对抗西方殖民者和当地马来人等本土社群的需要。英殖民统治松动后，组织严密、理想主义色彩浓厚的左翼政党和工会等政治组织便替代了之前的帮会和同乡会等传统组织成为凝聚华人社群、输入左翼思潮的重要纽带。但新加坡独立后，迫切需要构建起多元族群的国族共同体，此时具有浓厚华人色彩且放弃宪制议会路线的左翼便很容易被攻击为"华人沙文主义"和"亲华亲共"，同时背上种族主义和意识形态的沉重政治包袱。左翼还放弃了议会斗争，错失了参与新国家和新国族建设的机会，在主张多元族群融合的人民行动党前逐渐失去了优势。

左翼组织同时扮演新加坡人反殖独立的政治工具的角色。新加坡人的反殖独立意识经由各左翼组织不断强化最终成为新加坡人最核心的政治目标。在新加坡独立之前，华人社群凝聚力的增强、对自身文化和民族身份的认同是与反殖独立的诉求相互作用、相互增强的，但当新加坡实现了国家独立后，新加坡华人建立起了自己的国家与民族意识，从而也从根本上改变了左翼的社会和文化思想基础，左翼组织作为反殖斗争工具的目标也已经实现，但左翼没能及时调整发展策略和定位，没有与时俱进地提出新的能有效进行群众动员的政纲，反而不顾现实地批判新加坡为"假独立"，希望能继续用反殖独立的口号动员群众，背离时代需求，导致最终衰落。

2. 政党建设水平与左翼的衰落

从领导人更替制度来看，左翼的一个显著特点是过于依赖"克里斯玛"型[①]领导人的个人能力与权谋，领导层的分工与接班人问题也相应地依赖领袖之间的博弈，而不是依靠制度化的遴选与递补，所以这种组织方式很容易造成内部权力斗争。造成的结果是当领导层被抓捕后，留下的领导权真空只能通过内部权力斗争产生新的领导人的方式填补，使左翼阵营陷入了内耗，

---

① 靠个人品质和魅力获得支持和效忠的一种权力类型。

不但削弱了自身实力，还形成了恶劣的外部形象，最终被人民抛弃。

从政党学习能力来看，林清祥等左翼在与李光耀结盟时，思想理论上依靠海归精英引进的民主社会主义，自身则专注于实际的群众运动，不具备思想理论方面的话语权。与人民行动党分裂以后，除了新马合并等少数议题与人民行动党不同之外，在意识形态上高度相似，这也反映出社阵在理论创新上的乏力，与人民行动党陷入同质化竞争。但人民行动党不断学习左翼在组织建设、宣传动员、群众路线方面的经验，左翼却没能学会海归精英在制度建构、经济发展、法治建设方面的优点，导致自己的优势被对手逆转。

从政党转型能力来看，左翼也是明显落后于人民行动党。人民行动党上台执政后成功地从反殖革命党转化为建设党。在阶级基础上，人民行动党最开始是以华人劳工和学生为阶级基础的，但在与社阵分裂后就逐步从阶级党转变为全民党，宣称代表全民利益，因此获得了广泛的群众基础。在工作重心上，人民行动党在巩固政权后就转向经济社会发展，取得了优异的治理成绩，反过来巩固了自己的政权。而社阵等左翼不但没能扩大群众基础，在华人劳工和学生中的民意基础也不断丧失，而且由于不具备人民行动党那种技术官僚式的国家治理能力优势，转型困难，路径依赖严重。比如社阵退出议会除了因为受到执政党打压以及李绍祖的错误领导外，也和参政议政能力不足、无法提出与人民行动党相媲美的施政纲领和提案有关，在政策市场上无法取得优势。所以，社阵不得不退出议会，重走自己擅长的街头斗争路线，导致转型失败。

3. 国家合作主义体制的形成与左翼的衰落

自从英殖民政府逐步撤离，对社会的管控松动后，新加坡便陷入一种"强社会—弱国家"的局面，左翼的反殖独立以及工会和学生运动能够得到广泛的民意支持，人民行动党乘机借助左翼华人社群的力量胜选上台。人民行动党在巩固了执政地位后，为巩固政权的合法化权威和强化国家政权以改变之前那种"强社会—弱国家"的局面而确立了国家合作主义体制。这种体制既不同于西方资本主义自由市场与多元政治相结合的政治经济体制，也不同于传统的社会主义政治经济一元化的体制结构，而是介于两者之间的一种体制。新加坡的国家合作主义以人民行动党一党独大的威权体制为核心，以国家利益为最高原则，国家在一切公共领域都扮演了合作者与指导者的角色，社会各团体在政府指导下合作，建立了一种超越阶级对抗和弥合其他分裂因素的新的意识形态和体制形式。简言之，就是人民行动党利用掌握的政权，把一切社会活动纳入统辖。

在此过程中，社阵作为最大的反对党却主动退出议会，谋求体制外的街头抗争，导致长期被隔绝在国家现代化和国家治理体系形成的进程之外，日渐边缘化，而且其所依赖的工会、学生组织、中文媒体等不断地被纳入政府的国家合作体制，由于退出国会，左翼无法对这一进程施加影响，这导致曾经在新加坡政坛举足轻重的左翼丧失外围组织和社会基础，再难发挥影响力，最终黯然退出历史舞台。

从边疆反观帝国历史

——《东部边疆：在古代晚期和早期中世纪中亚的帝国界限》评介

吴鸿鑫[*]

  中亚自古以来就是诸民族与帝国交会博弈之地。萨珊帝国一直面对来自中亚北部游牧民族如寄多罗人、嚈哒人、突厥人的压力，新兴的阿拉伯帝国取代萨珊波斯以后也要面对游牧民族的进攻和中亚地方政权的叛乱。对上述帝国而言，中亚长期处于"边疆"的状态，它需要大量的投入，却难以被控制，甚至还会反过来影响帝国中心的政治动态。因此，有不少从"边疆"视角出发的中亚历史研究论著，其中罗伯特·豪格（Robert Haug）所著的《东部边疆：在古代晚期和早期中世纪中亚的帝国界限》[①]（以下简称《东部边疆》）是这一领域的最新著作。

  罗伯特·豪格，现为美国辛辛那提大学历史系副教授（Associate Professor），目前的研究方向是早期伊斯兰时期（7～13世纪）的伊朗与中亚历史。《东部边疆》一书关注从萨珊波斯到塔希尔王朝（Tahirid Dynasty，821～873年）、萨曼王朝（Samanid Dynasty，819～999年）时期，中亚呼罗珊（Khurasan）、吐火罗斯坦（Tocharistan）、河中（Transoxiana）的历史。该书以作者博士学位论文《铁门：东部边疆的形成》（The Gate of Iron: The Making of Eastern Frontier）为基础，将原研究主题从塔希尔、萨曼王朝向更早时期拓展至萨珊波斯，吸收了近年最新的研究成果，以萨珊波斯、阿拉伯帝国"边疆"的形成作为线索，指出萨珊波斯、阿拉伯帝国在征服、治理中

---

  * 吴鸿鑫，中山大学历史学系 2021 级硕士研究生，研究方向为隋唐史。

  ① Robert Haug, *The Eastern Frontier: Limits of Empire in Late Antique and Early Medieval Central Asia*, London & New York: I. B. Tauris, 2019.

亚时投入了大量的资源与军力，但由于中亚破碎的地理空间，帝国实际只能有效控制少数城市据点，这与传世文献中从征服者视角出发的书写不同。该书反映了中亚一直处于一个经济、社会、文化、种族多元的"边疆"状态，以致帝国只能与游牧民族、地方领主等各种政治势力妥协，但又不断试图将帝国权力渗入其中；同时，边疆反过来也会影响帝国，譬如阿拔斯革命推翻伍麦叶王朝，塔希尔王朝和萨曼王朝的独立、自治，都是在边疆独特的环境下吸收了各种元素后产生的。

旧有范式下的边疆研究多从征服者的角度出发，呈现的是单箭头、从南到北的线性征服模式，对"被征服地区"的复杂状况关注不足。[1] 沙班（M. A. Shaban）的《阿拔斯革命》（The 'Abbāsid Revolution）是较早的从"东方"的角度出发的研究，以阿拉伯帝国在中亚的活动为中心追溯阿拔斯革命的源流，但其研究对象仍以阿拉伯帝国为主。[2] 此外，阿拉伯史书的叙述不免具有局限性、片面性。霍兰（Robert G. Hoyland）研究了阿拉伯征服史，曾指出阿拉伯史书将征服的"结果"当成"过程"书写，对被征服者和异教徒加以贬损，而且将不同时期的史料拼凑在一起，使可信度大打折扣，因此他强调要将同时代被征服地区的史料与阿拉伯史料相互参证后再利用。[3] 因此，新近的研究都充分利用了各种语言的史料、出土材料，关注中亚地方政权，以便进一步呈现中亚的复杂性，反思征服者视角的书写和帝国单一角度的研究。

豪格的研究首先反映了这十多年西方近东史、中亚史学界的学术潮流，在此之前也有相似的研究出现，主要呈现两个特点：①从"边疆"出发研究帝国史，以帝国的边疆为中心，探讨边疆对于帝国的特殊性、边疆如何影响帝国运作、帝国如何适应边疆等问题；②以往的研究侧重于帝国的西部边疆，即萨珊波斯与罗马、拜占庭以及阿拉伯与拜占庭的关系，而与帝国东部

[1] J. Wellhausen, *The Arab Kingdom and Its Fall*, trans. by M. G. Weir, Calcutta: Calcutta University Press, 1927, pp.397–491; H. A. R. Gibb, *The Arab Conquests in Central Asia*, London: The Royal Asiatic Society, 1923.

[2] M. A. Shaban, *The 'Abbāsid Revolution*, Cambridge: Cambridge University Press, 1970.

[3] Robert G. Hoyland, *In God's Path: The Arab Conquests and the Creation of an Islamic Empire*, New York: Oxford University Press, 2015.

地方领主、中亚民族、北方草原民族的关系的研究也开始增多。普尔沙里亚蒂（Parvaneh Pourshariati）的专著《萨珊帝国的衰败与消亡：萨珊–安息联盟与阿拉伯征服伊朗》认为萨珊帝国其实由萨珊王室与安息贵族共建，是一个类似于联盟的国家。安息贵族在被册封的东部、北部区域有较高的独立性，萨珊波斯被阿拉伯入侵时，安息贵族领主选择与入侵者合作，加速了萨珊帝国的灭亡。[①]鲁斯（M. D. Luce）的博士学位论文《边疆的成形：伍麦叶时期的呼罗珊》探讨了伍麦叶王朝时期的呼罗珊史，指出阿拉伯帝国的扩张促进了呼罗珊原有政治与经济结构融入新的帝国结构，在中亚的阿拉伯部族逐渐去部落化，与当地人群融合，在城市中产生新的身份认同。[②]瑞扎喀尼（Khodadad Rezakhani）的专著《重溯萨珊：古代晚期的东伊朗》充分利用了新近的考古学和语言材料，试图重构萨珊波斯时期中亚地方、游牧民族建立的政权的历史，分析了萨珊帝国如何吸收东部边疆的历史与文化资源、帝国东部边疆的独立性、治理局限以及与各政权互动等问题。[③]《东部边疆》与上述研究类似，都以边疆、中亚为中心，而不再将"边疆"作为帝国征服的附属部分去叙述。

《东部边疆》主体内容由介绍、七章和结论组成，七章除第一章外皆按编年顺序排列。介绍部分主要是回顾有关边疆理论研究的学术史，讨论了特纳（Frederick J. Turner）边疆理论及此后的发展，强调要时刻关注边疆的动态变化。此外，确定东部边疆的地理空间，作者将之划定在从里海东岸到兴都库什山、从伊朗高原到锡尔河与内亚草原这样一个广阔的空间内，强调该区域内不同政治、社会群体层叠的复杂性。

该书第一章"铁门：中世纪地理文献中观念化的东部边疆"围绕 9～13 世纪的伊斯兰地理学家如何书写"东部边疆"。本章关注了几个边疆中的特殊地点，如赤鄂衍那（Chaghaniyan）路终点，被视为遥远危险之地的突厥入侵必经之关卡拉什（Rāsht），通往中国边界、居住了大量突厥人的上笈赤建

---

① Parvaneh Pourshariati, *Decline and Fall of the Sasanian Empire: The Sasanian-Parthian Confederacy and the Arab Conquest of Iran*, London: I. B. Tauris, 2008.

② M. D. Luce, Frontier as Process: Umayyad Khursan, Ph. D. diss., University of Chicago, 2009.

③ Khodadad Rezakhani, *Reorienting the Sasanians: East Iran in Late Antiquity*, Edinburgh: Edinburgh University Press, 2017.

（Nūshajān）与位于伊斯兰世界的下篏赤建，位于撒马尔罕南部和里海西岸
的两个称为"铁门"的关卡，阿富汗山区的、常划归于伊斯兰世界却有大量
异教徒的古尔（Ghūr），这些地点在不同记载中都有差异，尤其涉及属于伊
斯兰世界还是异教徒的范围。作者指出，意识形态划定的边界与实际政治、
军事边界并不相符，地理学家不一定能深入了解边疆实际情况。伊斯兰地理
文献以城市为中心，以道路里程和各地的税收数目为脉络，串联起各城市进
行叙述，但是"伊斯兰"内的中亚部分聚落记载匮乏、混乱，税册上能收取
税收的城市少于道路里程上标记的城市，而且城市以外的山地、草原、沙漠
的状况难以顾及。相比之下，关于不同层级军事据点的记载却异常丰富，像
巴里黑（Balkh）和布哈拉（Bukhara）有历代修建的多层城墙，实际反映了
为防御游牧民族以及可能发生的动乱而军事化的"边疆"状况。作者借助巴
菲尔德（Thomas Barfield）的"瑞士有孔奶酪"（Swiss Cheese）理论展开分
析，认为由于中亚地形复杂的"破碎空间"（shattered zone）给帝国治理造成
困扰，权力无法有效延伸，只能以点控制城市、战略要地、有产出的地方，
形成"有孔奶酪"式的控制格局。

第二章"塑造东部边疆：萨珊帝国与其东部毗邻"关注萨珊帝国在东部
边疆的经营以及与游牧民族的相持互动。本章首先回顾了关于萨珊帝国性质
的学术争端，作者指出，萨珊波斯究竟是一个高度集权的或是一个联盟式的
国家，可以将边疆作为切入点探究。4 世纪中期寄多罗人（Kidarite）入侵吐
火罗斯坦和兴都库什山以南，而萨珊波斯则在穆尔加布河（Murghab River）
流域的赫拉特（Herat）、木鹿（Marw）投入军事设施建设，是东部边疆的形
成时期，双方在边疆附近的城市也在这一时期开始发展。作者认为，从卑路
斯一世（Piruz I, 457–483）开始在里海东岸戈尔甘（Gorgan）修建长城抵
御游牧民族，其实是一种进攻性手段，以巩固获得的领地。5 世纪中期兴
起的嚈哒与萨珊波斯的政局紧密联系，萨珊皇帝如卑路斯一世、卡瓦德一世
（Kavad I, 488–531）都曾接受嚈哒庇护，对嚈哒的战争成败牵扯着帝国中心
的王位变迁，帝国对边疆的控制也不稳固，双方势力维持相对平衡。帝国在
边疆的大量投入，体现了帝国权力的集中利用，但并不能削弱地方领主的自
治，嚈哒也与边疆各地方政权的统治者融合。最终，萨珊波斯与嚈哒的角力

塑造了阿拉伯入主后在呼罗珊遭遇的独特政治环境。

第三章"阿拉伯穆斯林的征服与古代晚期帝国的破碎空间"关注在 7 世纪前、中期萨珊波斯崩溃后和阿拉伯征服中亚初期的状况。作者指出，阿拉伯无法维持萨珊波斯崩溃后的当地秩序，也并非为了征服与占领，而是将萨珊波斯的边疆视为可以攫取财富的地方，推行"抢掠—放弃—再抢掠"模式，入侵者抢掠后，与地方军事领主（Marzbān）签订和约后便撤离，不实际占领，即便阿拉伯军队已经数次尝试渡过阿姆河攻击粟特地区，但并不持续。因此，呼罗珊各种政治势力交错混杂，仍有大量原嚈哒部落控制的地区，安息贵族后裔领主则试图联合嚈哒对抗阿拉伯入侵者，萨珊王室遗族则逃亡至锡斯坦（Sistan）、喀布尔（Kabul）以及唐朝寻求庇护。

在这种混乱的情况下，伍麦叶王朝内部爆发的内战使中亚暂时脱离了帝国脆弱的统治秩序。第四章"脱离哈里发的边疆：呼罗珊与第二次内战"则展示了伍麦叶王朝第二次内战（The Second Fitna，680 ~ 692 年）期间呼罗珊的再度混乱。东部边疆成为反对大马士革中心的叛乱温床，驻扎在中亚的阿拉伯各部族分裂为数派；被打压的原中亚地方统治者重新活跃，嚈哒（或突厥）入侵大城市。第二次内战结束后逃逸的、反对新哈里发的穆萨（Mūsā b.ʻAbdallāh）带着参与者逃向撒马尔罕寻求庇护，此后他们又在阿姆河沿岸的铁尔梅兹（Termez）成立政权，与粟特诸国明争暗斗，同时还阻滞了阿拉伯军队北上跨越阿姆河的进程。作者认为，穆萨政权的成立充分反映了边疆环境下一种新群体的产生，它混合了穆斯林与非穆斯林、阿拉伯人与非阿拉伯人，将不同部族融合起来。

内战结束后，伍麦叶王朝的边疆政策发生了改变，第五章"拓展边疆：伍麦叶王朝在粟特及以外的地区"承接介绍了上一章内战后阿拉伯的新变化，伍麦叶王朝试图重整边疆秩序，将阿姆河以北的区域纳入统治。以屈底波（Qutayba b. Muslim）为代表的呼罗珊总督开始持续跨越阿姆河，使用暴力手段围攻、占领城市，推翻不服从合作的统治者，扶植亲善者。但是，阿拉伯只能控制核心城市。粟特各国内部可能分裂成亲阿拉伯派、亲突厥派、亲唐朝派等，反对势力叛乱、出逃、勾结突厥，动摇着阿拉伯的治理基础。数次税收制度改革也因与地方精英迪赫坎（Dihqan）的利益抵牾而受阻。

720 年后突骑施崛起，与阿拉伯争夺中亚各统治者的支持。740 年突骑施衰败以后，总督纳赛尔（Naṣr b. Sayyār）采取了相对温和的改革措施，宽恕了曾支持突骑施的粟特人，并尊重地方精英的自治。因此作者指出，边疆实际上也是各方势力不断角逐博弈后妥协的产物。

第六章"不安定的边疆：在东部边疆的阿拔斯与其他革命"主要关注阿拔斯革命前后在中亚的各种动乱。由哈里什（Ḥārith b. Surayj）领导的穆里吉亚派（Murij'iite）叛乱（734～746 年），一般被认为代表了定居中亚当地的阿拉伯人和新皈依者的利益，但作者认为，叛乱群体内部并没有统一的目标，且吸纳了不少异教徒，领导者最后还投靠了突骑施，因此不应过分强调动乱的宗教色彩。阿拔斯革命被认为是维护非阿拉伯人穆斯林，强调东方地区权益，但在呼罗珊以外中亚不少地方统治者对此态度消极或反对。作者强调，所谓的新穆斯林（Mawalī）并不能被视为一个统一的利益群体，不是所有中亚新穆斯林都乐意支持阿拔斯家族，阿姆河以北的地区更倾向于维持原状。阿拔斯王朝建立以后，中亚各地的伊斯兰化进程加速，但仍不断有叛乱发生。以穆坎纳（al-Muqanna，768-783）叛乱为代表，其宗教信条被认为吸收了中亚各种宗教传统，这场叛乱甚至还借助葛逻禄的力量短暂攻下撒马尔罕，反映了叛乱的复杂性。作者认为，阿拔斯革命后的新阿拉伯帝国并未能解决边疆的混乱，叛乱依然体现着边疆的复杂性。

自 9 世纪中期阿拔斯王朝中央权力旁落，中亚边疆便落入了地方统治家族之中，出现了新的地方王朝。第七章"整合边疆：大呼罗珊的形成"指出自阿拔斯王朝中央权力旁落后，作为边疆产物的塔希尔王朝、萨曼王朝较为成功地重塑了中亚当地的政治、社会、文化结构，推动了"大呼罗珊"的形成。由于远离政治中心伊拉克，权力落入地方力量，中亚变成了在帝国与伊斯兰教意识形态指导下，又保留了各种本地特色的区域。但是"边疆"这一属性也成为萨曼王朝的正统性所在，反过来影响着帝国中心：在边疆大量修筑的军事据点、防御工事，被认为是圣战和对抗异教徒的举动，因此得到了地理学家的褒扬；王朝当局担任打击游牧民族、使异教徒皈依的职责；萨曼王朝统治者要扮演处理好哈里发与边疆地方精英之间关系的中间人；大量的突厥人口经萨曼王朝输入伊拉克担任士兵、劳动力。边疆也孕育独有的特征，譬如萨曼宫廷开始使用新波斯语，组织编写反映伊朗历史传统的《列王纪》，起用拥有突厥血统的将领，等等。但由于萨曼王朝的内乱，以及999年喀喇汗国攻入布哈拉，作为帝国的"东部边疆"的历史正式终结，进入由游牧民族建立的王朝主导中亚的历史。

根据上述章节内容，该书并不就中亚史的某一细节问题做具体烦琐的考证，而是在各家的研究基础之上，以"边疆"视角，对3世纪到10世纪这一较长时间的中亚史进行编排和论述。中亚对于各大帝国及其史书修撰者而言，往往是边界的存在。它是一条政治边界，将萨珊波斯、阿拉伯帝国与异族隔开；它是一条生活方式的边界，将游牧民族社会与定居民族社会隔开；它是一条宗教边界，区分了琐罗亚斯德教、伊斯兰教与异教的边界。但是作者使用的"破碎空间"这一概念，反映了中亚在政治、社会、文化、宗教、经济各种层面上复杂和层叠的环境，揭示出帝国对边疆的掌握实质是不均匀、不稳定的。这为理解中亚史、丝绸之路研究提供一个空间与高差的维度，有利于摆脱线性征服的叙事模式和"胜利者"视角。正如本书第一章所言，伊斯兰地理学以城市和道路为脉络的叙事模式，难以顾及此外的地理环境的实际情况：城市被山地、沙漠、草原等复杂地形切割、包围，这些地方常常生活着不属于帝国控制的人群。

因此，就该书的启示而言，"边疆"的界线是模糊的。无论是萨珊波斯在穆尔加布河发展的要塞、在戈尔甘地区修建的长城，或是各萨曼王朝在锡尔河南岸广泛修建的小型驿站（Rībat），此等军事防线都无法阻拦游牧部落入侵、移民，与定居社会的居民混合。人的身份也可以通过跨越边疆来回切换，中亚地方统治者、精英可以随时投奔萨珊波斯、阿拉伯、游牧民族政权，不会受到惩罚，自治地位也能保留。地方上，迪赫坎对辖区内的人群有自治权，即便有人（即使是阿拉伯人）皈依了伊斯兰教也可能要接受作为"异教徒"的迪赫坎统治。征服者的权力限制在中心城市，总督难以干预迪赫坎的基层治理。在中亚的"异端"伊斯兰教派首领可以吸收异教徒为自己而战，亦可以投奔游牧民族寻求帮助。阿拔斯时期中亚层出不穷的"异端"伊斯兰教派，或许还吸收了佛教未来佛、琐罗亚斯德教末世论的理论。这其实打破了"中心－边缘""征服者－被征服者""穆斯林－非穆斯林"的叙事逻辑，以二元对立的角度来审视中亚的特殊状况不可取。不同身份之间可来回切换，就像很多地方统治者一时皈依了伊斯兰教，一时又投奔异教游牧民族，现实中"边疆"的界线是可以来回跨越的。

该书虽然以中亚为中心，但其实是从边疆去反观帝国史，考察边疆对帝国的意义与影响。古代帝国即使投入了大量军事与政治资源去征服、控制，或者经由后世史家书写宣称帝国本身为"普遍帝国"（Universal Empire），但它们对边疆的控制都是不稳定的。古代帝国不像现代民族国家拥有明确的国界、统一的国民身份、共享的意识形态，在没有发达的交通和通信手段时，边疆必然是一个多元而不稳定的存在。豪格此书也为最近国外学术界兴起的"比较帝国研究"（Comparative Studies of Empires）提供了一个新的注脚，有效呈现了古代帝国的局限性。譬如地形、气候、生态环境等自然因素会使帝国放弃征服的土地；中心与边缘的信息交流成本极高；中央统治者为提防派驻地方的精英阶层发生叛乱，而限制边疆开发，或附庸原来的地方政权、保留自治；等等。[①]

值得一提的是，该书引用史料时，能够同时征引多种有相似记载的材料，除阿拉伯语、波斯语版本以外，也会标出相应英译本、法译本的版本与页码。由于阿拉伯-波斯语史料卷帙浩繁，加之国内学界目前对相关史料的译介、利用尚有很大的进步空间，因此能够根据书中记载再找出对应史料英译本、法译本的页码，对不谙阿拉伯语或波斯语的其他领域研究者十分便利。另外，该书的参考文献很好地反映了近年西方近东史、中亚史学界最新的研究成果，一些章节和尾注对某些具体问题的学术史梳理详尽，很值得参考。

当然，书中的部分仍有可补充、改善的空间，列举如下。

（1）第86～87页，作者汇总了一些有关吐火罗斯坦的巴德吉斯（Badghis）领主泥孰达干（Nīzak Tarkhan）身份的讨论，有突厥说、嚈哒说、本地人说等。这牵涉到内亚名号发源与传播等复杂的问题，对此，中国史料也有一定参考性。突厥的官号系统大多受于柔然，而柔然的部分官号或可追溯至鲜卑，譬如可汗（Khan）、可敦（Khatun）、特勤（Tegin）等。在北魏，特勤

① Yuri Pines et al., *The Limits of Universal Rule: Eurasian Empires Compared*, Cambridge: Cambridge University Press, 2021, pp. 38–40.

被称为"直勤",获此称号者不出《魏书·宗室传》的范围,与后来特勤多授予汗子近似。① 而像特勤(敕勤)、叶护(Yabghu)等名在中亚的嚈哒时期已经出现。《洛阳伽蓝记》卷五载:"至正光元年四月中旬,入乾陀罗国。土地亦与乌场国相似。本名业波罗国,为嚈哒所灭,遂立敕勤为王。"② 嚈哒与柔然崛起的时间相近,也有可能是嚈哒入侵中亚时引入了当时内亚的名号系统。至于"叶护",有三封书写于485年的大夏语书信就提到了嚈哒叶护。③ 吐火罗斯坦最高统领以"叶护"为号,应受嚈哒影响,《册府元龟·外臣部·封册二》载:"(开元)十七年正月,册吐火罗骨咄禄颉达度为吐火罗叶护、悒怛王。"④ 吐火罗斯坦作为前嚈哒帝国的统治中心,此时当地最高统领还请求册封"悒怛(嚈哒)王",暗示了借用嚈哒的政治文化以强化自身权威。在与巴德吉斯相邻的加德兹(Gardez)出土了一些当地的、印有地方统治者名号的钱币,时间从474年一直到8世纪中期,钱币铭文中有"泥孰沙"(Nezak Shah)、"阿勒汗泥孰"(Alkhan Nezak)等,说明"泥孰"在当地已有长时间的使用传统。⑤ 龙朔元年(661),唐朝在西域设一批新的都督府,《旧唐书·地理志·陇右道》载:"太汗都督府,于嚈哒部落所治活路城置,以其王太汗领之,仍分其部,置十五州,太汗领之。"⑥ 该都督府所辖的是吐火罗斯坦的嚈哒遗民的聚居地,遗民首领"太汗"一名有学者认为是"达干"的对音。⑦ 综上所述,不能排除"泥孰达干"一名,即"泥孰""达干"这两个常见的突厥名号、官号,在嚈哒时期已有使用的可能。

---

① 参见罗新《北魏直勤考》,《中古北族名号研究》,北京大学出版社,2009,第80～107页。

② 杨衒之撰,周祖谟校释《洛阳伽蓝记校释》卷五,中华书局,2010,第194～195页。

③ Nicholas Sims Williams, *Bactrian Documents: From Northern Afghanistan Ⅱ: Letters and Buddhist Texts*, Oxford: Oxford University Press, 2000, pp.122–126.

④ 王钦若等编《册府元龟》卷九六四,中华书局,1960,第11344页。

⑤ Klaus Vondrovec, "Coinage of the Nezak," in Michael Alram et al. , *Coins, Art and Chronology Ⅱ: The First Millennium C.E. in the Indo-Iranian Borderlands*, Vienna: Verlag der Österreichischen Akademie der Wissenschaften, 2010, p.188. 另外可参考日本学者稻葉穰依据中文与出土资料对"泥孰"名号的研究,稻葉穰「泥孰攷」『東方學報』第85卷、2010年、674～692頁。

⑥ 《旧唐书》卷四〇,中华书局,1975,第1648页。

⑦ Kuwayama Shoshin, "The Hephthalites in Tokharistan and Gandhara," in Kuwayama Shoshin, *Across the Hindukush of the First Millenium: A Collection of the Papers*, Kyoto: Institute for Research in Humanities Kyoto University, 2002, p.125.

此外，作者提到不少阿拉伯史料认为泥孰达干属于突厥势力，但他认为泥孰达干应为突厥的封臣。可是，在658年阿史那贺鲁之乱被唐朝平定以后，突厥在兴都库什山以南的统治力量应大大减弱，而拥有"泥孰达干"名号的统治者从650年前后一直活跃到710年为屈底波所杀，因此泥孰达干是否一直是突厥封臣需存疑。

（2）第123页引沙畹（Édouard Chavannes）的《西突厥史料》，提到唐朝曾在715年攻入拔汗那（今费尔干纳），推翻由大食扶持的国王阿了达。作者认为由于该年呼罗珊总督屈底波被撤换、刺杀，唐朝与大食的直接相遇推迟到751年的怛罗斯之战。这个说法可能不准确，《文苑英华·中书制诰三十八·加阶·授阿史那献特进制》中提到开元三年（715）随张孝嵩伐拔汗那的碛西节度使阿史那献"凌铁门之远塞，扬威万里"，[①] 说明该年征拔汗那的其中一路军，在阿史那献领导下可能曾最远抵达位于康国与史国之间的铁门。或许此时，阿史那献与驻扎在撒马尔罕当地的大食军队产生过小摩擦，但阿史那献统领的是"戎落"，即突厥人组成的军队，故亦有阿拉伯人视之为突厥而非唐朝军队之可能。可惜阿拉伯史料《塔巴里史》这一年的记载专注于屈底波事迹，未提到有突厥军队入侵，姑且在此备存一说。

（3）第七章主要关注塔希尔王朝与萨曼王朝对重塑中亚与边疆的作用，尤其是萨曼王朝如何复兴波斯文化，如何征讨、皈依突厥等，但笔者认为萨曼王朝与地方的关系还有讨论的余地，从这一问题出发也能呈现边疆的变化。以位于泽拉夫善河流域东部山区的乌什鲁沙那（Usrushana）即东曹国为例，该国在892年或893年被萨曼王朝终结以前，一直由本地统治者（Afshīn）自治。820年或821年，当地统治者还曾勾结突厥反对阿拉伯。[②]841年，出身于乌什鲁沙那的将军凯达尔（Khaydhar al-Afshin）被哈里发逮捕，原因是他鞭打了两个撒马尔罕人，这两个撒马尔罕人拆毁了在乌什鲁沙那的佛寺，修建了一座清真寺，凯达尔指出是他祖先与粟特王约定不

① 李昉等编《文苑英华》卷四一七，中华书局，1966，第2112页
② Michael Fedorov, "Farghana under the Samanids (According to the Data of Numismatics)," *Iran* 42(2004): 120.

干预任何人的宗教信仰，哈里发只好放过了他。[①] 因此，在这样一个有别于平原地区、仍保留着独立性的区域，以布哈拉为核心的萨曼王朝如何将之改造，抑或使其保持自治，对探讨萨曼王朝如何在"东部边疆"发挥作用亦有意义。

总而言之，《东部边疆》一书反映了西方学界就近东史、中亚史研究的新进展，该书以"边疆"为中心，重新评估了中亚对于萨珊波斯、阿拉伯帝国的地位、意义与作用，呈现了帝国与中亚的互动关系。全书内容编排详略得当，资料充实，其理论框架、方法与实际内容都有值得国内相关研究者参考之处。

---

① Khodadad Rezakhani, *Reorienting the Sasanians: East Iran in Late Antiquity*, Eclinburgh: Eclinburgh University Press, 2017, pp.154–155.

封闭与开放的清代广州口岸
——《这房子不是家：1730～1830年广州和澳门的欧洲人的日常生活》评介

陈深钢[*]

自新航路开辟以来，欧洲诸国逐步向亚洲扩张，其商业触角最先伸向沿海的口岸城市，如马来半岛的马六甲、印度的孟买、日本的长崎等。在近代中国，广州是最早遭遇欧洲人的城市之一。自乾隆二十二年（1757）停止其他海关与西方国家的外贸职能之后，广州成为官方规定的通商口岸，此举更是大大提高了广州在中西商贸中的地位。大量的欧洲商船在这一时期来到广州做生意，使之成为近代中西"相遇"的重要地区。

近代广州的中西交流研究自19世纪末开始，研究内容以商贸为主，尤其是关于广州十三行，研究成果蔚为大观。[①] 但关于广州外国商人群体的日常生活研究却不多见，且大多以章节的篇幅呈现。在莉莎·赫尔曼（Lisa Hellman）博士的新作《这房子不是家：1730～1830年广州和澳门的欧洲人的日常生活》[②]（简称《这房子不是家》）出版之前，尚未有专题性的系统研究。

雅克·当斯（Jacques M. Downs）于1997年出版的《黄金圈住地：广州的美国商人群体与美国对华政策的形成，1784～1844》是较早涉及广州外国商人群体日常生活的著作，书中开篇就论述了18世纪末至19世纪初美国商人群体在广州、澳门的生活环境和生活方式。作者认为，研究美国商人在广州的生活对于理解19世纪初的中美关系具有重要意义。[③]

---

* 陈深钢，中山大学历史学系2021级硕士研究生，研究方向为中西交通史。

① 详见冷东《20世纪以来十三行研究评析》，《中国史研究动态》2012年第3期。
② Lisa Hellman, *This House Is Not a Home: European Everyday Life in Canton and Macao(1730–1830)*, Leiden: Brill Press, 2018.
③ 此书原版于1997年由里海大学出版社 (Lehigh University Press) 出版，后于2014年由香港大学出版社再版，笔者所阅读的是后一个版本。见 Jacques M. Downs, *The Golden Ghetto: The American Commercial Community at Canton and the Shaping of American China Policy, 1784-1844*, Hong Kong: Hong Kong University Press, 2014, pp.9–10.

2002 年英国学者瓦莱里·加勒特（Valery M. Garrett）出版《天高皇帝远：旧广州的官员和商人》一书，该书是一部关于广州城市史的专题研究著作，其中部分章节涉及 19 世纪外国群体在广州的生活空间。①

另一部涉及鸦片战争前广州外国社区日常生活史的著作是乔纳森·法里斯（Johnathan A. Farris）的《从飞地到都市：18 世纪末到 20 世纪初的广州、外国人和建筑》。该书是一部以跨文化空间关系为中心的广州外国群体研究著作，研究时段从 18 世纪至 20 世纪初。书中第一章论述广州体制② 时期外国社区的日常生活空间，通过分析商馆区住房内部、外部的空间关系，法里斯认为该时期外国社区与清政府、广州民众的关系经历了从互利合作到对抗冲突的转变。③

除上述专著外，莱顿大学学者辛西娅·维雅勒（Cynthia Vialle）的论文《荷兰人在广州和长崎的日常生活：基于荷兰东印度公司日志和其他史料的比较》采用比较法，对比了广州、长崎的荷兰社区日常生活方式的异同。④

上述研究为广州体制② 时期外国社区日常生活史研究初步奠定了基础。然而，与广州贸易研究一样，广州外国社区的日常生活史研究仍以英美等势力较大的外国群体为焦点，对于瑞典、丹麦等小型群体往往容易忽略。⑤ 实际上，18 世纪至 19 世纪初的广州贸易并非仅有英国东印度公司的参与，而美国群体则迟至 1784 年才正式参与广州贸易。因此，仅仅依靠英美文献来了解广州体制② 时期外国社区的日常生活史是远远不够的。赫尔曼在《这房子不是家》中对此现象提出批评，认为过分依赖英美文献导致相关研究

---

① Valery M. Garrett, *Heaven is High and the Emperor Far Away: Merchants and Mandarins in Old Canton*, New York: Oxford University Press, 2002.

② 该书的"广州体制"（Canton System）沿用范岱克的观点。不同于此前将"广州体制"时期等同于"一口通商"时期（1757～1842 年）的做法，范岱克认为广州体制时期始于 17 世纪末，直至 1842 年宣告结束。见 Paul A. Van Dyke, *The Canton Trade: Life and Enterprise on the China Coast, 1700-1845*, Hong Kong: Hong Kong University Press, 2005, p.10。

③ Johnathan A. Farris, *Enclave to Urbanity: Canton, Foreigners, and Architecture from the Late Eighteenth to the Early Twentieth Centuries*, Hong Kong: Hong Kong University Press, 2016.

④ Cynthia Vialle, "Daily Life of the Dutch in Canton and Nagasaki: A Comparison Based on the VOC Dagregisters and Other Sources," *Itinerario* 37(2013): 153–171.

⑤ Lisa Hellman, *This House Is Not a Home: European Everyday Life in Canton and Macao (1730–1830)*, Leiden: Brill Press, 2018, p.16.

"误解了18世纪外国社区的权力关系"。① 赫尔曼认为，广州的瑞典社群与英国社群具有很大的差别，前者并不谋求政治权力，他们在广州贸易中采取的策略以适应为主，力求与其他群体保持友好而密切的联系。② 在中英的权力斗争中，其他欧洲群体并未天然地与英国站在一起，相反，英国权势的增长有时还会损害瑞典群体的适应策略。③

除了史料和视角的局限外，以往的广州外国群体日常生活史研究并未对日常生活史形成自觉的研究意识。除了法里斯的研究具有较强的理论性之外，其他的研究或是将日常生活作为理解广州贸易的背景，或是对日常生活进行印象式的描述，未能自觉地应用理论方法对广州外国群体的日常生活进行解释性分析。在此背景之下，充分利用理论工具是《这房子不是家》的亮点之一，这使其成为一部较为系统、深刻的广州外国群体日常生活史研究著作。

毕业于斯德哥尔摩大学的莉莎·赫尔曼博士专攻18～19世纪初瑞典东印度公司对华贸易的社会史、文化史研究，早在2014年就发表了关于瑞典东印度公司雇员利用在华游历资本提升社会地位的论文，后于2015年完成的博士学位论文《广州的日常生活：以瑞典东印度公司为例（1730～1830）》是研究瑞典东印度公司在广州日常生活实践的最初尝试，此后赫尔曼又相继发表了关于瑞典商人迈可尔·格拉布（Michael Grubb，1728–1808）、广州共济会等方面的论文。④

---

① Lisa Hellman, *This House Is Not a Home: European Everyday Life in Canton and Macao (1730–1830)*, Leiden: Brill Press, 2018, p.16.

② Lisa Hellman, *This House Is Not a Home: European Everyday Life in Canton and Macao (1730–1830)*, Leiden: Brill Press, 2018, pp.16–18.

③ Lisa Hellman, *This House Is Not a Home: European Everyday Life in Canton and Macao (1730–1830)*, Leiden: Brill Press, 2018, pp.177–178.

④ Lisa Hellman, "Using China at Home: Knowledge Production and Gender in the Swedish East India Company 1730–1800," *Itinerario* 38 (2014): 35–55; Lisa Hellman, Everyday Life in Canton: the Case of the Swedish East India Company 1730–1830, Ph. D. diss. , Stockholm University, 2015; Lisa Hellman, "The First Lodge in China: An International Hub in 18th Century Canton," in John S. Wade, ed. , *Reflections on 300 Years of Freemasonry*, Cambridge: Queen's College, 2017, pp.663–672; Lisa Hellman, "The Life and Loves of Michael Grubb: A Swedish Trader in Eighteenth–Century Canton and Macao," in Paul A.Van Dyke and Susan E. Schopp, eds. , *The Private Side of the Canton Trade,1700-1840: Beyond the Companies*, Hong Kong: Hong Kong University Press, 2018, pp.115–131.

莉莎·赫尔曼于 2018 年出版的新作《这房子不是家》是一部以瑞典东印度公司为中心的广州洋商日常生活史研究著作。该书共有七章，第一章为导论，第七章是结语，中间五章围绕群体、空间、交流、物质、信任五个具有递进关系的主题对日常生活展开分析，同时在各章之间穿插对四位瑞典东印度公司大班科林·坎贝尔（Colin Campbell，1686–1757）、迈克尔·格拉布、奥利弗·林达尔（Olif Lindahl，1748–1798）、安德斯·龙思泰（Anders Ljungstedt，1759–1835）的历时性分析。

该书第一章第一节阐明研究对象及意义，第二节至第四节论述理论方法与研究视角，其余两节梳理学术史及史料。该书以广州的"瑞典社群"① 为研究对象，但作者并不打算将此书写成单一社群在广州口岸的发展史。在瑞典东印度公司成立初期，由于瑞典本土缺乏经验老手，公司大班需要向国外招募，在第一批大班成员中，苏格兰人就占了超过三分之一。② 另外，作为广州贸易中的少数群体，"瑞典人"时常以"中间人"（go-betweens）的身份出现，他们在广州的生活本身就是一部多元社群的互动交往史。③

在理论方法上，作者以性别研究中的多元交织理论（intersectionality）④ 为主要的理论工具，以广州和澳门的外国社区的家庭生活实践（domestic practice）为线索，试图从微观、琐碎的日常生活中揭示出广州体制权力结构的形塑过程，借此理解欧亚多群体遭际背景下广州口岸的特殊性，以及广州和澳门在近代全球化进程中的特殊位置。在史料上，该书以瑞典东印度公司的档案为基础史料，同时辅以其他外文文献和少量中文文献，如丹麦公司账

---

① 在该书中，诸如"瑞典""英国"等词语只是出于叙述的方便，并非一个自然、自明的概念。广州的瑞典社群并非全然由瑞典本地人组成，也有不少苏格兰人或其他欧洲人，只不过因其同在瑞典东印度公司内任职，故被视为"瑞典人"（Swedes）[见 Lisa Hellman, *This House Is Not a Home: European Everyday Life in Canton and Macao (1730–1830)*, Leiden: Brill Press, 2018, pp.29–30]。本文所指的"瑞典社群"亦沿用此定义。

② Lisa Hellman, *This House Is Not a Home: European Everyday Life in Canton and Macao (1730–1830)*, Leiden: Brill Press, 2018, p.29.

③ Lisa Hellman, *This House Is Not a Home: European Everyday Life in Canton and Macao (1730–1830)*, Leiden: Brill Press, 2018, pp.6–7.

④ 关于"intersectionality"一词的翻译，也有"交叉性理论""交叠性理论"等多种译法。国内关于该理论的介绍，可见苏熠慧《"交叉性"流派的观点、方法及其对中国性别社会学的启发》，《社会学研究》2016 年第 4 期。

目、法国游记、中国官方档案、英荷东印度公司档案等。①

多元交织理论向来注重社会身份（social identity）和社会类别（social categories）的建构过程，②该书也不例外。书中第二章题为"广州和澳门的名流"（"The Who's Who of Canton and Macao"），旨在探讨广州、澳门外国社区里各"群体"（group）的建构过程。③根据作者的论述，可将 18 世纪广州、澳门与外贸相关的群体建构过程整理为表 1 ~ 4。

表 1 18 世纪关于广州外国男性的"群体类别"（group category）

族群	外国社群	瑞典东印度公司	"瑞典人"（Swedes）	瑞典籍	大班	中上层阶级	阶级
				苏格兰籍			
				其他欧洲人			
			水手			底层阶级	
			奴隶				
		其他在广州的西方男性					

资料来源：Lisa Hellman, *This House Is Not a Home: European Everyday Life in Canton and Macao (1730–1830)*, Leiden: Brill Press, 2018, pp.25–41.

表 2 18 世纪关于广州中国男性的"群体类别"

族群	"中国人"（the Chinese）	政府官员（the Mandarins）	中上层阶级	阶级
		行商		
	基层人群	译员、买办	下层阶级	
		水上人群		
		具有"暴力倾向"的平民（commoners）		

资料来源：Lisa Hellman, *This House Is Not a Home: European Everyday Life in Canton and Macao (1730–1830)*, Leiden: Brill Press, 2018, pp.46–57.

---

① Lisa Hellman, *This House Is Not a Home: European Everyday Life in Canton and Macao (1730–1830)*, Leiden: Brill Press, 2018, p.20.
② 苏熠慧：《"交叉性"流派的观点、方法及其对中国性别社会学的启发》，《社会学研究》2016 年第 4 期。
③ 作者这里的"群体"（group）借用自戈夫曼（Goffman）的"剧组"（team）概念，后者指的是那些人们必须彼此协作以形成某一特别情景定义的表演（关于"剧组"概念的分析，见乔纳森·H. 特纳《社会学理论的结构》，邱泽奇等译，华夏出版社，2006，第 376 ~ 377 页）。其中剧组表演的交互作用（剧组间的彼此表演和彼此观看）对于理解该书关于群体建构过程的论述较为重要。

表3　18世纪关于广州中国女性的"群体类别"

族群	"中国女性"（The Chinese Women）	住在广州城内的女性	中上层阶级	阶级
	水上人群（非"中国女性"）	疍家女	下层阶级	
		娼妓		

资料来源：Lisa Hellman, *This House Is Not a Home: European Everyday Life in Canton and Macao (1730–1830)*, Leiden: Brill Press, 2018, pp. 57–62, 92–94, 123.

表4　18世纪澳门与广州外国社区群体的差异

地区	澳门	广州
族群	葡萄牙人社群	外国社群
	其他外国人	
	克里奥尔澳门人（Creole Macanese）	
宗教	当地的外国宗教环境以天主教为主导，新教活动受到天主教的限制	外国人的宗教活动均受到清政府限制
女性	存在当地女性贸易伙伴，以葡人、中国女性为主	以男性为主导的同性环境
	18世纪末19世纪初，有许多非葡人外国女性进入澳门	

资料来源：Lisa Hellman, *This House Is Not a Home: European Everyday Life in Canton and Macao (1730–1830)*, Leiden: Brill Press, 2018, pp.41–46.

　　作者在此处的研究目的并非探索广州、澳门群体的"精确、实际的组成部分"，为各个群体下一个本质化的定义，而是站在批判的知识立场上，探讨群体间的日常实践和互动如何形塑群体自身。在这里，群体本身是动态变化的过程，它既通过主体的行动表现出来（如不同出身的瑞典大班以同一群体的身份行动），又受他者的感知（being conceived）的影响（如瑞典大班被感知为"瑞典人"），其背后交织着复杂的权力关系。[1] 换言之，18世纪广州和澳门的外国社区的群体建构不是单向的自我或他者的建构，而是一种关系式的（relational）、有条件的（conditional）过程。在这个过程中，群体间出现了瑞典公司大班、中国官员、行商、外国女性、中国女性等群体的划分，群体内部出现了大班、水手、奴隶等多组"我们"和"他们"的划分。

────────────

① Lisa Hellman, *This House Is Not a Home: European Everyday Life in Canton and Macao (1730–1830)*, Leiden: Brill Press, 2018, pp. 24–25.

就权力关系来说，清政府主导下的广州制度是影响群体建构的主要力量，其次是外国大班群体，最后是受压迫的下层阶级。在文化因素方面，男子气概、族群、阶级等观念是主要影响因素。其中基于华夷之辨的性别隔离政策既深刻影响了外国商人对广州生活的感受及对中国男性、女性群体的想象，又引起了外国社群对这一制度的不满、争论和抵制。

第三章题为"空间交叠"（"A Space for Intersections"），是多元交织方法在空间层面上的运用，在研究内容上是对第二章群体建构分析的深化。作者依次从广州城、商馆区、澳门、港口、水域多个空间入手展开分析，考察空间的使用背后隐藏的多重权力关系。作者认为有两组交织关系影响着广州、澳门外国社区的日常生活空间：一是地方与全球的交织，一是阶级、性别、族群的交织。地方层面的空间以商馆区为中心，全球层面的空间则主要是全球商业、信息网络及海洋空间，二者的交织既体现为广州旅行文本的全球性传播、生产与再生产，也涉及海上航线的变化对广州、澳门本地生活造成的影响。① 阶级、性别、族群交织建构下的空间实践，则主要以权力当局与受控制群体间的控制、回应、颠覆为主要的动力机制。② 作为一种常见的控制方式，每一种特定空间都有预期的活动，"去哪里即意味着做什么"。③

第四章"交往斗争"（"The Communication Struggle"）以群体间的交往为研究对象，探讨在清政府严格限制中外交流的背景下广州、澳门贸易群体的交流方式（what ways）④和交往渠道（what channels）。在交流方式上，广州、澳门贸易群体的直接交流以他国外语或"广东英语"(Pidgin English) 的方式进行。就外语而言，贸易群体需要规避当局交流限制的政策，私下自学外

---

① Lisa Hellman, *This House Is Not a Home: European Everyday Life in Canton and Macao (1730–1830)*, Leiden: Brill Press, 2018, pp. 92, 125.

② 在该书中，掌权者与受控制者并非固定不变的，一个群体既可以是握有权力，又可以是被控制的对象，比如外国大班群体既受粤海关监督和两广总督监管，又管理着自家的奴隶、仆人、水手。

③ Lisa Hellman, *This House Is Not a Home: European Everyday Life in Canton and Macao (1730–1830)* , Leiden: Brill Press, 2018, p.125.

④ 书中此处的"交流方式"主要指交流时所使用的语言，见 Lisa Hellman, *This House Is Not a Home: European Everyday Life in Canton and Macao (1730–1830)*, Leiden: Brill Press, 2018, pp.139–141。

语。这种规避具体表现为空间上以澳门为中心的语言学习基地，人群上以商人和贸易"中间人"为主的偷学外语群体。① 不过，18 世纪广州外国社区的主要交流语言是"广东英语"，但由于"广东英语"在语法、词汇上的局限性，在绕开交流限制政策之后反而又限制了交流。② 在渠道上，贸易群体可通过官方译员、信件、口头交谈、游记、报刊等渠道进行交流、获取信息。除官方译员之外，其他的渠道均位于清政府控制体系之外。作者认为，上述非官方交流方式的发展在不同程度上冲击了广州体制，在广州贸易日渐发展而中国政府依旧坚持管制的张力之下，绕开政策限制的各类交往方式的发展为广州体制的崩溃埋下了伏笔。③

第五章"消费时间和消费金钱"（"Spending Time and Spending Money"）探讨广州、澳门外国社区不同群体的日常消费活动（daily consumption）。作为一种日常生活方式，消费行为与阶级、性别、族群等权力关系交织在一起。作者首先从居家消费（domestic consumption）入手，在分析瑞典社群对中国饮食习惯的评价和适应之后，作者依次从酒、茶、烟等物质消费和赌博、娱乐、阅读、散步等精神消费两方面展开分析。作为多元文化聚集的区域，商馆区内的社交聚会常具有跨文化交流和协商的意义，"高雅"的商人在此互相适应着对方的习惯和习俗。茶叶、烟草的全球流通造就了类似的消费习惯，此类商品的分享有助于拉近商人间的距离。然而，商馆区的消费行为毕竟是在广州体制的严格管控之下，外国社群的实践处处受限。在这一权力关系背景下，外国人的反应有调适（adaptation），有默许（acquiescence），也有反抗（subversion）。19 世纪初外国人日常活动的扩展，如在珠江上比赛划船，则显示了权力天平的倾斜。④

第六章题为"寻找、成为可信之人"（"Finding and Becoming Trustworthy

---

① Lisa Hellman, *This House Is Not a Home: European Everyday Life in Canton and Macao (1730–1830)*, Leiden: Brill Press, 2018, pp.145, 148.

② Lisa Hellman, *This House Is Not a Home: European Everyday Life in Canton and Macao (1730–1830)*, Leiden: Brill Press, 2018, p.152.

③ Lisa Hellman, *This House Is Not a Home: European Everyday Life in Canton and Macao (1730–1830)*, Leiden: Brill Press, 2018, p.174.

④ Lisa Hellman, *This House Is Not a Home: European Everyday Life in Canton and Macao (1730–1830)*, Leiden: Brill Press, 2018, p.214.

Men"），以群体间的信任为主题展开研究。信用是社会关系的前提，是贸易得以顺利进行的重要条件。作者从空间、言语、穿着、行动等角度论述了18世纪广州、澳门商人群体建立信任的条件和方式。在空间层面，晚宴、葬礼、共济会分会会议是群体之间建立信任的重要场所。在言语层面，"八卦"（gossip）和分享秘密是建立信任的言语方式。在穿着方面，洋商必须穿符合自身族群身份的服装，而不能穿中国服饰。正如中国官方禁止洋人坐轿子一样，穿中式服装亦是一种违制行为。① 除了上述方式之外，商人还需要遵循一套既定的行为规范，了解正确的交易规则，以便维护贸易生活的稳定。因此，商人需要从前人的经历中获取知识以把握自己在广州的贸易生活，游记和信件在此处发挥了重要作用。② 然而，在建立信任的过程中，怀疑、猜忌、失信始终存在。在这种特殊的商业环境中，适应当地环境的商人群体发展出了一种特殊的男子气概，这种气概既具备地区特色，又具有全球性的色彩。③

纵观全书，作者以广州、澳门外国社区群体间的互动为主线，展示了族群、性别、阶级交叉之下不同贸易群体在广州和澳门的生活空间、交往方式、消费行为、信用建立方式等日常生活的方方面面，试图建构瑞典东印度公司在广州和澳门的全面史。

在关于近代西方扩张的研究中，学界越来越意识到移民、商品的跨国联系和互动网络在全球化进程中的重要性。④ 关于近代广州的外国群体研究，倘若仅局限于广州本身，那必然是不完整的。如前所述，该书作者尝试将日常生活史与全球史方法结合起来。⑤ 实际上，作者的问题意识——外国群体

---

① Lisa Hellman, *This House Is Not a Home: European Everyday Life in Canton and Macao (1730–1830)*, Leiden: Brill Press, 2018, p.242.

② Lisa Hellman, *This House Is Not a Home: European Everyday Life in Canton and Macao (1730–1830)*, Leiden: Brill Press, 2018, p.246.

③ Lisa Hellman, *This House Is Not a Home: European Everyday Life in Canton and Macao (1730–1830)*, Leiden: Brill Press, 2018, p.258.

④ James Beattie et al., "Rethinking the British Empire through Eco-Cultural Networks: Materialist-Cultural Environmental History, Relational Connections and Agency," *Environment and History* 20 (2014): 561–575; David M. Pomfret, *Youth and Empire: Trans-Colonial Childhoods in British and French Asia*, Palo Alto: Stanford University Press, 2016, p.13.

⑤ Lisa Hellman, *This House Is Not a Home: European Everyday Life in Canton and Macao (1730–1830)*, Leiden: Brill Press, 2018, p.19.

在广州的家庭生活实践——本身就意味着要探讨瑞典本土的家庭文化。书中的四个历时性个案既叙述不同时代的瑞典商人在广州的经历，也描述其到广州前及离开广州后的经历。① 通过在空间和时间上的双重对照，作者更为完整地呈现了广州的生活、经历之于瑞典商人的意义以及这种意义的变化。

这种将日常生活与全球联系结合起来的方法体现了日常生活史研究的优势。日常生活史研究对象是微观的日常行为，因而日常生活史家更容易从经验上把握微观与宏观之间的连接点。② 从表面上看，日常生活史研究因其注意力集中在历史的"琐碎"方面，而使"历史知识成为了不可能而且导致历史学的繁琐化"。③ 然而，正如学者伊格尔斯所评论的那样，"没有任何理由说，一部研究广阔的社会转型的史学著作和一部把注意力集中在个体生存上的史学著作就不能共存并且互相补充"。微观史、日常生活史其实是对宏观历史研究的补充而不是替代。④ 日常生活并非社会进程的对立面，相反，日常生活是"那些同时使社会再生产成为可能的个体再生产要素的集合"。⑤ 它反映了社会的秩序，使历史进程更清晰地"显现"出来。⑥ 从认识论的角度来说，个体的日常生活是理解历史进程的一把关键钥匙。

日常生活研究与宏观的政治经济研究的另一差别在于，前者将"平常经验"（ordinary experience）而不是抽象化的"社会"作为研究的出发点，将日常生活问题化，用批判的眼光考察"理所应当的"行为或价值观念。⑦ 最

---

① 除了龙思泰最终定居于澳门之外，其他三位瑞典人均在广州贸易后回到家乡。对18世纪的瑞典商人来说，通过远洋贸易获得资金后，一般都要回归故土娶妻生子，这是瑞典男子实现男子气概的重要途径。龙思泰身处瑞典东印度公司衰落时期，其定居广州的选择意味着瑞典商人的性别规范和家庭实践发生了变化。详见 Lisa Hellman, *This House Is Not a Home: European Everyday Life in Canton and Macao (1730–1830)*, Leiden: Brill Press, 2018, pp.31, 223.
② 刘新成：《日常生活史与西欧中世纪日常生活》，《史学理论研究》2004年第1期。
③ 伊格尔斯：《二十世纪的历史学：从科学的客观性到后现代的挑战》，何兆武译，辽宁教育出版社，2003，第120~121页。
④ 伊格尔斯：《二十世纪的历史学：从科学的客观性到后现代的挑战》，何兆武译，辽宁教育出版社，2003，第119、131页。
⑤ 阿格妮丝·赫勒：《日常生活》，衣俊卿译，黑龙江大学出版社，2010，第3页。
⑥ Andreas Eckert, Adam Jones, "Historical Writing about Everyday Life," *Journal of African Cultural Studies* 15 (2002):7.
⑦ Andreas Eckert, Adam Jones, "Historical Writing about Everyday Life," *Journal of African Cultural Studies* 15 (2002):5.

能体现这种批判性的，莫过于关于德国纳粹政权的日常生活史研究，此类研究揭示了罪恶的屠杀是如何在平常生活中"正常"运作的。[①]

18世纪的广州口岸是特别的，它受清政府的管控，与印度殖民地的权力格局具有明显的不同。在这种特殊的环境中，广州外国群体的日常生活和家庭实践不可能像英国人在印度殖民地那样以英国东印度公司为权力中心。[②] 在赫尔曼的论述中，18世纪外国群体在广州的地位与其在殖民地的地位是截然不同的，在这里，他们受控于粤海关监督与两广总督，省城的城墙在生理和心理上、在性别和族群上将他们隔绝开来。然而，尽管外国群体对清政府的管制颇有怨言，但广州依旧是当时中国最受欢迎的港口，茶叶、瓷器等商品源源不断地从广州流向世界。[③]

这种既封闭又开放的状态如何可能？该书的研究为此提供了新视角。毕竟，所有的历史进程最终都要落到日常生活的微小实践之上。[④] 从这个意义上来说，广州口岸的日常生活研究既能够解释广州体制的成功，又能窥见其崩溃的动因，既能探析秩序的生成与形塑，又有助于理解日常实践的创造性与灵活性。

在第一章第四节"管制生活中的策略"（"Tacitcs In the Face of a Conditional Everyday Life"）中，可以窥见德·塞尔托日常生活实践理论的影子。作者借用塞尔托的"策略"（tactics）[⑤]、"抵制"（resistance）等概念，旨在强调外国群体尤其是瑞典社群在广州口岸相对于清政府的弱势地位。即使弱势者的日常生活受到当权者的管控，但他们依旧"能够在不遵从现状的情况下实现

---

① 伊格尔斯：《二十世纪的历史学：从科学的客观性到后现代的挑战》，何兆武译，辽宁教育出版社，2003，第133～134页。

② 关于18世纪英国东印度公司如何干预印度殖民地盎格鲁－印度家庭的生活，可见 Durba Ghosh, *Sex and the Family in Colonial India: The Making of Empire*, New York: Cambridge University Press, 2006。

③ Paul A. Van Dyke, *The Canton Trade: Life and Enterprise on the China Coast, 1700-1845*, Hong Kong: Hong Kong University Press, 2005, p.161.

④ Lisa Hellman, *This House Is Not a Home: European Everyday Life in Canton and Macao (1730–1830)*, Leiden: Brill Press, 2018, p.3.

⑤ 德·塞尔托的"策略"一词与"战略"（strategy）相对，"战略"是指一种支配性力量或机制，"策略"则是弱者对支配性权力的非正式避让。见 Michel de Certeau, *The Practice of Everyday Life*, Berkeley: University of California Press, 2002, pp. xix–xx.

目标，或竭力规避、改变规则，或戏耍规则"。这种抵制并非暴烈的颠覆行动，它们不重塑体制，而是利用既定秩序创造出新事物。①

关于日常生活研究，有学者批评其赋予普通人过分的权力和自主性，使普通人"极其轻松地掌控着自己的日常生活，随时准备捉弄当权者"。②这一当权者—弱势者的二分确实容易导向一种对抗的二元论。若将之应用于广州的外国群体日常生活研究，则依旧逃不出滨下武志先生所批判的欧洲主动、亚洲被动的研究范式。③所幸在交织理论的运用下，该书将"群体"范畴问题化，强调广州口岸中国群体内部、外国群体之间、各个东印度公司内部的差异，清政府与外国群体二元对立的表象便随之瓦解。

结语最后一节题为"全球化，并非欧洲扩张"，旨在挑战传统的殖民主义史研究，强调"长18世纪"时期欧洲参与全球化进程中在地方层面遭遇的压力以及其所采取的应对方式。对瑞典社群来说，他们不仅在清政府面前是弱势的，在其他外国群体面前也是相对弱小的。书中四位瑞典商人的广州之旅表明，适应当局的管控，利用口岸的多群体社会网络是瑞典商人成功的关键。此外，清朝官方的态度同样值得注意。广州地方官员愿意迁就贸易，④而且他们有时并未将外国商人视为单一的整体，不一定所有的管制措施都同等地施加于外国人身上。⑤从这个意义上来说，当局的管控有时并非瑞典商人的主要威胁，相反，更大的威胁可能来自西方内部，尤其是英国的威胁。18世纪后期英国在广州贸易中的权势日益增长，身处其中的部分瑞

① Lisa Hellman, *This House Is Not a Home: European Everyday Life in Canton and Macao (1730–1830)*, Leiden: Brill Press, 2018, p.15.

② Andreas Eckert and Adam Jones, "Historical Writing about Everyday Life," *Journal of African Cultural Studies* 15 (2002): 8.

③ 详见滨下武志《近代中国的国际契机：朝贡贸易体系与近代亚洲经济圈》，朱荫贵、欧阳菲译，虞和平校，中国社会科学出版社，1999，第1～9页。

④ Paul A. Van Dyke, *The Canton Trade: Life and Enterprise on the China Coast, 1700-1845*, Hong Kong: Hong Kong University Press, 2005, pp.167–168.

⑤ 比如在清政府规范外国水手的措施中，规定1754年后法国水手和英国水手分别只能在"法国岛"和"丹麦岛"上活动，而其他外国群体则没有这个限制。见 John L. Cranmer-Byng† and John E. Wills, Jr., "Trade and Diplomacy with Maritime Europe, 1644–c. 1800," in John E. Wills, Jr., eds., *China and Maritime Europe, 1500–1800: Trade, Settlement, Diplomacy, and Missions*, New York: Cambridge University Press, 2011, pp.230–231。

典商人已能敏锐地察觉时局的变化，他们对此感到不安和愤怒，有的甚至希望清政府能驱逐英国人。[1]

如前所述，该书试图将地方与全球两种视角结合起来，其中部分内容涉及瑞典社群在欧洲本土的日常生活，但所占篇幅远小于对广州的分析，关于外国群体在沿途口岸的日常生活则更少。然而，18 世纪至 19 世纪初外国商船并非仅有广州这一个商贸地点，尤其是在 18 世纪下半叶东南亚新航路的开辟之后，西方商船可以在东南亚口岸停留更多的时间，这一定程度上影响了广州贸易。[2] 就此看来，外国商船在抵达广州之前停留于各亚洲口岸的日常生活似乎也是一个值得再探讨的话题。

西方群体在非西方口岸的家庭生活是帝国扩张进程中的重要一环。[3] 在帝国史研究中，受后殖民主义理论和性别研究的影响，殖民地的家庭生活研究在西方学界日渐成为一专门领域。这些研究为传统的帝国史分析框架引入家庭、性别、年龄、亲密关系等维度，旨在突破以国家为视角的政治史、经济史研究路径，以家庭为切入点，分析殖民地社会个体身份建构的过程及其背后的权力关系，强调家庭生活与帝国政治之间的关系。[4] 相比之下，近代亚洲的非殖民地口岸研究在这方面还有待进一步探索。[5] 莉莎·赫尔曼的

---

① Lisa Hellman, *This House Is Not a Home: European Everyday Life in Canton and Macao (1730–1830)*, Leiden: Brill Press, 2018, p.178.

② 关于 18 世纪下半叶东南亚新航路的开辟如何对广州贸易造成一系列影响，见 Paul A. Van Dyke, " A Ship Full of Chinese Passengers: Princess Amelia's Voyage from London to China in 1816–17," in Kenneth M. Swope and Tonio Andrade, eds. , *Early Modern East Asia War, Commerce, and Cultural Exchange: Essays in Honor of John E. Wills, Jr.* , New York: Routledge, 2018, pp.166–196。

③ Lisa Hellman, *This House Is Not a Home: European Everyday Life in Canton and Macao (1730–1830)*, Leiden: Brill Press, 2018, p.277.

④ Durba Ghosh, *Sex and the Family in Colonial India: The Making of Empire*, New York: Cambridge University Press, 2006; David M. Pomfret, *Youth and Empire: Trans-Colonial Childhoods in British and French Asia*, Palo Alto: Stanford University Press, 2016; Ann L. Stoler, "Tense and Tender Ties: The Politics of Comparison in North American History and (Post) Colonial Studies," *Journal of American History* 88(2001): 829–865. 相关的学术史评论见 David M. Pomfret, *Youth and Empire: Trans-Colonial Childhoods in British and French Asia*, Palo Alto: Stanford University Press, 2016, p.8。

⑤ Lisa Hellman, *This House Is Not a Home: European Everyday Life in Canton and Macao (1730–1830)*, Leiden: Brill Press, 2018, p.277.

《这房子不是家》虽不是第一部触及近代广州外国群体日常生活的研究，却是首部具有自觉的理论意识的专题性研究，无论是对瑞典对华贸易史、广州口岸史还是对亚洲口岸的日常生活史和性别史来说，均具有较高的学术价值。

《罗壁国史》：一部柬埔寨吴哥王朝晚期的历史文献（13～15 世纪）

谢信业 *

　　自公元 1000 年以降，东南亚的历史记载逐渐由"碑铭时代"进入"史书时代"。然而由于战争破坏、气候湿热、蠹蚀虫蛀等，东南亚历史文献留存情况普遍不太乐观。作为东南亚历史最为悠久的国家之一，柬埔寨现存的编年史书抄本有 40 余种。虽然手稿数量不少，但绝大多数编撰于 19 世纪至 20 世纪初，且为某一稿本的副本，相互誊录抄写，内容大抵相近。[①] 相比之下，成书于 19 世纪以前的柬埔寨史书可谓吉光片羽。本文将要介绍的翁印本《罗壁国史》（*Phongsawadan Mueang Lawaek*）便是其中之一。

　　1796 年，柬埔寨国王匿翁印（Nak Ong Eng）在曼谷朝觐期间，曾将一部《王统史》（*Phraratcha Phongsawadan*）呈献给暹罗国王拉玛一世（Rama I）。拉玛一世下令将此书转译为泰文，并收藏于王家图书馆中。[②] 当时柬埔寨定都于罗壁城，[③] 故题名为《罗壁国史》。为区别于 1808 年柬埔寨王匿翁祯所献的《罗壁国史》，1796 年的《罗壁国史》又被称为"翁印本"（*AE*）或"小历 1158 年本"（*C. S. 1158*）。《罗壁国史》柬埔寨文原本已经亡

＊　　谢信业，中山大学历史学系博士研究生，研究方向为东南亚史。

①　　Georges Coedès, "Essai de classification des documents historiques cambodgiens conservés à la bibliothèque de l'EFEO," *Bulletin de l'Ecole française d'Extrême-Orient* 18(9)(1918): 15–23; Michael Vickery, *Cambodia After Angkor: The Chronicular Evidence for the Fourteenth to Sixteenth Centuries*, Ph. D. diss. , Yale University, 1977, pp.16–41; Mak Phoeun, *Histoire du Cambodgede la fin du XVIe siècle au début du XVIIIe*, Paris: Ecole française d'Extrême-Orient, 1995, pp.4–18; Khin Sok, "Les Chroniques Royales Khmers," *The Mon-Khmer Studies Journal* 6(1977): 191.

②　　《罗壁国史》（*Phongsawadan Mueang Lawaek*，1796 年本），《泰国史料汇编》（*Prachum Phongsawadan*，50 周年本第 9 册），泰国历史文化部，1999，第 35～59 页。

③　　罗壁（Lovek, Longvek），国内旧译为"洛韦""勒外"。

佚，只留有 1855 年的泰文译本。1915 年，丹隆亲王（Damrong Rajanubhab）在整理出版泰国史料时，将《罗壁国史》收入《泰国史料汇编》（*Prachum Phongsawadan*）第 4 卷。1918 年，法国学者赛代斯（Georges Coedès）又在《法国远东学院学报》上发表了泰文转写本的法语译文。①

翁印本《罗壁国史》是迄今为止已知最早的柬埔寨史书。此书篇幅简短，主要记叙了吴哥王朝晚期（14 ～ 15 世纪）的柬埔寨历史。从其内容上看，这部被视为"主流之外"与"非标准"的历史文本，无疑较诸 19 世纪柬埔寨宫廷修撰的史书更为翔实准确。譬如，在 14 世纪中叶吴哥城第一次陷落前，《罗壁国史》记录了 7 位国王，19 世纪新修的编年史书往往只提及 3 位国王。正是由于王统世系的错乱与空缺，13 ～ 16 世纪的历史记录出现了大段的空白。翁印本《罗壁国史》还记载了柬埔寨与暹罗、占人（Cham）、马来人之间的战争，王室家族的关系网络，对于了解当时大陆东南亚中部地区的政治图景也大有裨益。尤其是关于第二次吴哥城陷落的记载，与 1971 年迈克尔·维克里（Michael Vickery）发现的《阿瑜陀耶史书残本》（*2/k.125 Fragment*）十分吻合。② 总之，《罗壁国史》成书时间虽然距离 15 世纪长达三个多世纪，但文本整体具有较高的可信度，不失为研究 13 ～ 15 世纪东南亚历史的宝贵材料。

本文使用版本为《泰国史料汇编》收录的《罗壁国史》泰文转写本，其内容翻译如下。

《罗壁国史》（小历 1158 年本）

小历 1158 年（1796）乙辰岁七月白分初七日木曜日，柬埔寨国王拉玛迪勃底（Ramadhibodi，匿翁印）进献《王统史》一书。（暹罗国王）陛下敕命銮颇那丕吉（Luang Photnaphichit）、坤萨腊帕索（Khun Saraprasoet）、

---

① Georges Coedès, "Essai de classification des documents historiques cambodgiens conservésà la bibliothèque de l'EFEO," *Bulletin de l'Ecole française d'Extrême-Orient* 18(9)(1918): 15–28.

② Michael Vickery, "*The 2/k.125 Fragment*: A Lost Chronicle of Ayutthaya" , *Journal of the Siam Society* 65(1)(1977): 1–80.

坤摩诃悉第（Khun Mahasitthi）、奈赞尼吴汉（Nai Chamniwohan）四人将此书转译为泰文，收藏于御宬皇宬（Ho Luang）。

正　文

大历 1268 年（1346）辛戌岁，摩诃涅槃王（Mahaniphan）于京都室利输笪罗阇昙尼城（Phra Nakhon Si Sotrachathani）登基，守护宗教。

当时，摩诃遮迦罗伐底罗阇底腊王（Maha Chakravadirajadhirat）之子拉玛迪勃底王统治着大都城室利阿瑜陀耶，曾派遣昭塞（Chao Sai）、昭德伐达（Chao Thewada）赍国书出使柬埔寨国，欲与摩诃涅槃王缔结盟好。然而摩诃涅槃王不准泰人的请求，还下令处死了昭塞、昭德伐达。五年之后，摩诃涅槃王驾崩。王亲及众将帅、臣僚为先王发丧，举行火葬。

摩诃涅槃王的内弟（nong khoei）名为匿披德来王（Nak Phra Thalai），继承王位。该国王曾修造精舍（wihan）、禅院（kuti）、两尊金佛、二十二尊塑像。在位十一年，驾崩，王亲及众将帅、臣僚为国王发丧。

匿披德来王之弟匿披室利革鲁（Nak Phra Sri Khru）继承王位。该国王修建禅院，并施舍给僧侣，但是未能完成山上的精舍。在位五年，驾崩。

匿披室利革鲁的火葬典礼完成后，王孙（Natda，或者王侄）继承王位，尊号"博隆德给摩罗阇王"（Phra Boromatha Khemaraja）。该国王曾修造精舍、禅院、十八座佛像，并收集钻石及各类珠宝装点佛像。在位三年，驾崩。

博隆德给摩罗阇王的葬礼结束后，王弟继承王位，号称"林蓬博隆罗阇底腊王"（Lampang Borom Rachathirat）。该国王颇具威严。在位五年之时，室利阿瑜陀耶国王拉玛迪勃底与其子披巴竭刹帝利（Phra Ba Krasdr）、披巴乙（Phra Ba At）、披蓝蓬丕（Phra Lan Bong Phith）三人，统率大军来犯王城大吴哥（Mueang Phra Nakhon Luang）。林蓬博隆罗阇底腊王调度军队御敌，历时一年，城池仍未陷落。后来林蓬博隆罗阇底腊王驾崩，王弟继承王位，在位三个月驾崩。王位遂由匿披林蓬（Nak Phra Lampang）继承，继续抵御敌军的围攻。

匿披林蓬在位仅一个月驾崩，拉玛迪勃底王遂于酉年成功夺取大吴哥城。① 随后拉玛迪勃底王任命长子披巴竭刹帝利统治大吴哥城，并留下披巴乙、披蓝蓬丕辅佐其兄，自己带着九万名俘虏返回阿瑜陀耶。泰人国王披巴竭刹帝利统治柬埔寨国三年后去世，其弟披巴乙在位三年去世，其弟披蓝蓬丕在位一个月去世。

此时有博隆德给摩罗阇王之孙（或者侄）名为匿博落（Nak Phrok），官拜昭盆牙迦罗美（Chao Ponhea Kalamek），继承王位。②

昭盆牙迦罗美有一位王姐和一位王妹。王姐生一王子，名为昭盆牙因陀罗阇（Chao Ponhea Intharachat）。王妹生有王子二人，名为昭盆牙康凯（Chao Ponhea Kham Khat）、昭盆牙胶华（Chao Ponhea Kaeo Fa）。昭盆牙迦罗美将其女山德尼陀罗（Santhanitra）公主许配给王侄昭盆牙因陀罗阇，并将王位禅让于王侄。昭盆牙康凯暗杀了因陀罗阇王，又娶山德尼陀罗为妻。昭盆牙迦罗美得知此消息后，十分愤怒，不愿意让昭盆牙康凯继承王位，于是册封坤提婆曼志（Khun Thep Montri）为王。坤提婆曼志在前往那空銮的途中，被昭盆牙康凯及其党羽（Phakphuak）杀害。

众将臣纷纷恳求昭盆牙迦罗美准许昭盆牙康凯继承王位，昭盆牙迦罗美怒气消散，才同意让昭盆牙康凯继承王位。三年后，昭盆牙康凯号称"拉玛迪勃底"，王后山德尼陀罗号称"帕迦伐底室利山德尼陀罗"（Phakavadee Sri Santhanitra）。康凯王的妃嫔是邦姜城主之女，生有两个孩子，王子名为昭盆牙康亚（Chao Ponhea Khamyat），公主名为山德尼陀罗（Santhanitra）。

康凯王颇有权势，他不承认那空銮是阿瑜陀耶的附庸。康凯王曾经率兵攻打阿瑜陀耶，渡过沙密猜河（Klong Samatchai），抵达庄他武里的三隆（Samrong）和邦姜（Bang Khang），俘虏了大量的人口，随后在途中停止前进。当时，阇婆人（Khaek）与占人的君主率领一支军队乘船来犯竹里木城（Chaturamuk），掠走金银佛像。然后，派遣阇婆人与占人的将领率领军队沿着披碧冲河（Klong Phra Phechon）逆流而上。

---

① 吴哥城于鸡年第一次陷落，其年份当为 1357 年（大历 1279 年）。

② 依本《柬埔寨王统史》作"室利苏优旺"（Srey Sojovong），并称其是尼潫佛陀之子。然而《罗壁国史》记载，匿博落即苏利耶旺可能是博隆德给摩罗阇王兄弟之子。

康凯王率军返回大吴哥城，调遣军队前去抵御占人军队，但是难以战胜占人。康凯王遂向大地之神（Phra Thorani）祈求能够以赢得胜利。到了晚上，康凯王入睡，梦到了大地女神来到面前说："毋须担忧，你将战胜敌人。"

拂晓，康凯王亲率大军与敌人作战。大地女神变幻为大蛇，在御前爬行。占星家见此情形，预言称将会获得胜利。于是康凯王登上御舰，大小官僚分乘战舰环绕其侧，手持弓箭向敌人射击。双方战船展开鏖战，占国君主和所有将领望见康凯王之后，因畏惧他的强大，无心恋战。康凯王麾下将领乘胜追击，斩杀大量敌人，尸首漂满披碧冲河。占人君主遁走，勇敢的高棉（Khamen）军队俘虏了大量的阇婆人与占人，康凯王也成功夺回金银佛像，率军回国。

其后，康凯王派遣王弟昭盆牙胶华率领军队远征阿瑜陀耶。当昭盆牙胶华率军抵达毗奴洛城（Phinulok）时，在该城的东南部建造了一座精舍。昭盆牙胶华继续进军，抵达阿瑜陀耶的边界，但是他认为不应该冒险攻城，于是掳掠许多人口，退回毗奴洛城。他建造罗摩补罗城（Mueang Ramayaburi）。康凯王任命昭盆牙胶华为城主，然后回国。

后来一位妃嫔（Phra Sanom）下毒谋害了康凯王，王亲及众将臣为之举行葬礼。王太后（Phra Rachamanda）拥立昭盆牙胶华登基称王，尊号为"室利昙输罗阇底腊拉玛迪勃底"（Sri Thamsok Rachathirat Ramathiboti）。该国王恪守十戒，在位三年。

阿瑜陀耶的博隆罗阇底腊王（Boromrajadhirat）得知（柬埔寨情况）后，亲自率领一支象马大军前来围攻室利昙输罗阇底腊王的都城。七个月后，室利昙输罗阇底腊王邀请僧王（Ratchakhana）披昙基（Phra Thamkit）与披输功（Phra Sukhon）二人，以及坤摩奴罗娑（Khun Manoraso）、坤蒙昆（Khun Monkon）前去将都城献给博隆罗阇底腊王。[①]

室利昙输罗阇底腊王死后，博隆罗阇底腊王为之举行了火葬，然后在毗奴洛城建立名为披致都槃（Vat Phra Chetuphon）的大寺庙，施舍给披昙基

---

① 关于吴哥第二次陷落的年份，侬本《柬埔寨王统史》记载为牛年（大历 1307 年，公元 1385 年）。銮巴塞本《故都纪年》及 15 世纪残本所载吴哥陷落的时间在猪年（1383 年或 1431 年）、鼠年（1384 年或 1432 年）之交。《柬埔寨王统史》后文又提到盆牙亚加冕之第 12 年为鼠年，则盆牙亚是在鼠年（1384）年底夺得王位。

法师，又建立一座小寺庙，施舍给披输功法师。博隆罗阇底腊王留下王子昭披耶帕烈（Chao Phaya Phraet）统治大吴哥城，号为"披因陀罗阇"（Phra Inthraja）。[①] 随后，博隆罗阇底腊王带着大约四万名俘虏返回阿瑜陀耶。

当国家覆亡时，昭盆牙康亚（Chao Ponhea Khamyat）逃往丹贺村（Ban Tan Hak）。[②] 此村寨之头目名为坤巴罗猜耶（Khun Phlachaiya），带着手下庇护昭盆牙康亚。到了年底，昭盆牙康亚想出诡计，将利剑藏在一个酒罐中，假装进献贡品，设法进入披因陀罗阇的宫殿。披因陀罗阇打开酒罐时，一人拔剑将其诛杀。昭盆牙康亚俘虏了披因陀罗阇的一位王后（Phra Mahesi）和一位嫔妃（Sanom）。

昭盆牙康亚在大吴哥城登基称王，号为"博隆罗阇底腊拉玛迪勃底室利达摩迦罗阇"（Boromrachadhirachat Ramadhibodi Sri Thammik Racha）。

其右宫王后尊号为山德密陀罗（Santamitra），生了三个孩子：一位王子名昭盆牙康凯（Chao Ponhea Kham Khat），一位公主名披偈萨（Nang Phra Kesa），一位公主名披律敦（Nang Lut Thong）。

左宫王后为泰族嫔妃名偈珊（Keson），尊号为披因陀密陀罗（Phra Inthamitra）。披因陀密陀罗之父与披因陀罗阇为亲戚。

第二王后名为陶阿罗洛罗阇（Thao Ararok Raja），生有一女，名为贴甘罗耶（Thep Kanlaya）。

另一位第二王后名为陶贴底差（Thep Decha），为萨莱城主（Salai）之女，生有一子，名为昭盆牙室利罗阇（Chao Ponhea Sri Racha）。

嫔妃名弥娘孔（Mae Nang Khong），生了三个孩子：公主匿南帕来（Nak Nang Prap），王子昭盆牙班底萨腊（Chao Ponhea Bandisrat）、昭盆牙都（Chao Ponhea Thok）。

---

① 依本《柬埔寨王统史》作"披耶帕烈"（Phnea Prek），封号"披昭因陀罗阇"（Prea Chau Ento Reachea）。《阿瑜陀耶残本》记载，统治大吴哥城的昭盆牙披那空因陀罗（Cau Bana Brah Nagar Indr）是暹罗国王博隆摩罗阇（Borommoracha）之子。昭盆牙披那空因陀罗死后，博隆摩罗阇又任命披耶帕烈（Bana Braek）统治柬埔寨。

② 依本《柬埔寨王统史》作"盆牙亚"（Phnea Jeat），封号"披昭因陀罗阇"（Prea Chau Ento Reachea）。《阿瑜陀耶残本》记载，昭亚（Cau Yat）是罗摩王（Cau Ram）之子，也就是号称"拉玛迪勃底"的康凯王。

嫔妃名娘哇隆摩罗（Nang Warommala），生有一女，名为匿娘贴萨迦（Nak Nang Thepsakha）。

嫔妃名娘苏（Nang Suk），生有一子，名为昭盆牙罗摩（Chao Ponhea Rama）。

左宫王后之子叫昭盆牙典罗阇（Chao Ponhea Dianraja），娶坤颂披因陀（Khun Song Phra Intha）之女匿娘帕室利（Nak Nang Phasri），于兔年生下王子，名为昭盆牙达摩罗阇（Chao Ponhea Thamma Racha）。匿娘帕室利和左宫王后偈珊与泰族王室（Phaya Sri Decho Thai）有亲戚关系。

公主匿娘帕室利生有一子，名为昭盆牙禛（Chao Ponhea Chan）。公主匿娘贴萨迦生有一女，名为匿娘陶蒲通（Nak Nang Thaophothong）。

博隆罗阇底腊王定都于竹里木城时，获得一头幸运白象，以及一块从老挝大江漂来的沉香，这块沉香被做成拴住白象的绑桩。[①]

博隆罗阇底腊王亲率大军前往德罗迦县（Tambon Tharaka）驻跸，随后继续率军攻打庄他武里，依仗王之威力，获得了胜利。远征归来后过了很久，国王驾崩，王亲及众将帅、臣僚为国王举行火葬。

王子昭盆牙康凯在大吴哥城继承王位，王号"那罗延罗摩底勃底"（Narayan Ramadhibodi）。王后尊号为"帕迦伐底室利披捷"（Phakhawadi Sripraket），生有一位王子。那罗延罗摩底勃底王遵守戒律，穿着白色服装。在位二十五年后，驾崩。[②]

先王葬礼结束后，王弟昭盆牙室利罗阇和昭盆牙典罗阇互相争夺王位。兄长昭盆牙室利罗阇被击败，逃往主罗勇城（Mueang Chorayong）。

昭盆牙典罗阇在大吴哥城继承王位，王号"室利输泰"（Sri Sothai）。[③]

---

① 依本《柬埔寨王统史》提到"大历 1310 年龙年（1388 年或 1400 年），国王在位的第五年，迁都巴山城，寻迁都竹里木城"。盆牙亚于 1384 年即位，大约在 1388 年迁都巴山与竹里木城。

② 依本《柬埔寨王统史》作"那莱罗摩迪勃底"（Noreay Reamea Thuphdey），谓其为前王之弟，在位五年，误。那罗延罗摩底勃底即《明太宗实录》所载的"参烈昭平牙"，为故真腊国王参烈婆毗牙的长子。参烈昭平牙于永乐三年（1405 年）夏季之前即位，至永乐十七年参烈昭平牙仍然在世，因此《罗壁国史》所载在位二十五年为正。那罗延罗摩底勃底在位时间当为 1404～1429 年。

③ 依本《柬埔寨王统史》作"室利苏耶泰"（Srey Soryotey Reachea），并谓当时王室内乱，之后编年出现了长达 32 年的空白期（1437～1468 年）。结合《罗壁国史》推测，室利输泰王于 1429 年或 1430 年即位。

昭盆牙室利罗阇率军来攻打室利输泰王，室利输泰王的部众将昭盆牙室利罗阇擒获，并斩于蒲郎道县（Tambon Pholangdao）。

室利输泰王继承王位后，因猜忌"泰王子"达摩罗阇，意欲将其杀害。王祖母（Phra Ayika）偈珊得知后，暗中通知了昭盆牙达摩罗阇。昭盆牙达摩罗阇逃往了征村（Ban Trank）避难，并且聚集了许多追随者。然后昭盆牙达摩罗阇率众攻打室利输泰王。室利输泰王无法抵御，逃到了真罗匿村（Ban Chanranak），在那里集结了一支庞大的军队，率军来与昭盆牙达摩罗阇作战。

昭盆牙达摩罗阇逃到了笼山（Phanom Rung）北麓的汤楞村（Ban Tamlaion），征召东部各城村民众，率军返回都城。室利输泰王退往罗壁城（Mueang Lavek）的博兰碧冲县（Tambon Phrambichom），然后他命令大臣昭猜阁摩曼志率兵驻守于德莱郎瓦县（Tambon Truailangwa）。

昭盆牙达摩罗阇在汤楞村避难期间，与傀人（Kui）酋长成为朋友。当昭盆牙达摩罗阇入主大吴哥城以后，写信给特本克蒙城（Mueang Thbong Khmon）的傀人酋长，让他派兵前来帮助对抗占据罗壁城的室利输泰王。昭盆牙达摩罗阇得到傀人战士的支持，击败了室利输泰王，室利输泰王弃众逃走。昭盆牙达摩罗阇的军队擒获了许多室利输泰王的部众和妇女。[①]

昭猜阁摩曼志护送那罗延罗摩底勃底王的王后匿娘披捷逃往菩提萨城（Purthisat）。室利输泰王则逃往了阿瑜陀耶国。先王后匿娘披捷之子昭盆牙（Chao Ponhea）在菩提萨城称王。昭盆牙达摩罗阇挥师讨伐菩提萨城，昭盆牙率军迎战。昭盆牙达摩罗阇认为敌方人多势众，于是率军撤回勃利奔城（Mueang Baribour）。克伦人（Karilang）大千户坤骨禄塔（Khun Khrutha）率领部众，前来援助菩提萨城的昭盆牙。[②]

---

① 依本《柬埔寨王统史》记载称："大历 1390 年，岁在鼠年（1468），大王二十二岁，加冕于竹里木。"由此推测，达摩罗阇即位于 1432 年（鼠年），这一年通常被认为是柬埔寨放弃吴哥之年。达摩罗阇出生于 1411 年（兔年），与前文记载吻合。

② 占据菩提萨城的昭盆牙即《柬埔寨王统史》提到的"王兄"（Phra Riam）。达摩罗阇与之相持八年之久。大约在 1440 年（猴年），达摩罗阇 30 岁时，遣使前往暹罗，寻求暹王的帮助。暹罗出兵击败"王兄"，将其擒回阿瑜陀耶，于是各城归附达摩罗阇，柬埔寨再获统一。

东亚近世户籍制度的比较研究

——中山大学亚洲史工作坊（第 2 期）综述

朱 玫[*]

在中国古代，户籍是统治者进行政治统治和社会管理的最基本手段。通过户籍实现对民众统治的理念为中国历代王朝所延续，同时被具有中央集权国家形态的周边地区接受。各国结合自身的统治需要，在不同时期编造出不同形态的户籍。户籍可以说是理解东亚地区统治体系共性与多样性的典型文书。

2021 年 6 月 12 日，由中山大学历史学系主办的"东亚近世户籍制度与户籍文书的比较研究"工作坊通过线上会议的方式召开。工作坊以东亚的中国、韩国、日本、越南为中心，探讨从中国宋代至清代近 1000 年间东亚汉字文化圈户籍制度与户籍文书的演变过程与特点。来自清华大学、北京大学、北京师范大学、上海交通大学、厦门大学、中山大学、西北大学、暨南大学、上海电机学院、萍乡学院、佛山科学技术学院、广东省社会科学院以及美国爱荷华大学、越南河内国家大学等国内外高校、科研机构的 20 余名学者参加了此次工作坊。

本次工作坊是中山大学亚洲史研究工作坊系列的第 2 期，同时也是国家社会科学基金重大项目"中国古代户籍制度研究及数据库建设"（17ZDA174）系列学术活动之一。

会议首先由中山大学历史学系刘志伟教授做主旨发言。刘志伟教授结合自己的治学经历，回顾了中山大学历史学系户籍制度研究的学术传统，追

---

[*] 朱玫，中山大学历史学系副教授，研究方向为朝鲜时代史、东亚史。

溯概括了前辈学者梁方仲先生、汤明檖先生对于中国古代户籍制度的研究及基础性论点。发言指出，对户籍制度的研究是明清社会经济史研究常常忽略的，通常被认为只是一个关于人口、土地、赋税管理的具体技术手段。不过户籍制度研究在中山大学历史学系历来是一个非常受重视的领域。户籍制度研究最早可以追溯到梁方仲先生。在《中国历代户口、田地、田赋统计原论》中，梁方仲先生提出，殷商时期以来，户口的记录远远早于土地登记。在中国古代社会，对人的控制、登记与掌握是优先于土地的。对古代的政治结构、社会结构而言，户籍制度都是更重要的一套制度，并且一以贯之。梁方仲先生进一步提出，进入王朝时期，在相当长的时期内，对人口的掌握、土地的掌握和赋税的核算是在一个册籍上实现的，这个册籍就是户籍。户籍是国家掌握人口、土地以及赋税的基础，户籍制度是确定国家统治的基础性制度。户籍编造必须定期举行，而土地调查和地籍编造却只能在很长一个时期内才举行一次。这些都清晰地告诉我们，在研究王朝国家和传统社会的结构时，户籍才是最基础的制度，而非土地制度。梁方仲先生也一直强调户籍制度既用于上计，同时在社会的层面与书社制度，后来的里社、村社制度是一体的。户籍制度不只是人口登记或人口统计，更重要的是一种社会制度、一种社会组织的系统。同时梁方仲先生也提出，需要从社会等级身份去理解户籍制度，王朝时期的户籍是身份等级制度的体现。户籍制度不仅仅是为了征兵、征税或征役，更重要的是具有作为统治秩序的意义。

此外，梁方仲先生还意识到历代的人口记录，尤其是短时间的人口减少不代表实际人口的减少，只是脱离户籍或逃籍的结果，更清晰地把户籍制度与人口学区分开来。联系到今天研究明清户籍制度的年轻学者的研究兴趣，梁先生很清晰地告诉我们，明清以后掌握户籍的是州县衙门里的一批专职人员（胥吏），缴存州县官厅的各种册籍（包括实征册在内）上的户都不是真实的户名，真实的户名存在于胥吏手中的"私册"，这些私册才能真正查到纳税者的真实姓名和征税土地的真正坐落所在。多数情况下这些私册是以别人都看不懂的记号来代替的，州县官无法过问，这些专职人员通常是世袭的。

梁方仲先生提出的这些论点或提醒，在今天仍是十分有意义的。在梁先生之后，长期担任梁先生助理同时也是中山大学历史学系教授的汤明檖老师在 1982 年中山大学召开的"中国封建社会结构"会议上发表过一篇重要的文章（后发表于《学术研究》1983 年第 2 期），题目是《从户籍制度看中国封建制下的小农》。刘志伟教授介绍，该文发表的 20 世纪 80 年代初，中国社会经济史或明清社会经济史所使用的思维方法和研究套路基本上没有户籍制度的位置。当时是从地主经济、小农经济的角度讨论中国封建社会的结构，在地主经济的研究里一个基本论点是中国从宋代以后土地都是私有的，可以自由买卖，租佃关系更多也还是一个身份上平等的关系。尤其是 80 年代学界在反省过去的理论时，更强调中国传统社会时期的地主经济、租佃经济与欧洲社会的不同以及有没有身份制的问题。汤明檖教授的文章不同意当时的观点，他认为在中国考虑社会成员，尤其是小农或佃农或地主的身份等级关系时，其实要从户籍制度入手，而且户籍制度要在乡村的基层组织的基础上研究，每一个社会成员首先是里社（社会组织）的成员，这构成了中国传统社会结构的一个重要特点。如果把他们看成是自由、身份平等的人，我们是无法理解这个社会的。

刘志伟教授最后指出，现在很多学者已经从乡村社会的角度对上述论点进行了论证，近年民间文书尤其是徽州文书的研究里，越来越多的学者将基层社会制度和户籍制度联系起来，取得了许多成果。期待新一代学者，通过这场会议的交流，把户籍制度和传统中国的社会结构研究结合起来做更多深入的探讨。

国家社会科学基金重大项目"中国古代户籍制度研究及数据库建设"首席专家张荣强教授结合自己的研究领域，讲述拜读刘志伟先生《在国家与社会之间——明清广东里甲赋役制度研究》一书的学习体会，并介绍了重大项目的基本情况。该课题旨在立足新出的文献，并与传世典籍紧密结合，探讨各个时期户籍文书的形式、内容、性质及功能上的异同，探讨古代户籍制度的发展流变及其与社会结构、基层行政组织的互动关系，探讨中国古代人身地位与依附关系的发展变化、东亚古代户籍制度的传承与演变，以及建立一个能够为历史学、经济学、人口学等领域的后续研究提供坚实支持的中国古代户籍数据库。

本次会议共报告论文 14 篇，分成四场进行，内容不仅涉及户籍的基本概念、户籍文书的形态与机能、两税法以后户籍制度与文书的演变，同时也涉及地方社会与国家治理、基层组织与乡村社会、东亚各国户籍制度与人口等方面的问题。

第一场主题为"户籍、赋役制度与王朝统治"，由北京师范大学历史学院教授张荣强主持。

两税法推行以后，户籍册籍和户籍管理出现了许多新的特点。契丹、党项、女真、蒙古民族政权将北方游牧、渔猎文明的户籍管理传统带入中原，使宋元时期的户籍制度呈现多元并存态势，这些特征如何影响到明以后的户籍制度可以说是一个重要的课题。然而宋元时期户籍资料佚失较严重，最近元代户籍文书的整理为宋元户籍制度的研究提供了新的材料。本场关于宋元时期户籍制度的报告利用宋代的户帖与户状等不同材料，以及元代的湖州路文书与黑水城文书等新出材料，对宋代户的性质、元代诸色户计制度的起源等户籍制度的基本问题进行探究。中山大学历史学系（珠海）博士后周曲洋的报告题目为《何以为户——宋代税籍主户的性质、形态与功用》。周曲洋指出，宋代受两税法推行之影响，课税原则从人丁向田亩倾斜，户的性质亦开始发生变化。民户占有土地、缴纳赋税，即可创立主户，并由官府发给户帖、登入税籍。税籍中的主户以土地为依归，与民户的实际家庭相分离，宋代因此形成了赋税簿籍与丁口簿籍两套不同的"户"的管理系统。税籍中的主户形态具有多样性，有的以已故父祖立户，亦有的以官称别名立户，一个家庭往往在税籍中持有多个户名，宗族亦多创立"都户"作为代持族产的媒介。由于税籍中的主户不再对应具体的家庭与人丁，国家与民户之间的关系也发生转变，宋代国家对编户的直接控制减弱，揽户、干人等中间团体得以登上历史舞台。

西北大学历史学院讲师郑旭东的报告题目为《忽札兀儿与元代户籍》。郑旭东指出，忽札兀儿（huja'ur），《蒙古秘史》旁译"根源""根脚""尖"，引申为一个人的身世、来源。蒙古草原普通牧民的根脚大概只能诉诸某一部落或氏族。从成吉思汗时代开始，普通人的根脚成为草原领属权本身不断演进的外在表现形式。蒙古建国初期的户口青册作为元代户籍雏形，规定每个人户根脚为千百户领属而非旧氏族部落。此一特性被后来元代正式户籍册继承，通过注明人户"根脚元系"的方式表现出来，元代户籍或可称作"根脚户籍"。户计制度诞生后，人户身上的旧、新身份呈现一种叠加态的二重"母子结构"，"母结构"是人户领属权，"子结构"是户计类型。

军户是明王朝除了民户之外数量最多、最主要的人户群体，自明初洪武时期就编有军役册籍——军黄册，成为当时户籍制度的重要组成部分。20世纪90年代初，周绍泉、彭超等先生就以徽州文书中的军户资料研究了明代军户制度对于地方社会的影响，提出了作为军业的公产后来成为族产的重要来源。近年来，随着卫所武选簿、纸背文书军黄册以及各地有关军产契约、族谱中有关军户资料整理与研究的深入，有关军户制度的变化及军户与地方社会关系的研究日益受到重视。清华大学人文学院历史系教授阿风的报告《明代的军户承袭与军产处理——以徽州文书为中心》就是结合军产契约、军户承役合同、县编军黄册稿等，探讨明代军户的承袭方式以及军产的处理情况。阿风指出，在明初，原籍军户与卫籍军户关系较为密切，原籍军户通过订立合同等方式，分担军丁勾充、军装置办等役。到了明代中期，原籍军户与卫籍军户关系疏远，有些卫籍军户还将原籍军产变卖，彻底与原籍军户断绝关系。不过，一直到明中后期，军黄册继续攒造，保障军装供给仍然是原籍军户的沉重负担。

广东省社会科学院历史与孙中山研究所助理研究员申斌担任本场评议。申斌认为三个报告为我们提供了贯通性思考的契机，围绕中国古代户籍制度的思考方向提出了自己的看法，具体包括中国历史上户籍制度的纵向演变、东亚历史上不同政权类型下户籍制度的逻辑分类及横向对比、前近代的国家中户籍制度背后的共同性逻辑三个方面。接着申斌结合三篇报告的内容，对上述三个方面展开了具体深入的讨论，为本场报告与其他报告的对话、后续的综合讨论打开了思路。

第二场主题为"边疆与域外"，由美国爱荷华大学历史系副教授陈爽主持。

本场的报告既涉及户籍制度研究过去较少关注的多族群和生计生态环境

较为复杂的边疆社会、地方社会，也涉及域外的华人社会的户籍土地登记与管理，为我们呈现了汉人与不同族类身份人群、地方势力的博弈依存关系，州县、卫所与土司等不同系统之间的互动关系，原乡人到新的社会之后制度文化的调适和嵌入问题，同时也呈现了新旧两种人口统计制度、属性数据的空间可视化和形态比较。

西北大学历史学院讲师吴倩的报告题目是《化"腹地"为"边疆"——明洪武五年北征失败与北边管民格局的奠定》。吴倩指出，洪武五年明军北征沙漠惨败，宣告了"永清沙漠"、混一南北计划的破产，明与北元南北对峙的局面正式形成。元时属于腹里与内地的河北、山西、陕西等地更易为边疆地区，但当地官民百姓仍对北元保有一定的向心力，即朱元璋所谓的"携贰"。如何阻断、消弭"携贰"并使之成为忠于大明的编民，棘手且急迫。为此明廷逐步内徙边民，取消沿边府州县建置，代之以增设的都司卫所，建立在对全国户口的管控与调配之上，明代北边管民格局基本奠定。

中山大学历史学系副教授任建敏的报告题目为《明前期广西编户人口流失的解释——以柳州府马平县为中心的考察》。任建敏指出，明初广西的户籍登记包含了大量非汉人口，但官府对这些人口的控制比较薄弱。在洪武、永乐之际广西的地方动乱中，产生了大量编户脱籍与里甲归并的现象。围绕着脱籍人口与土地的控制权，地方官府、卫所、豪强之间互相竞争，又互相依赖。在地方官府、卫所、编民与"猺獞"各有盘算的情况下，广西自洪武末到永乐中开始大量出现的编户流失现象，成为各方势力博弈的一个均衡点，并在明代很长一段时间内得到维持。

上海电机学院马克思主义学院副教授张鑫敏的报告题目为《民数汇报与宣统人口调查的可视化比较——以四川省会理州为例》。张鑫敏介绍，新近发掘并整理的《会理州民数清册》《会理州地理调查表》《会理州赓续调查九种表式底册》不仅将民数汇报、宣统人口调查的空间尺度扩展到县以下的乡约、保甲及村落，而且提供了形成各级汇总数的分性别、分年龄数字。通过大比例尺地名普查地图的电子化，完成前述县以下聚落的定位，实现属性数据的空间可视化和形态比较，进而指出如果结合地方历史的演变脉络加以解读，或可为新旧两种人口统计制度的比较提供制度条文之外新的视角。

厦门大学历史学系副教授陈博翼的报告题目为《近世会安的华人寓居者》。陈博翼指出，近世会安的华人寓居者是一个引人注目的群体。《会安町家文书》面世后，一些学者已从契约式样和文书形态的角度对其进行了分析，然而并未过多联系到其人户和经济活动形态。他通过研究这些田宅交易契约，指出其所蕴含的地方行政机构转变、贸易弹性及明乡人与闽南人共享的进入和退出机制、货币使用的惯性、田土冲积和地方社区扩展、半自治社区衍化等诸多问题。

中山大学历史学系研究员谢晓辉对本场报告进行评议。谢晓辉认为前面三篇报告主要涉及一个核心的问题，即如何解读王朝国家时期为编户齐民的管理而形成的文献及其形成的相关机制是什么，又如何帮我们去理解当时的社会等；陈博翼的报告则提到带着原乡制度背景的一群人到越南一个新的社会之后，如何与当地的行政管理体系、法律体系互动，有怎样的机制嵌入或出入当地社会，这些如何通过契约所呈现的问题。接着谢晓辉对每篇报告展开具体的评议和提问，并结合自己所研究的湘西地区做了综合讨论。

中山大学历史学系主任谢湜教授在上午场报告结束后代表主办方致欢迎词，阐释了"亚洲史工作坊"的举办背景与本次工作坊的意义。谢湜主任指出，从专题角度选择基础性的历史资料来切入跨地域乃至跨国别的研究，话题会比较丰富，讨论也会比较深入，或许能够引起研究不同专题的研究者的兴趣。户籍制度是前近代研究都会面临的问题，户口、土地、人口、财产等专题涉及的是大多数人的历史。此次会议只是一个起点，未来关于户籍文书的探讨还有很大空间，从文书的比较总结出一种文本产生的基本机制、户籍文本著录的方式及其反映的社会关系、不同国家制度下人群互动的模式等问题都有待进一步的讨论。

第三场主题为"图甲户籍与区域社会"，由清华大学人文学院历史系教授阿风主持。

明清时期以来大量的民间文书和地方文献留存至今，这些资料本身不一定有清晰的脉络可循，但当我们把它们置于特定的历史情境下，就会彰显其历史意义。户籍文书与赋役制度、乡村社会的结合，或者说文书学与制度史、区域社会的结合可以说是近年来明清社会史研究的一种研究路径。这场报告从图甲户籍出发，提供了三种路径结合的精彩个案。

佛山科学技术学院人文与教育学院研究员郭广辉提交的报告《土地开发、图甲编制与宗族构建——明清时期广东南海县登云堡的社会史研究》在回顾前人有关珠江三角洲地区图甲制与宗族研究的基础上，以南海县登云堡为个案，利用《南海氏族》、图甲表和族谱等民间文献资料，梳理了明清时期该地图甲编制的历程及其与土地开发和宗族构建的关系。他认为，明清时期珠三角地区图甲制在形式、结构及其与宗族的关系上，均具有显著的区域性和时间性，需要从多个角度展开更为细致具体的分析。

暨南大学历史学系暨历史地理研究中心副教授黄忠鑫的报告题目为《明清图甲户籍与基层治理——以徽州文书为中心》。黄忠鑫讨论徽州文书中的图甲户籍记录，他以休宁县三种都图文书的户名记录异同为切入点，指出图甲户名序列的时间断限大体在康熙中叶，与明中后期至清前期的里甲赋役改革的趋势大体吻合。图甲户名成为地方日用类书所传播的信息一部分，反映了地方社会对总户的重视，也与州县行政对图甲的利用、图甲组织控制山林土地等密切关联。

萍乡学院人文与传媒学院副教授凌焰的报告题目为《清至民国时期江西袁州府地区图甲户籍册文献的编纂》。凌焰指出，清至民国时期江西袁州府地区出现了大量的图甲户籍册文献，民间将此种文献简称为图册或图谱。图册是用以记载图甲组织公业、条规等方面的册籍，可以使图甲会产业、契据等有据可查，厘清户籍，杜绝冒姓、冒考的弊端，订立条规维持图甲会的运转。为了使图甲会能有效运转，"联异姓人民，起各递心志"，袁州府图甲组织编修了大量的图册。图甲组织十分重视图册的修纂，认为"顾国以志为本，家以谱为要，图以册为先"。报告拟对清至民国时期江西袁州府地区图甲户籍册的编纂、流传、保存及功能进行初步研究。

中山大学历史学系（珠海）副教授李晓龙对本场报告做出评议。李晓龙指出，大家在做乡村社会史研究时，常常会在地方上看到各种各样的图册文书，但苦恼于怎样把文书与我们研究的乡村社会结合起来，几位的研究提供了怎样去解读文书的范例，尤其是提到了户籍与土地或赋役制度的结合，以及户籍与基层组织的结合。李晓龙认为三篇报告具有几个共同特点。第一，这场报告更强调户籍赋役原始文书的使用或者在研究乡村社会史中的应用，强调文书和地方社会的联系。第二，这场报告都讨论了图甲在乡村社会中的功能。第三，这场报告都是针对较长时段的讨论，体现了延续性和阶段性。此外，李晓龙还提出如何理解图甲文献和乡村社会的结合情况，这些图甲文献的社会功能在不同的时空中是如何发挥作用的，诸多图甲文书的同与不同点，不同社会组织编造、传抄这类文书的目的与需要何在；如何将图甲文书的解读与地域社会人群的变动结合起来；如何辨明册籍文书具体所指向的人群与乡村社会的联系点；如何考虑登记在图册以外，即不在历史视野中的人群；等等。

第四场主题为"多学科视野下的东亚户籍与人口"，由厦门大学历史学系副教授陈博翼主持。

本次会议的与会人员不仅来自历史学，也来自社会学和人口学等不同领域。本场报告将多学科的视野带入讨论，交流如何基于户籍资料的特点建立数据库，并分享东亚户籍数据库在历史人口学、经济史学等领域的贡献，为与会者提供了跨学科对话和互相借鉴的机会。北京大学光华管理学院社会研究中心助理教授董浩通过《东亚历史户籍量化数据库与人口研究》的报告，介绍了新近构建的基于 17 ~ 20 世纪中国、日本和韩国等户籍资料的大规模微观数据库，总结了相关类型数据的背景、特点、局限和潜在学术价值。同时，还介绍了近年来基于这些数据库开展的前沿量化研究，不仅涉及人口史、社会史和经济史等传统史学研究方向，更促进了历史学与社会科学、自然科学的跨学科交融，拓宽了东西方及东亚内部社会间的国际比较视野，加深了我们对于人口、家庭和社会发展间的长期历史互动过程的理解。美国爱荷华大学历史系副教授陈爽对清代人口行为以及社会分层也有专门研究，陈爽近期的专著 State-Sponsored Inequality: The Banner System and Social Stratification in Northeast China (Stanford University Press, 2017) 就是基于东北双城多代人口和土地追踪数据库，与传统档案相结合，通过双城从 19 世纪至 20 世纪初 100 年间的移民和社会发展史，展现了东北农业社会的阶级等级是如何在国家政策、市场以及基层社会三者的互动中形成的。

东亚近世以来朝鲜、日本、越南等基于农业文明的国家，其统治秩序、社会组织与思想文化的演进都不同程度受到中国的影响，同时他们也根据自身的统治需要，与本国的实际相结合，形成了不同的特点。东亚各国的户籍制度与户籍文书的比较对于我们思考东亚社会的长时段变迁提供了契机。越南河内国家大学越南学与发展研究院副研究员武堂伦的报告《古代越南户籍制度演变——编造历史、运作机制以及特点》利用历史典籍文献描述与分析了越南古代户籍制度演变。武堂伦指出，尽管越南户籍制度的设立比较晚，越南历代王朝从很早开始一方面接受周礼中所体现的中国传统户籍登记与编造思想，另一方面按照越南社会组织结构进行编造，户籍成为国家征税与征兵的基本手段。古代越南户籍制度注重把丁项当重点人口管理单位，中央的摊派借由自治村社进行调节与呈报。因此，越南户籍制度的展开历程也是国家对基层社会进行干预与协商的演进。通过户口册籍，国家在乡村中设立各种民户的社会组织，其秩序与地方民的土地分配权利有密接关系，便于朝廷对农村社会的控制。总之，在古代越南社会，户籍与赋役、土地制度、礼仪秩序形成了国家维持社会稳定与抽取财政资源的整合系统。

中山大学历史学系副教授朱玫的报告题目为《朝鲜王朝后期的"家座册"与基层户政运营》。朱玫以 18～19 世纪的官箴书为中心，分析了家座册的设计及地方官如何利用家座册进行基层户政运作，并对照官箴书和家座册实物，还原出家座册的书式。报告关注的史料从韩国学界户籍研究中比较多关注的户籍大帐等官修资料转向地方官在实际统治中所运用的基层资料。朱玫认为家座册所体现的丁口事产并录登载格式是与帐籍系统下"纯户口籍"户籍文书的最大不同之处，可以说是一种新式户籍文书。朝鲜后期出现的家座册是地方官为了掌握所辖郡县的邑势、民户的虚实，命令乡吏编造的一种册子。地方官掌握这样的册子，其实质是为了能均平赋役，更好地进行基层统治，也是为了防止乡吏之横滥，强化地方官的基层统治权的体现。

清华大学人文学院历史系博士后刘晨的报告题目为《近世日本的户籍管理与"宗门人别改帐"》。刘晨指出，与古代日本仿照唐朝施行户籍管理不同，近世日本缺乏在行政和财政层面管控全国人口、建构户籍制度的主观意愿。丰臣政权时因战争动员而出现登记户籍的"人别改帐"等文书，不过并未广泛施行。直到德川幕府自 1639 年锁国后，为禁绝基督教信仰而建立

"寺请制度"，并通过各地佛教寺院或神社、村落或町组上层共同登记和管理所属民众的宗教信仰，由此形成的文书即"宗门人别改帐"，在近世日本发挥着管理人口流动和户籍变迁等户籍文书职能。

上海交通大学人文学院历史系副教授赵思渊对以上报告分别做出评议。赵思渊认为，董浩报告的一个重要贡献在于在全球范围内比较了多种户籍登记资料的特性与数据品质，基于户籍文献的结构特征建立数据库并在此基础上研究，具有沟通历史学与经济学、人口学的意义，同时也提出了如何解决在统计中户、口、丁在不同户籍制度中含义不同等问题。对武堂伦的报告提出了17～18世纪越南乡村社会关系的基本特点、越南史如何讨论"职色"的意义、从地方到中央的赋役册籍如何运作、公田与私田的关系等明清社会经济史中遇到过的经验在越南史中如何体现的问题。对朱玫的报告则从史料出发进行讨论，从"邦典之议"与"牧民之谱"之间的关系引出同时期明清王朝的"正典"与"官箴"是否存在分离关系，指出有必要归纳和比较近代早期东亚有官僚体制的王朝所具有的共同的治理观念的衍化动向，同时也提出家座册在徭役均派核算方面的具体使用、家座册论述的思想资源等问题。对刘晨的报告提出了怎样的权力关系保证村落共同体和它所联系的寺社来共同编造宗门改帐、家数的含义、宗门改帐编造在锁国体制稳固之后的存续等问题，同时提出中间性群体的存在对理解东亚乡村社会的重要意义这一普遍性问题。

综合讨论部分，各位与会学者围绕工作坊涉及的具体议题、户籍的研究路径、户籍数字和数据的形成与应用、如何推进东亚史研究等问题交流了想法。最后，中山大学历史学系谢湜教授、本次工作坊召集人朱玫副教授发表了参会心得，就如何进一步推进研讨的深入提出了构想。通过此次工作坊的召开，与会学者以户籍制度与户籍文书为切入点，讨论了东亚各国的赋役制度与社会结构，探讨了超越地域与国别进行基础资料研究的可能性。

Studies of Asian History

Vol. 1
October 2023

Table of Contents & Abstracts

Abstract: The earliest calendar system was born in the Mesopotamia in the third millennium BCE. This paper scrutinizes various methods of month counting, month names, and seasonal festivals attested in the administrative and legal documents from Ĝirsu in the south to Ebla and Nabada (Tell Beydar) in the north. In addition, the early Semitic and Nippur calendars are analyzed. With the fall of the Third Dynasty of Ur, the calendar system of the Mesopotamia moved from diversity to unity and began to issue calendars applicable to the whole country.

Keywords: Mesopotamia; Calendar; Time

Abstract: The property inheritance right of daughters in China have undergone very

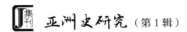
complicated historical changes since the recent time. In Korean society of 15th to 17th centuries, the property inheritance right of daughters were very clear. Equalization system among sons and daughters of the legal wife was implemented, and the status of sons and daughters in the property division was equal. Daughters were the official receivers of natal family property whose property were acquired through the general family property division and had a fixed share. Even since the middle of the 17th century, the tendency of the eldest son of preferential treatment and difference between sons and daughters gradually appeared, the civil property division habits still to a certain extent recognized and protected the inheritance right of daughter's property. This means that maternal lineage in kinship still plays an important role in. The continuation and changes of folk customs in East Asia outside China, especially the cases in different regions under the discourse of Confucianism, provide a clue for rethinking the localization and localization of Confucianism in East Asia.

Keywords: Property Inheritance Right; Joseon Dynasty; Daughter's Property; *Fencaiji*(分财记); *Yangban*(两班)

Effect of Lighthouse on Shipping Development Based on Sino-Japan Comparison after Meiji Restoration

Wu Lingfei / 82

Abstract: Lighthouse system is an important part of shipping infrastructure construction. As we know, increasing lighthouses have a positive effect on shipping industry. However, the effect is very different for each country. During decades of years, Japanese government constructed abundant lighthouses since Meiji Restoration. Lighthouse system is an important infrastructure construction for shipping safety. According to analysis on related materials, such as lighthouse list, shipping accident statistics and so on, this paper argues that lighthouse development have a positive effect on shipping enterprise in Japan. Through Japan government made choices to distribute resource between infrastructure construction and shipping industry development in different stage, Japanese shipping enterprise kept pace with lighthouse development. So the achievement of lighthouse development could be sufficiently utilized by Japanese shipping companies as much as possible. It's one of key factors that Japanese shipping companies got advantageous position in competition with western shipping companies after Meiji restoration.

Keywords: Japanese Lighthouse Construction; Shipping Industry; Aids to Navigation

Arms Shipments of the United States to the Philippines and the Neutrality of the Qing Government in the Spanish-American War—Based on the Case of S. S. Abbey in 1898

Li Aili / 94

Abstract: During the Spanish-American War, the Qing government declared neutrality at the request of the two countries, preventing supplies of arms from being sent to the Philippines from Chinese ports, but the U. S. Pacific Fleet Commander and the Consul General in Hong Kong instructed American arms dealer to transport weapons from Guangzhou to the Philippines, arming the Filipino insurgents against Spain. Governor Tan Zhonglin, and E. B. Drew, an American, Commissioner of Canton Customs, approved the export of the weapons on the Abbey ship under the bond that the arms dealer promised to go to Singapore directly, which maintained the neutrality of the Qing government. After the Abbey actually went to the Philippines, Drew sued the arms dealer in the U.S. consular court for paying the sum of bond and then won the case. This case reveals the disregard of the neutrality of the Qing government by the United States, as well as the covert operations driven by the interests of local officials of the Qing government under the statement of neutrality.

Keywords: Spanish-American War; S. S. Abbey; Commissioner of Canton Customs; Governor of Guangdong and Guangxi; the U.S. Consular Court

James Legge's Educational Mission before Entering China: A Study on the Missionary Knowledge Network in Nanyang, Guangzhou, Hong Kong and Macau (1839-1843)

Abstract: James Legge's educational mission before entering China is mainly about his service at the Anglo-Chinese College in Malacca. This was a time that Legge grew significantly and rapidly to become a capable protestant college principal. It is a period that deserves more attention from the academia both inside and outside China. This study examines Legge's educational mission from year 1839 to year 1843 in three phrases, including taking over the position of principal of Anglo-Chinese College, publishing *A Lexilogus of the English, Malaya and Chinese Languages: Comprehending the Vernacular Idioms of the Last Hok-keen and Canton Dialects* and moving Anglo-Chinese College to Hong Kong. This study concludes that a vast missionary knowledge network was built by Legge and his fellow protestant missionaries in Nanyang and southern China ports like Guangzhou, Hong Kong and Macau.

Keywords: James Legge; Anglo-Chinese College; LMS; *A Lexilogus of the English, Malaya and Chinese Languages: Comprehending the Vernacular Idioms of the Last Hok-keen and Canton Dialects*

The Establishment, Marginalization, and Demise of the Telecommunications Corps among the Imperial Japanese Army: On the Changes of Japanese Military Thought in the 1880s

Abstract: Established in 1880, the Telecommunications Corps among the Imperial Japanese

Army, as a subordinate agency of the Imperial Japanese Army General Staff Office, was responsible for communications within the Imperial Army in peacetime and wartime. However, only eight years later in 1887, this special organization for military telecommunications was abolished by the Imperial Army due to many defects in institutional design, staffing, and business structure. Although it lasted for a limited time, as one of the important establishments under the system of the General Staff Office in the early 1880s, the rise and fall of the telecommunications corps was related to the military ideology of the Meiji government in terms of the separation of military and government, the improvement of the system in peacetime and wartime, and the construction of wartime base camps. Therefore, it has special significance to modern Japanese military history.

Keywords: Meiji Japan; telecommunications corps; Imperial Japanese Army General Staff Office

The Rise and Fall of Singapore's Left-wing Politics

Wang Yuan / 157

Abstract: After World War Ⅱ, the British colonial system was on the verge of collapse, and the left wing movement in Singapore began to rise. The pro Communist faction of the left-wing trade union represented by Lin Qingxiang and the Democratic Socialist returnees represented by Lee Kuan Yew established the people's action party. However, the two parties soon split up, and Lin Qingxiang and his party established Barisan Sosialis. Barisan Sosialis and the people's Action Party (Pap) have waged a long-term struggle on issues such as fighting for the party members and mass base, and the merger of Singapore and Malaysia. However, due to internal division, Party building and route selection errors, Barisan Sosialis finally withdrew from the historical stage and Singapore's left-wing politics declined accordingly.

Keywords: Singapore; Barisan Sosialis; People's Action Party; left wing politics; Chinese community

Book Reviews

Empire History in Frontier Perspective: Review on *The Eastern Frontier: Limits of Empire in Late Antique and Early Medieval Central Asia*

Wu Hongxin / 177

The Restricted and Open Canton in the Qing Dynasty: Review on *This House Is Not a Home: European Everyday Life in Canton and Macao 1730–1830*

Chen Shengang / 188

Translation and Introduction of Historical Materials

Phongsawadan Mueang Lawaek: **A Historical Document of the Late Angkor Dynasty in Cambodia (13th to 15th Centuries)**

Conference Summary

A Comparative Study of Household Register System in Premodern East Asia: Summary of Asian History Workshop at Sun Yat-sen University (Issue 2)

征稿启事与投稿体例

《亚洲史研究》(*Studies of Asian History*)是中山大学历史学系和中山大学东南亚研究所共同主办的学术集刊，由社会科学文献出版社（北京）公开出版，以反映世界范围内关于亚洲史的研究成果、增进中外学术界的交流、提供学界重要学术信息为宗旨。

本集刊旨在为亚洲史研究者搭建一个高水平的学术交流平台，致力于推进亚洲各国历史学界和知识界的对话与交流，推动对于亚洲史及亚洲各国历史的新的理解，超越"近代"以后形成的历史认识的对立，构筑基于亚洲各国相互尊重与学习的新型关系之上的历史研究。本集刊还将致力于跨学科、跨领域的共同研究与学术交流，追求更具综合性的亚洲史研究。一方面以以往的专门研究为基础，另一方面搭建各研究领域相互交流与讨论的平台，形成以人文科学和社会科学的方法为基础、以历史研究为中心、自然科学领域的研究者共同参与的亚洲史研究。

本集刊设有特稿、专题论文、书评、史料译介、会议综述等栏目，现面向海内外学界征稿，期待不同学科领域的学者向本刊投稿，交流观点。《亚洲史研究》不以任何形式收取编辑费、审稿费、版面费等费用。收稿后逾2个月未做答复，作者可自行处理。

《亚洲史研究》编辑部将严格按照学术规范流程进行稿件审核，择优录用，作者投稿时应将稿件电子版发送至 zhum39@mail.sysu.edu.cn，并在邮件标题栏中注明"《亚洲史研究》投稿"。来稿要求如下。

一、稿件基本要求

1. 论文正文字数一般不超过 2 万字，书评、会议综述一般不超过 1 万字。

2. 来稿应包含以下信息：中英文标题、摘要、关键词、作者简介、正文、脚注。

3. 来稿应注重学术规范，严禁剽窃、抄袭，反对一稿多投。

4. 如有基金项目，请注明基金项目名称、编号。

二、论文编排格式

（一）中文摘要、关键词

1. 五号仿宋字体（1.5 倍行距），200 字左右。

2. 关键词 3 ~ 5 个。

3. 作者简介应包含姓名、机构、职称、研究方向、通信地址等反映作者信息的个人资料。

（二）各级标题

1. 篇名：三号黑体居中。

2. 一级标题：编号采用一、二、三……字体采用小三宋体加粗（居中）。

3. 二级标题：编号采用（一）（二）（三）……字体采用四号宋体加粗（左对齐空两格）。

4. 三级标题：编号采用 1、2、3……字体采用小四号宋体加粗（左对齐空两格）。

5. 标题层次一般不超过三级。

（三）正文格式

1. 中文用五号宋体（1.5 倍行距），英文用五号 Times New Roman 字体。

2. 用字规范，标点清晰，标题层次分明。

3. 对于译文中关键的专有名词，在其首次出现时，应在括号内加注外文。

4. 表格要求：

（1）表格要有表序、表名（五号加粗宋体）、单位，表序和表名要居表格上方正中，单位在表格右上方；

（2）表格中要注明"项目"（例如，数据的名称、时间），表格数据用五号宋体（或 Times New Roman 字体）；

（3）资料来源要标明详细信息，用小五号宋体，置于表格下方；

（4）表格与上、下正文之间应各空一行。

（四）注释体例

本刊采用脚注形式，用"①②③"等符号标注，每页重新编号，中文用小五号宋体，英文用小五号 Times New Roman 字体。外文文献原则上使用该语种通行的引证标注方式。

1. 非连续性出版物

（1）著作

标注格式：责任者，书名，出版社，出版时间，页码。如：

赵景深:《文坛忆旧》，北新书局，1948，第43页。

谢兴尧整理《荣庆日记》，西北大学出版社，1986，第175页。

任继愈主编《中国哲学发展史（先秦卷）》，人民出版社，1983，第25页。

威廉·C.亨特:《广州"番鬼"录》，冯树铁译，广东人民出版社，1993，第38～39页。

佚名:《晚清洋务运动事类汇钞五十七种》上册，全国图书馆文献缩微复制中心，1998，第56页。

Randolph Starn and Loren Partridge, *The Arts of Power: Three Halls of State in Italy, 1300-1600*, Berkeley: California University Press, 1992, pp.19–28.

M. Polo, *The Travels of Marco Polo*, trans. by William Marsden, Hertfordshire: Cumberland House, 1997, pp. 55, 88.

（2）析出文献

标注格式：责任者，文章名，编者，书名，出版社，出版时间，页码。如：

杜威·佛克马:《走向新世界主义》，王宁、薛晓源编《全球化与后殖民批评》，中央编译出版社，1999，第247～266页。

鲁迅:《中国小说的历史的变迁》,《鲁迅全集》第 9 册,人民文学出版社,1981,第 325 页。

R. S. Schfield, "The Impact of Scarcity and Plenty on Population Change in England," in R. I. Rotberg and T. K. Rabb, eds. , *Hunger and History: The Impact of Changing Food Production and Consumption Pattern on Society*, Cambridge, Mass. : Cambridge University Press, 1983, p. 79.

2. 连续出版物

（1）期刊

标注格式:责任者,篇名,期刊名,年期(或卷期,出版年月)。如:

何龄修:《读顾诚〈南明史〉》,《中国史研究》1998 年第 3 期。

汪疑今:《江苏的小农及其副业》,《中国经济》第 4 卷第 6 期,1936 年。

叶明勇:《英国议会圈地及其影响》,《武汉大学学报》(人文科学版) 2001 年第 2 期。

Heath B. Chamberlain, "On the Search for Civil Society in China," *Modern China* 19(2)(1993): 199–215.

（2）报纸

标注格式:作者,文章名称,报纸名称,年月日,所在版面。如:

李眉:《李劼人轶事》,《四川工人日报》1986 年 8 月 22 日,第 2 版。

伤心人(麦孟华):《说奴隶》,《清议报》第 69 册,光绪二十六年十一月二十一日,第 1 页。

Rick Atkinson and Gary Lee, "Soviet Army Coming apart at the Seams," *Washington Post*, November 18, 1990.

3. 未刊文献

（1）学位论文、会议论文等

标注格式:责任者,论文名称,论文性质,地点或院校,文献形成时间,页码。如:

方明东:《罗隆基政治思想研究（1913 ~ 1949）》,博士学位论文,北京师范大学历史系,2000,第 67 页。

任东来:《对国际体制和国际制度的理解和翻译》,全球化与亚太区域化国际研讨会论文，天津，2000 年 6 月，第 9 页。

（2）手稿、档案文献

标注格式：文献标题，文献形成时间，卷宗号或其他编号，收藏机构或单位。如：

《傅良佐致国务院电》，1917 年 9 月 15 日，北洋档案 1011—5961，中国第二历史档案馆藏。

Nixon to Kissinger, February 1, 1969, Box 1032, NSC Files, Nixon Presidential Material Project (NPMP), National Archives Ⅱ, College Park, MD.

《亚洲史研究》编辑部

2023 年 4 月

图书在版编目(CIP)数据

　　亚洲史研究. 第1辑 / 牛军凯, 朱玫主编. -- 北京：
社会科学文献出版社, 2023.10
　　ISBN 978-7-5228-2372-0

　　Ⅰ. ①亚…　Ⅱ. ①牛…②朱…　Ⅲ. ①亚洲－历史－
研究　Ⅳ. ①K300.07

　　中国国家版本馆CIP数据核字（2023）第166661号

亚洲史研究（第 1 辑）

主　　编 / 牛军凯　朱　玫

出 版 人 / 冀祥德
责任编辑 / 宋浩敏
文稿编辑 / 单　宸
责任印制 / 王京美

出　　版 / 社会科学文献出版社·国别区域分社（010）59367078
　　　　　　地址：北京市北三环中路甲29号院华龙大厦　邮编：100029
　　　　　　网址：www.ssap.com.cn
发　　行 / 社会科学文献出版社（010）59367028
印　　装 / 三河市龙林印务有限公司

规　　格 / 开　本：787mm×1092mm　1/16
　　　　　　印　张：15　字　数：238千字
版　　次 / 2023年10月第1版　2023年10月第1次印刷
书　　号 / ISBN 978-7-5228-2372-0
定　　价 / 98.00元

读者服务电话：4008918866